GABRIEL LIMA

Fundador da **Enext** e ex-Representante do Brasil na **UNIDO**

LÍDERES DIGITAIS

UM ENSAIO SOBRE COMO GERIR

NEGÓCIOS DIGITAIS

NA VISÃO DE **21 LÍDERES BRASILEIROS**

ALTA BOOKS
EDITORA
Rio de Janeiro, 2020

Líderes Digitais
Copyright © 2020 da Starlin Alta Editora e Consultoria Eireli. ISBN: 978-85-508-1535-0

Todos os direitos estão reservados e protegidos por Lei. Nenhuma parte deste livro, sem autorização prévia por escrito da editora, poderá ser reproduzida ou transmitida. A violação dos Direitos Autorais é crime estabelecido na Lei nº 9.610/98 e com punição de acordo com o artigo 184 do Código Penal.

A editora não se responsabiliza pelo conteúdo da obra, formulada exclusivamente pelo(s) autor(es).

Marcas Registradas: Todos os termos mencionados e reconhecidos como Marca Registrada e/ou Comercial são de responsabilidade de seus proprietários. A editora informa não estar associada a nenhum produto e/ou fornecedor apresentado no livro.

Impresso no Brasil — 1ª Edição, 2020 — Edição revisada conforme o Acordo Ortográfico da Língua Portuguesa de 2009.

Publique seu livro com a Alta Books. Para mais informações envie um e-mail para autoria@altabooks.com.br

Obra disponível para venda corporativa e/ou personalizada. Para mais informações, fale com projetos@altabooks.com.br

Produção Editorial	**Produtor Editorial**	**Marketing Editorial**	**Editores de Aquisição**	**Ouvidoria**
Editora Alta Books	Illysabelle Trajano	Lívia Carvalho	José Rugeri	ouvidoria@altabooks.com.br
		marketing@altabooks.com.br	j.rugeri@altabooks.com.br	
Gerência Editorial			Márcio Coelho	
Anderson Vieira		**Vendas Atacado e Varejo**	marcio.coelho@altabooks.com.br	
		Daniele Fonseca		
		Viviane Paiva		
		comercial@altabooks.com.br		

Equipe Editorial	Adriano Barros	Keyciane Botelho	Maria de Lourdes Borges	Thais Dumit
	Ana Carla Fernandes	Larissa Lima	Paulo Gomes	Thales Silva
	Ian Verçosa	Laryssa Gomes	Raquel Porto	Thauan Gomes
	Juliana de Oliveira	Leandro Lacerda	Rodrigo Ramos	Thiê Alves

Revisão Gramatical	**Diagramação**	**Capa/Layout**
Gabriella Araujo	Catia Soderi	Larissa Lima
Hellen Suzuki		

Erratas e arquivos de apoio: No site da editora relatamos, com a devida correção, qualquer erro encontrado em nossos livros, bem como disponibilizamos arquivos de apoio se aplicáveis à obra em questão.
Acesse o site www.altabooks.com.br e procure pelo título do livro desejado para ter acesso às erratas, aos arquivos de apoio e/ou a outros conteúdos aplicáveis à obra.

Suporte Técnico: A obra é comercializada na forma em que está, sem direito a suporte técnico ou orientação pessoal/exclusiva ao leitor.

A editora não se responsabiliza pela manutenção, atualização e idioma dos sites referidos pelos autores nesta obra.

Dados Internacionais de Catalogação na Publicação (CIP) de acordo com ISBD

L732l	Lima, Gabriel
	Líderes Digitais: Um ensaio sobre como gerir negócios digitais na visão de 21 líderes brasileiros / Gabriel Lima. - Rio de Janeiro : Alta Books, 2020. 352 p. : il ; 16x23cm.
	ISBN: 978-85-508-1535-0
	1. Administração. 2. Líderes. 3. Líderes digitais. I. Título.
2020-353	CDD 658.812
	CDU 658.814

Elaborado por Vagner Rodolfo da Silva - CRB-8/9410

Rua Viúva Cláudio, 291 — Bairro Industrial do Jacaré
CEP: 20.970-031 — Rio de Janeiro (RJ)
Tels.: (21) 3278-8069 / 3278-8419
www.altabooks.com.br — altabooks@altabooks.com.br
www.facebook.com/altabooks — www.instagram.com/altabooks

Dedico este livro

Aos meus pais, que sempre me incentivaram a estudar.

Ao meu irmão, pela parceria em nossas empreitadas.

À minha esposa, pelo apoio e paciência.

E tudo para minha filha, Isabel.

AGRADECIMENTOS

Este livro só pôde existir pela disponibilidade dos líderes que, convidados a participar desta obra, concordaram em expor sua visão sobre os negócios digitais, este vibrante setor produtivo mundial, e explicaram suas trajetórias acadêmicas e de trabalho nesse segmento. A todos eles, reitero meu agradecimento pela atenção e tempo dedicado aos nossos encontros. Profissionalmente, é um prazer estar nesse mercado ao lado de algumas das lideranças executivas e empresariais mais significativas do Brasil.

SOBRE O AUTOR

Quando Gabriel Lima começou a trabalhar como Analista para o Citibank, ele jamais sonhou que um dia iria estar à frente de uma das mais bem-sucedidas consultorias em e-commerce do Brasil, a Enext, empresa que fundou em 2008 e, 10 anos depois de seu início, conduziria sua venda para um dos maiores grupos de publicidade do mundo, os britânicos da WPP.

Por esse fato em sua carreira, ele tornou-se uma das mais jovens referências nos negócios digitais brasileiros, mas seu reconhecimento de mercado não é resultado apenas de seu êxito como empresário e executivo. Em 2017, ele foi apontado como representante do Brasil na UNIDO (Organização das Nações Unidas para o Desenvolvimento Industrial), para desenvolver um dos mais extensos estudos da entidade sobre e-commerce envolvendo os BRICS (Brasil, Rússia, Índia, China e África do Sul).

Nessa iniciativa, tornou-se responsável pela elaboração do relatório brasileiro em que, entre outros aspectos, incentiva os órgãos governamentais e associações comerciais a estabelecer uma aliança com a indústria de comércio eletrônico do BRICS. Seu trabalho endossa, ainda, recomendações de estratégia e política para melhorar a padronização do e-commerce nos países desse bloco comercial. Desde então, além de suas atividades empresariais e executivas, ele dedica parte de seu tempo (em ações e estudos), a entender a evolução do setor. Este livro é um dos resultados práticos dessas atividades.

Formado em Publicidade e Propaganda, pela Escola Superior de Propaganda e Marketing (ESPM), Gabriel tem mestrado em Administração, pelo Instituto de Ensino e Pesquisa (Insper). Mas boa parte de seu aprendizado vem de suas atividades no mercado, quando começou a trabalhar para a B2W Digital, na operação do Submarino, empresa na qual, efetivamente, deu seus primeiros passos profissionais em um ambiente de negócios digitais. A partir daquela experiência, ele vem transformando o mercado de trabalho e sendo transformado por toda a irreversível consolidação desse setor, que provoca novas interações em todos os âmbitos da vida.

APRESENTAÇÃO

Para os negócios digitais, o ano de 2000 é um significativo marco temporal na consolidação e evolução desse setor como meio efetivo de produção e geração de renda. Assim como é um momento referencial para este livro.

A partir daquele ano, a internet iniciou sua jornada de popularização em nossas vidas. Na primeira década do século XXI, acompanhamos o crescimento exponencial da venda de computadores pessoais e, com os avanços regulatórios e técnicos da telefonia, fizemos dos celulares uma indispensável ferramenta de comunicação. Esse contexto impulsionou nosso desenvolvimento, particularmente, em sua modalidade de e-commerce.

Com a revolução estrutural das comunicações, criamos a maneira ideal tanto para transformar irrestritamente os modelos de trabalho dos séculos passados quanto para estabelecermos um jeito digital irreversível para a operação dos negócios tradicionais. Vivemos em uma era de transição — condição evidenciada pelas respostas das 21 lideranças entrevistadas nesta publicação.

As modificações em nossa forma de ser e estar são sem precedentes e não são lineares. De certa maneira, elas acontecem simultaneamente, mas nos impactam distintamente. E a ampla influência da tecnologia em nossas vidas provoca toda a sorte de reação. Nos gera incerteza, sobretudo. Para muitos, medo do futuro. Afinal, prever o amanhã tornou-se, de fato, um ato retórico.

Com tantas e tão profundas alterações comportamentais, quem pode assegurar o que está por vir? Apesar dessa impossibilidade de futurologia, algumas pessoas não conseguem se eximir desse exercício. No universo corporativo, por exemplo, os líderes têm de levar suas organizações à frente. Eles são parte fundamental da estabilidade e expansão dos negócios. Por isso, precisam projetar cenários, idealizar ações, antever crises. Sendo assim, é pertinente se questionar: Como é ser líder nos negócios digitais brasileiros durante a segunda década do século XXI? Como é conduzir organizações em meio a uma série de indeterminações existenciais e operacionais?

Essa inquietação foi meu ponto de partida para elaboração deste livro, inicialmente pensado como uma pesquisa qualitativa de caráter exploratório, na qual entrevistaria algumas das principais lideranças do mercado de comércio eletrônico e dos negócios digitais no Brasil, atuantes na segunda década do século XXI. Exatamente a geração de líderes que, como eu, iniciou sua carreira profissional nos idos dos anos 2000.

No decorrer da investigação de minhas hipóteses sobre o tema, deparei-me com um material informativo de grande valor para o mercado de administração e marketing. O registro do pensamento das 21 lideranças aqui entrevistadas é extremamente relevante. Suas respostas constroem uma análise abrangente sobre o atual papel do líder. De forma objetiva, eles exploram e explicam, por meio de suas trajetórias profissionais, questões fundamentais de nosso setor. Uma, em particular, me chama a atenção.

Há certo consenso no mercado de que a evolução do líder ocorre, exclusivamente, pelo aperfeiçoamento das competências emocionais. Sim, essa condição é de extrema importância, mas ela não deve ser vista como única ou preponderante. Os 21 líderes entrevistados deixam clara a urgência do aprimoramento e/ou desenvolvimento das competências técnicas. Aspecto esse que, para muitos, soa como contraintuitivo ao status da liderança.

As novas gerações de profissionais demandam genuinidade nas ações de seus líderes. Portanto, eles precisam se manter atualizados para ser o exemplo na execução de suas tarefas e, como conduzem a construção da cultura digital nas organizações, devem entender profundamente o negócio no qual estão envolvidos.

Os líderes transitam em percursos tortuosos, e, dessa maneira, é necessário flexibilidade e resistência para alcançar os resultados pretendidos. É preciso se adaptar às mudanças, que são muitas e, cada vez mais, incessantes.

Liderar exige capacidade de comunicação para alinhar objetivos e executar estratégias. Essa comunicação precisa ser autêntica, principalmente em termos de princípios, que devem estar de acordo com os valores das organizações representadas por eles.

A partir das transformações tecnológicas, especialmente com o advento da internet, diversos estudiosos dedicam seu tempo de pesquisa para refletir sobre tais mudanças. Entre tantos acadêmicos importantes que fazem essa reflexão, considero pertinente o trabalho do sociólogo polonês Zygmunt Bauman para explicar o que nos cerca. Seus estudos, inclusive, me ajudam a entender as modificações do setor.

Em 1998, ou seja, antes da popularização da internet, Bauman publicou um livro intitulado "O Mal-estar da Pós-modernidade", no qual elaborou uma instigante reflexão sobre nossas ansiedades, decorrentes das transformações às quais estamos submetidos. Em seu texto, ele previu o aparecimento de diversas condições conflituosas existentes nos atuais arranjos sociais, ao enfatizar a efemeridade das nossas relações, o reflexo dessa condição em nosso comportamento e a insegurança provocada pela tecnologia. Para ele, "o estranho despedaça a rocha sobre a qual repousa a vida diária".

Cotidianamente, vivemos esse "estranho", as lideranças vivem esse "estranho", e precisamos dar respostas à altura desse desafio, superar nossos temores e criar o amanhã. Para mim, este livro é uma contribuição neste sentido.

Contudo, meu objetivo aqui não é moldar um guia de indicadores-chave ou criar uma lista restritiva das melhores práticas de gestão para se obter uma performance consistente como líder. Pelo contrário, a partir das reflexões expostas, quero incentivar a diversificação de soluções para situações tão adversas e incertas em nosso mercado. Por isso, destaco os aspectos da liderança associados às inúmeras maneiras de organizar as operações de trabalho em momentos de transformação como oportunidade para exemplificar múltiplas ações possíveis de serem praticadas.

Para obter maior objetividade nas respostas das 21 lideranças, utilizei para todas elas os mesmos 10 questionamentos. Caso estivesse apresentando esse material como um trabalho acadêmico formal, diria que essa foi uma solução encontrada para garantir o rigor na investigação de minhas hipóteses de pesquisa. Dessa maneira, é possível fazer uma comparação direta entre as respostas dadas e verificar tanto os padrões quanto as distintas formas de ação das lideranças.

Abaixo, transcrevo as 10 perguntas realizadas e, mais à frente, detalho o motivo de elaboração de cada uma delas, assim como indico os critérios de escolha dos entrevistados. Vale ressaltar, ao longo dos capítulos que antecedem as entrevistas em si, destaco trechos dos pensamentos dos entrevistados.

É cada vez mais importante compreendermos os mecanismos causais existentes em nosso ambiente profissional, principalmente, pela existência da transformação digital em todos os aspectos de nossas vidas. Portanto, este material pretende ser fonte de reflexão para profissionais e estudantes. Pretende, ainda, contribuir para a elaboração de outras pesquisas no setor, bem como gerar insights ao cotidiano empresarial dos negócios digitais, considerando as constantes modificações no marketing e na administração.

AS 10 PERGUNTAS

Para assegurar objetividade nas entrevistas, os 21 entrevistados responderam aos mesmos 10 questionamentos. Foram eles:

1. Qual o papel da formação acadêmica em sua trajetória profissional?

2. Em que momento da sua carreira você percebeu a oportunidade dos negócios digitais e por que isso fazia sentido para você?

3. Quais foram os principais desafios que você enfrentou durante sua trajetória profissional e como conseguiu superá-los?

4. Como você vê o papel da cultura organizacional para a transformação digital? Cite aspectos positivos e negativos da cultura em relação à performance.

5. Quais foram as lideranças inspiradoras em sua carreira e como foi seu relacionamento com seus mentores?

6. Quais são os fatores que você considera fundamentais para exercer a liderança em seu negócio e na sua posição?

7. Quais são as características que você mais valoriza em seus colaboradores?

8. Como conciliar o crescimento exponencial dos negócios digitais com o crescimento da carreira, que muitas vezes não andam juntos e podem gerar frustração?

9. Como você acredita que será o futuro do trabalho e qual será o impacto em seu negócio, no mercado e nas carreiras?

10. Com o conhecimento que você tem hoje, se pudesse dar um conselho para você no início da carreira, qual seria este conselho?

SUMÁRIO

Estamos apenas no começo	1
Na busca por acelerar minha carreira, cheguei aos negócios digitais	7
A evolução do papel do líder contemporâneo	17
A transformação digital exige mais das lideranças	27
As características fundamentais da formação do líder	33
O porquê das perguntas e os critérios de escolha dos entrevistados	41
O que pensam as lideranças dos negócios digitais no Brasil no século XXI	49
Flávio Pripas	51
Ian Black	67
Maria Clara Batalha	79
Marcelo Ribeiro	89
Fabiana Fregonesi	103
Flávio Jansen	115
Márcio Kumruian	129
Paula Paschoal	139
Fábio Mori	151
André Petenussi	163
Felipe Pavoni	177
Flávio Dias	187
Adriano Di Bella	201
Christiane Bistaco	213
Tiê Lima	223
Simone Sancho	237
Leonardo Cid Ferreira	249
Daniel Nepomuceno	263
Dominique Oliver	277
Maurício Bastos	287
Vicente Rezende	301
Consolidação e Análise das Respostas	315
Considerações Finais	333

CAPÍTULO 1

Estamos apenas no começo

> "A liderança na Quarta Revolução Industrial será definida pela capacidade de alinhar e envolver rapidamente equipes capacitadas e em rede, com clareza de propósito e determinação feroz para vencer."
>
> **– BRIAN BACON**
> Presidente e Fundador da Oxford Leadership

Vivemos em uma era na qual a crescente aplicação tecnológica e uso da internet em nosso cotidiano alteraram estruturalmente nossa maneira de ser e interagir socialmente. Essa condição distinta de vida impacta diretamente nosso trabalho, a forma de fazemos negócios e, com o passar dos anos, torna-se mais evidente.

Devido à revolução sociocultural decorrente de nossa interação com a tecnologia, temos de nos reinventar em todos os aspectos de nossa existência. Claramente, essas modificações afetam os setores produtivos da sociedade. Não há escapatória, a forma como produzimos nossos bens e serviços necessita ser reconstituída.

As empresas precisam de um novo modelo de negócio para continuar operando positivamente, com margem de lucro e diversificando suas operações. O recado aqui é objetivo: ou elas alteram seus meios de gestão ou não conseguirão existir por muito mais tempo. Caso se mantenham refratárias às mudanças, persistindo na adoção de uma postura empresarial rígida, hierarquizada, à semelhança das estruturas de negócio vigentes em séculos passados, elas não vão sobreviver. Suas operações acabarão em um curtíssimo espaço de tempo. Com essa afirmação, não pretendo me colocar em um local de sabe-tudo ou fazer premunições baratas. Não é o caso.

Os tempos mudaram, nós estamos em uma transição e toda mudança (no entendimento literal desse substantivo feminino) requer uma nova atitude, exige uma ressignificação de práticas.

==A pujança do comércio eletrônico e dos negócios digitais no Brasil é alvo de muitas discussões, mas de pouco conteúdo analítico e teórico. Isso nos gera um descompasso com as práticas internacionais no setor, atrasa nossa economia e desenvolvimento.==

Se quisermos crescer com consistência, precisamos entender como chegamos até aqui. O que efetivamente aconteceu nesse segmento. Observar os erros cometidos e compreender os modelos bem-sucedidos de negócio aplicados.

Foi a partir desse pressuposto, sobretudo da constatação da falta de literatura específica sobre os impactos dos negócios digitais em nossa sociedade, que senti a importância de escrever este livro. Confesso, por não ser escritor profissional, meu primeiro impulso foi o de realizar este trabalho no ambiente acadêmico (espaço no qual me sinto mais seguro para expressar meu pensamento), por meio de uma pesquisa qualitativa de caráter exploratório, na qual entrevistaria algumas das principais lideranças do mercado de comércio eletrônico e dos negócios digitais no Brasil.

Quando pensei nas entrevistas, meu propósito era entender como essas lideranças foram capazes de envolver seus times, implementar suas estratégias e transformar o ambiente de negócios positivamente em cada uma de suas especialidades. Essa foi a minha intenção quando refleti sobre a formulação desse trabalho que teria o formato de artigo acadêmico para publicação em periódicos especializados. Mas, no decorrer das conversas com as 21 lideranças participantes desse projeto, percebi que as significativas informações resultantes de nossos encontros teriam maior alcance caso fossem contextualizadas como um ensaio, no formato de um livro comercial.

No momento dessa percepção, hesitei por alguns instantes — dias, para ser mais preciso. Questionava-me se seria capaz de escrever uma publicação neste formato... Mas, após considerar prós e contras da situação (eu analiso muito os fatos e suas consequências antes de tomar qualquer decisão), superei minha insegurança, por acreditar na importância de disponibilizar essa reflexão para a maior quantidade de pessoas possível, em uma escrita menos técnica. Segui, então, mesmo com receios.

Reforço, este é um ensaio para o mercado de administração, para o setor dos negócios e gestão, em que trago uma reflexão central: *Como é ser líder nos negócios digitais brasileiros na segunda década do século XXI?* É um recorte temporal em que exponho, por meio de entrevistas, os perfis das lideranças no mercado digital brasileiro. E eles são muitos.

O que nos faz únicos?
Quem é esse líder?

==Onde estudou?==
==Como convive com seus colaboradores?==
==O que esperam do futuro?==
==Como o líder gera resultado?==

Esses são alguns dos meus anseios para os quais tentei encontrar respostas.

Quando falamos em liderança e gestão de pessoas, temos de falar da elaboração de estratégia. Sem visão estratégica não se conduz uma empresa. Entrar em contato com o conhecimento de outros profissionais de comprovado destaque em seus mercados, e ter chance de entender os motivos de suas ações, é uma oportunidade valiosa para a construção de nossa forma de agir. Mas a estratégia não é tudo; é fundamental que saibamos as motivações psicológicas e emocionais dos líderes. **Os fatores relacionais são decisivos à caracterização do ato de liderar.**

> *Os grandes projetos de transformação digital, consequentemente o sucesso ou não deles, têm a ver com pessoas. Cada vez mais, a tecnologia está virando uma commodity.*"
>
> **– ADRIANO DI BELLA**

CAPÍTULO 2

Na busca por acelerar minha carreira, cheguei aos negócios digitais

❚❚ *Existem dois tipos de pessoas: as que fazem as coisas e as que ficam com os louros. Procure ficar no primeiro grupo, há menos competição lá."*

– INDIRA GANDHI
Ex-primeira-ministra da Índia

Eu trabalho com negócios digitais desde 2006, ano no qual troquei um emprego estável no Citibank, onde era analista sênior, para me aventurar (e aventurar é o verbo correto para descrever a mudança) em uma startup de comércio eletrônico até então pouco conhecida, chamada Submarino. Essa mudança profissional foi uma revolução na minha vida. Obviamente, minha família não entendeu nada.

Eu já tinha feito uma escolha heterodoxa, para dizer o mínimo, quando decidi entrar no banco, afinal eu era aluno de Publicidade e Propaganda, da Escola Superior de Propaganda e Marketing (ESPM), em São Paulo.

Se já não fazia tanto sentido assim um aluno de comunicação social ter ido estagiar na área de planejamento de varejo de uma instituição financeira, menos coerente seria eu abandonar um emprego cobiçado, com tantos benefícios, bom salário, estabilidade e perspectiva de crescimento. Mas assim foi.

> *Minha formação foi feita muito mais ao longo de minha carreira profissional do que propriamente em uma universidade. Fui aprendendo na prática."*
> **– PAULA PASCHOAL**

No momento em que decidi deixar o banco, cheguei à casa de meus pais, em um de nossos almoços do domingo, e falei: "Estou saindo do Citibank." Como assim, eu deixaria um emprego na maior instituição financeira do mundo?! — perguntaram-se. Ninguém acreditou. A minha avó materna, Clélia, quase caiu da cadeira.

— *Meu Deus, filho, eu achava que você ia se aposentar no banco.*

E eu respondi:

— *Não, vó. Não vou me aposentar no Citibank. Estou mudando de emprego para fazer algo que me complete.*

A reação de minha avó era compreensível, afinal, eu deixaria uma instituição financeira extremamente sólida para entrar em um modelo de negócio completamente novo. "O que é uma startup?", questionava-se ela.

Se ainda hoje, ao se cogitar trabalhar em empresas de inovação em processo de formação, é um desafio, imagine a incompreensão dessa atitude no começo dos anos 2000. E, para piorar, no mercado de comércio eletrônico, dos negócios digitais, setores praticamente inexistentes. Ainda por cima, no período em que houve o estouro da bolha da internet. Eu devia ter enlouquecido, pensavam alguns familiares e amigos. Mas, não, eu estava gozando plenamente de minhas faculdades mentais quando tomei minha decisão.

> *Percebi a oportunidade dos negócios digitais quando me tornei um empreendedor, ao criar um site de forma descompromissada."*
> *— FLÁVIO PRIPAS*

Naquela ocasião, fui extremamente motivado a fazer a mudança quando soube quem eram os investidores por trás do Submarino. Para mim, três referências: Jorge Paulo Lemann, Beto Sicupira e Marcel Telles. Era simplesmente o trio do Banco Garantia, que eu tanto admirava. "Se eles estão por trás dessa iniciativa, esse negócio deve ser bem promissor", concluí. E tinha outro fator. Eles bancavam o negócio e incentivavam uma cultura de gestão empresarial agressiva e meritocrática. Ao avaliar aquele cenário, refleti:

> *"Eu trabalho muito aqui no Citi. Tenho uma produção de qualidade, por isso, se estiver em um ambiente mais meritocrático, minha carreira será acelerada. E, eventualmente, conseguirei ver com mais objetividade o impacto do meu trabalho."*

É bom lembrar: naquela época eu tinha 20 e poucos anos, uma imensa vontade de trabalho e urgência para ver sentido em minhas atividades profissionais. Por isso, nada poderia ter sido mais disruptivo para mim do que ter saído do mercado financeiro.

A primeira década do século XXI foi momento de muitas descobertas no ambiente dos negócios digitais. Naquele tempo, tudo era fluido, estava aquele balão meio sem formato porque ainda não estava cheio.

Éramos jovens e tínhamos uma imensa vontade de fazer acontecer. Intuíamos as mudanças sociais em decorrência do aparecimento dos mecanismos tecnológicos. Eles trariam mais eficiência ao mercado de trabalho, transformariam os negócios e o comércio em todos os seus aspectos. Eu acreditava nessa hipótese, nessa revolução de práticas. No início dos anos 2000, éramos pioneiros no setor. Sendo assim, tive toda a sorte de provação em minha carreira.

> A maioria dos entrevistados deste livro é parte da geração que entrou nos negócios digitais nos anos 2000. Não à toa. Aquela foi a década em que a estrutura tecnológica necessária para as transações comerciais em ambientes virtuais começou a acontecer. Naquele período, iniciávamos nossa vida adulta. Finalizávamos a universidade e ingressávamos no mercado de trabalho formal. Ao mesmo tempo, o comércio eletrônico deixava de ser especulação. Antes de nós, contudo, alguns profissionais foram fundamentais nesse processo; e eles foram lembrados neste livro por diversos entrevistados, por alguma relação específica com eles ou simplesmente pelo significado de seus nomes. Caso de Aleksandar Mandić, André Shinohara (o Shino) e Flávio Jansen. Todos eles, de fato, são referências indiscutíveis aos negócios digitais brasileiros. Aqui, tive a honra de entrevistar Jansen. Cofundador do Submarino, sua atuação profissional foi vital para a evolução do comércio eletrônico brasileiro. Sua presença é notada em todas as suas fases.

> ❝ Eu não tive um 'clique', um momento no qual estivesse em uma outra área profissional e, de repente, percebesse oportunidade nos negócios digitais. Eu construí minha carreira no setor de serviços digitais, na internet."
>
> **- FLÁVIO JANSEN**

Quando comecei no banco, ainda como estagiário, durante uma semana fui submetido a um extenso processo de imersão nas políticas da empresa. Ao chegar à minha mesa de trabalho, completamente organizada em uma sala devidamente climatizada, um computador de última geração esperava por mim. Ainda sobre a mesa, um telefone sensacional — aliás, nunca consegui ter um aparelho igual aquele em nenhum outro local que tenha trabalhado.

Tudo era limpo, muito bem estruturado, devidamente ordenado. O mobiliário, então, me deixa sem palavras até hoje. Era coisa de outro mundo, de extrema qualidade. Os diretores tinham aquelas salas de vidro maravilhosas. Era um ambiente incrível, silencioso, um completo contraste com o meu futuro no alvorecer das operações do Submarino.

Para começo de conversa, quando cheguei ao escritório do meu novo empregador, a cadeira que me foi dada para sentar estava literalmente quebrada, e, mesmo que pretendesse, não poderia trocá-la porque não havia outra disponível.

A empresa até podia ser de comércio eletrônico, mas em minha mesa não havia nem cheiro de computador. Ter um telefone multifuncional? Nem pensar. Aquilo era realidade de um mundo paralelo. Invertido, quem sabe.

Por alguns minutos, fiquei sentado naquela cadeira velha, olhando ao meu redor, esperando o meu computador chegar. Os minutos se passaram e nada aconteceu. Ao perceber que se não me mexesse tudo ficaria exatamente como estava, não duvidei, levantei-me e fui atrás do meu computador. Desci até a sala do cara da tecnologia e, lá chegando, pedi uma máquina para trabalhar.

Ele me olhou por alguns instantes, sem me dar muita atenção, voltou-se para uma prateleira repleta de itens e retirou daquele emaranhado de objetos um computador qualquer. Com o notebook em suas mãos, ele se virou em minha direção e me disse: "Toma." Sem mais nada a acrescentar, retomou suas atividades, me deixando ali com aquele aparelho que nem sequer estava configurado para uso.

Se eu precisava de um desafio concreto em minha vida, naquele primeiro dia de trabalho eu já tinha sido apresentado a um pacote completo de problemas em seus mais variados níveis; e muitos outros não tardariam a chegar.

Rapidamente, entendi: ou eu bem resolvia as situações que me apareciam, ou não teria futuro naquele ambiente. Não ter futuro, definitivamente, não estava entre as minhas vontades. Por isso, arregacei as mangas da camisa e me pus a trabalhar.

Agradeci ao rapaz da tecnologia pelo computador que ele havia me entregado e retornei à minha cadeira quebrada em um escritório comunitário, sem salas de vidro maravilhosas. Coloquei-o sobre a mesa e fui entender como poderia configurá-lo. A partir dali, não me permiti mais contemplar as situações sem tomar uma atitude. Os problemas surgiam a todo tempo, e eu imediatamente solucionava o que podia e como podia. Assim, segui em minha rotina.

Naquela época, precisava construir ao mesmo tempo o planejamento de minhas atividades e estruturar a operação para o trabalho acontecer. Trabalhar se tornou um intenso aprendizado, e ganhei autoconfiança.

> *Para mim, um dos aspectos mais irritantes no desempenho profissional é ver as pessoas 'patinando' no trabalho; ou perceber as emoções atrapalhando a tomada de decisão delas. O exercício da frieza e inteligência simplifica a resolução das atividades em ambientes profissionais e, como chefe, me deixam muito mais tranquilo."*
>
> *– IAN BLACK*

Nesse período aprendi a dar valor à prestação de serviço. Pela primeira vez, tive a exata noção de que os recursos disponíveis para os trabalhos são limitados. Esse entendimento foi essencial para a minha carreira e só foi possível obtê-lo pelo fato de ter me submetido a uma realidade completamente distinta da que estava acostumado no banco.

Muitas vezes em uma instituição financeira, por sua estrutura e dinâmica, há a sensação de que os recursos para a realização dos trabalhos são ilimitados. Esse sentimento é completamente falso. Precisamos entender os custos, os valores envolvidos para alcançarmos o objetivo de qualquer negócio. Sobretudo, devemos sempre lembrar: os recursos são limitados.

Para mim, esse aprendizado foi muito difícil, mas com o tempo ele se revelou extremamente saudável para o meu desenvolvimento.

Em meu histórico profissional, a experiência do Submarino foi essencial. Tenho muito orgulho daqueles anos e das conquistas obtidas. Eu não seria o empreendedor que sou se não tivesse passado por aquela vivência. Ali, aprendi como se deve começar um negócio. Se, por acaso, tivesse simplesmente saído do banco para empreender, provavelmente não teria sido bem-sucedido por não dispor da devida experiência.

Quando se ocupa um cargo administrativo em uma instituição grande, suas ações cotidianas de trabalho não têm impacto tão evidente na organização. Em contrapartida, quando se está em uma estrutura enxuta, como era a do Submarino no começo de sua operação, o impacto de qualquer ação ressoa imediatamente no negócio, nos rumos da empresa. Foi assim para mim. Meu trabalho tinha consequências evidentes.

Aquela condição me gerou grande excitação, afinal minhas ações, por menores que fossem, refletiam na organização. Então, vivi uma situação curiosa.

Meu primeiro grande projeto no Submarino foi a concepção, estrutura e comercialização de um cartão de crédito para ser vendido em nosso site. Passei três meses dedicado ao desenvolvimento daquela operação. Fizemos todas as integrações sistêmicas necessárias, e eu, particularmente, criei o banco de dados daquela operação em que as pessoas se cadastrariam para receber o cartão de compras. Tenho muito orgulho em ter participado da construção desse serviço.

Então, chegou o grande dia do lançamento. Fechamos a home do site e disponibilizamos um "cartão embrulhado em um presente" que, ao ser clicado, abriria, dando acesso ao cadastro no sistema para a sua solicitação. Tudo parecia transcorrer bem. A champanhe, inclusive, estava no balde, gelando para o momento da comemoração de nossos êxitos. Mas nas quatro primeiras horas da ação nada acontecia. Ninguém acessava o cartão. A frustração tomou conta de todos nós.

Depois de três meses de trabalho árduo, estávamos em frente aos nossos computadores e nada acontecia. Éramos um comércio eletrônico que não conseguia vender um cartão de compras próprio. Meu pensamento foi inevitável:

> *"Entrei em uma barca furada. Troquei uma carreira promissora no banco por isso?! Minha avó estava certa. Deveria tê-la ouvido e não devia ter largado a segurança do Citibank."* Bateu um desespero.

Mas depois de quatro horas percebemos que, na verdade, uma configuração de visualização das vendas estava errada. Havíamos, sim, cometido um erro, mas um erro de comunicação interna. Por um equívoco de tagueamento, estávamos sem acesso à progressão das vendas do cartão. Ao corrigirmos a falha, para nosso alívio, constatamos que já tínhamos vendido milhares de cartões. A decepção deu lugar à euforia, e a champanhe não ficou muito mais tempo no balde.

Aquele foi o primeiro dia de uma operação que se mantém com êxito. A venda no Submarino por cartões é tão bem-sucedida que, mais de dez anos após o seu lançamento, esse modelo de transação representa algo em torno de 40% dos resultados da empresa, dentro da B2W (holding proprietária do Submarino). É um negócio de alguns bilhões de reais que eu ajudei a desenvolver. Tive sucesso no começo de minha atuação nos negócios digitais, mas eu queria mais.

> *Para os cargos de liderança, não tenho dúvida, o profissional tem de saber gerir pessoas. Essa habilidade é a mais importante para a máquina girar."*
>
> – MAURÍCIO BASTOS

CAPÍTULO 3

A evolução do papel do líder contemporâneo

*" Líderes bem-sucedidos passam mais da metade
de seu dia útil com outras pessoas."*

– PETER DRUCKER
Fundador dos Conceitos da Administração Moderna

Ao longo do século XX, as organizações estruturavam-se a partir de um modelo matricial, piramidal, em sua relação de trabalho. Naquele ambiente, as interações existentes eram muito rígidas e havia certa previsibilidade na maneira como aconteceriam. Quando se tratava de se estabelecer as diretrizes de ação das companhias, o fluxo de informação era imposto de cima para baixo. Surgia na direção, seguia para o nível gerencial e terminava sua trajetória na operação.

Os diretores, ocupantes do topo da pirâmide, detinham o poder supremo. A gerência, por sua vez, era o primeiro nível de mediação desse poder. Na prática, eram os intermediadores da disseminação do conhecimento às áreas de operação.

Esse modelo estabelecido caracterizava um método de governança muito claro e extremamente hierarquizado. Os processos de decisão, comando, ação e controle eram muito objetivos, o que facilitava o entendimento do papel da liderança.

Antigamente, os líderes precisavam apenas compreender o resultado da execução das tarefas. Com esse conhecimento assimilado, as demais etapas da execução de suas atividades tornavam-se consequentes, seguindo um fluxo previamente estabelecido de ação. Mas nas últimas décadas do século passado essa organização de trabalho mudaria para sempre. A tecnologia de comunicação que estava sendo gestada no ambiente acadêmico tomaria de assalto nossas vidas.

> *Ao falarmos de digital talvez o turning point tenha sido a adoção do celular, mas antes disso o mercado digital já existia, como quando o Submarino vendia conveniência de varejo pelo desktop. Obviamente, todo esse mercado teve um crescimento exponencial com o surgimento do smartphone."*
>
> **– ANDRÉ PETENUSSI**

Durante os anos de 1990 e 2000, com a popularização da internet, iniciamos uma revolução em escala mundial. Apesar de esse fato ser amplamente conhecido, eu o ressalto por sua importância em alterar o comportamento dos líderes, na diversificação de nossa comunicação, além de ser tema central desta publicação.

A partir da evolução da internet, as pessoas começaram a interagir de forma distinta. O acesso à informação foi drasticamente alterado, tornou-se mais democrático, e essa condição foi decisiva para as mudanças em curso (e que não param).

O avanço das tecnologias de informação impactou diretamente todas as organizações, que desde então atuam de maneira mais horizontalizada. Essa condição é compulsória e significativa. O relacionamento nas empresas, aos poucos, passou de vertical para horizontal. Esta é uma grande mudança de paradigma e, como toda mudança, gera incertezas, resistências e negações.

Nesta era, chamada por muitos de pós-moderna, o indivíduo elabora seus atributos de ação. Ele é responsável por seu destino, sistematização de sua aprendizagem e construção de significado dessa educação para a sua vida. Estamos em um tempo no qual a informação é abundante. Os meios digitais nos possibilitam acesso indiscriminado ao conhecimento, mas essa condição cria incertezas. Afinal, como refletiu o sociólogo Zygmunt Bauman, *"a modernidade é líquida"*.

Em seus estudos, Bauman aponta a fragilização de nossas relações contemporâneas, decorrente das mudanças pelas quais passamos. Elas nos deixaram vulneráveis. Para ele, o avanço da tecnologia fez a insegurança crescer pelo fato de "o tempo se sobrepor ao espaço; e termos a capacidade de nos movimentar sem sairmos do lugar". Bauman chama esse novo jeito de viver de "modernidade líquida", em que a única convicção possível é a certeza da contínua mudança. Tudo muda o tempo todo. O "velho já se foi, mas o novo ainda não tem forma. O tempo é líquido, instantâneo e temporário".

Na pós-modernidade, as instituições não são mais como as conhecemos. Esse fato deixa as pessoas ansiosas, porque as referências foram perdidas. Nesse contexto, o Estado e as suas instituições não têm mais protagonismo e isso ocasionou um vácuo existencial nas pessoas, que buscam preenchê-lo nas corporações.

As pessoas tentam transferir para as empresas a elaboração de sua identidade. Por sua vez, as organizações têm de criar uma cultura organizacional para suprir essa demanda. Nessa delicada relação é possível se questionar: *Se as pessoas não transferirem essa necessidade às empresas, devem transferi-la para quem?*

Sendo assim, o conhecimento no ambiente corporativo tornou-se fluido, flexibilizando a rigidez hierárquica. Nesse cenário, o líder precisa se ressignificar. Ele tem de superar aquela figura distante e intocável. Ele já não pode mais se colocar como um enigma para seus colaboradores.

> *Como líder, é preciso ter uma visão de para onde o mercado vai. O líder tem de pensar à frente de seus funcionários e fazê-los acreditar em seu ponto de vista, em suas projeções."*
> **– DOMINIQUE OLIVER**

Para liderar nesta era é preciso ter capacidade de formar redes de relacionamento. É preciso saber se comunicar adequadamente, incentivar e motivar os colaboradores. No século XXI, quem detém o poder nas empresas é quem tem capacidade de comunicação, principalmente, para aglutinar as equipes de trabalho. Essa constatação fica evidente ao longo das respostas dos líderes aqui entrevistados. Independentemente da formação e setor de atuação de cada um deles, todos ressaltaram a comunicação como habilidade fundamental da liderança.

Quem estabelece os melhores relacionamentos profissionais têm as melhores condições para ser um bom líder. Essa característica transformou o fluxo de informação nas corporações. Se antes ele era de cima para baixo, tornou-se circular.

Quanto maior for a capacidade de uma pessoa em se relacionar com outros indivíduos nas corporações, maior será o seu poder, sua capacidade de fazer com que os demais colaboradores convirjam para os seus objetivos. Os líderes têm de saber ouvir as pessoas para construir raciocínios conjuntos, modelos de ação.

Paralelo a esse comportamento, principalmente no segmento de negócios digitais e e-commerce, não podemos esquecer a importância da capacidade de lidar com a tecnologia; essa é uma condição básica, mandatória para os líderes.

Quando as organizações estabeleciam um convívio vertical nas relações entre seus colaboradores e suas lideranças, a capacidade de execução das tarefas estava em segundo plano. Era menos relevante, porque o líder estava intocado no alto de sua torre de marfim, e o conhecimento era compartimentado.

Mas a partir do momento em que as organizações passaram a funcionar horizontalmente, e o conhecimento foi disseminado por todos os lados, o líder tem de demonstrar capacidade de execução técnica em suas solicitações. Nessa estrutura de relacionamento profissional o acompanhamento e o controle das decisões é mais próximo. A organização dos escritórios, inclusive, facilita essa interação.

> *Ainda fico muito impressionada com o setor digital e suas oportunidades. Ele é um mercado muito dinâmico."*
> **– SIMONE SANCHO**

No ambiente dos negócios digitais, a norma tem sido derrubar paredes e divisórias. As antigas e pomposas salas da direção ou da gerência são cada vez mais lugares de museu. Sentamos (líderes e liderados) lado a lado, sem baias ou barreiras que nos distancie. Com isso, nossas fragilidades são facilmente notadas.

Se o líder, por acaso, não demonstrar a devida competência técnica, fatalmente, seus liderados (sobretudo os da nova geração) o desacreditarão. Eles não confiam na liderança de quem não sabe executar.

A incerteza do resultado esperado é outro ponto relevante a se observar quando o líder é tecnicamente limitado. Essa é uma questão sensível para o negócio, porque o output do trabalho pode não acontecer como projetado. Nessas observações, surge mais uma das razões de existir deste livro. Questiono-me *para onde vão os negócios digitais brasileiros? Qual será nosso futuro nesse segmento?* Reflexão respondida de maneira diversa pelos entrevistados.

> ❞ *O mercado digital é um caminho sem volta, e as empresas não podem subestimar o comércio eletrônico."*
> – FELIPE PAVONI

É importante que tenhamos muito cuidado com a possível precarização do mercado de trabalho, em decorrência da autonomia gerada pelas ferramentas tecnológicas, fato que afeta a todos os segmentos produtivos.

A partir da maior descentralização dos negócios, as organizações para alcançar os resultados pretendidos têm de estabelecer claramente a relação e o controle da interação com os seus colaboradores, diretos e indiretos. Precisamos elaborar políticas de ação institucionais, governamentais, assim como devemos constituir o conjunto de normas, regras e leis para auxiliar a construção do tecido social em que vamos viver e consolidar as novas dinâmicas de negócio. Essa condição é fundamental, mas não refletimos sobre esse aspecto como deveríamos.

O Brasil, por ser um país de dimensões continentais, com diferentes perfis regionais de pessoas, tem uma capacidade singular para demonstrar ao mundo como construir um ambiente bem-sucedido nos negócios digitais. Temos profissionais extremamente qualificados atuando em nosso mercado e apresentamos soluções criativas às demandas. Mas para avançarmos no setor devemos refletir conjuntamente sobre a concepção e a estrutura desse novo e complexo ambiente de negócio. O diálogo para isso tem de ser aberto e inclusivo, reunindo todos os integrantes desse ecossistema.

Quando comecei nesse segmento as atividades eram muito pouco formalizadas, como já mencionei. Estávamos criando os processos e modelos de ação, portanto as referências eram poucas, quase inexistentes.

Digamos que com uns 20 anos de prática efetiva de transações em negócios digitais (tomando o ano de 2000 como data de corte para esse período, já que a partir daquele momento houve incrementos técnicos reais na infraestrutura das comunicações virtuais), como segmento, começamos a amadurecer.

Mas, ao entrarmos na maturidade, temos a necessidade de ter agentes que conduzam o negócio estrategicamente para alcançarmos novos patamares de ação, coletiva e individualmente. Ao estudar qual seria o papel da liderança nesse contexto, afinal, sou uma das lideranças em meu ambiente de trabalho, encontrei pouca formalização sobre o tema. Por isso, decidi aprofundar minhas pesquisas sobre esse assunto. Foi neste momento, indiscutivelmente, que comecei a materializar este livro. À época, refletia:

> *"Faz sentido ajudar o mercado. Essa ajuda tanto pode auxiliar as novas lideranças a se entenderem quanto ampliar as referências teóricas para quem tem interesse no segmento. Elas terão mais facilidade em saber como devem se comportar, e até quais seriam as funções e alavancas necessárias para conquistar os objetivos estipulados."*

Ao longo de minha trajetória nos negócios digitais, vivi momentos distintos desse mercado. Em meados dos anos 2000, começo de tudo, a tônica do segmento era ditada pela carência. O setor era desconhecido e inexistiam informações relevantes para explicá-lo. Nem sequer havia cursos nas universidades para nos preparar. Por isso, tínhamos de dedicar muito tempo para realizar as tarefas mais simples, o básico, tanto internamente, com colegas de trabalho, como externamente, com possíveis clientes em prospecções.

> **"** *Desenvolver o e-commerce foi um desafio, mas era um desafio gostoso, porque, claramente, nos sentíamos desenvolvendo algo relevante. Estávamos criando um modelo (...) O Brasil é um país de grandes desafios para os negócios."*
> **– MARCIO KUMRUIAN**

Como evangelistas, tínhamos de convencer as pessoas sobre os aspectos mais triviais de nosso negócio. Como nos lembra Marcelo Ribeiro, em sua entrevista, sobre o seu gigantesco esforço de convencimento dos fabricantes de televisores para vender seus produtos por e-commerce. *"Ninguém vai comprar televisão pela internet. As pessoas precisam ver o aparelho",* diziam a ele. E esse pensamento não era exclusividade dos fabricantes de televisores. Estava disseminado.

No começo de nossa atuação, as pessoas eram céticas quanto à capacidade de venda online, independentemente de seus setores de atuação. Avaliavam com muita descrença a viabilidade do e-commerce. A percepção sobre o setor só começou a ser alterada quando as vendas começaram a acontecer em grande escala.

Conforme o mercado foi se desenvolvendo, criamos modelos de negócio, estabelecemos práticas, formalizamos processos administrativos. Nesse momento, saímos do ciclo inicial de crescimento acelerado para iniciarmos um processo de maturidade. As empresas amadureceram e a concorrência se acirrou. Já vivemos tanto, é verdade, mas ainda temos muito mais para viver.

CAPÍTULO 4

A transformação digital exige mais das lideranças

> **❚❚** *Provavelmente, 40% das principais empresas do mundo não existirão de maneira significativa dentro de uma década."*
>
> **– JOHN T. CHAMBERS**
> Ex-CEO da Cisco

Entre os anos de 2000 e 2020 os negócios digitais cresceram significativamente no Brasil, especialmente em suas formas de comércio eletrônico, marketing digital, mídias sociais e digitalização das relações de trabalho. Desde o início deste livro, venho pontuando esse fato por sua importância e para lembrar como ele é algo recente em nossa história. Esse crescimento constante criou um ambiente de negócio mais competitivo e volátil, tendo forte impacto econômico e social.

Por sua vez, as rápidas mudanças tecnológicas decorrentes do aparecimento dessa nova forma de se fazer negócios levou a um processo organizacional de *transformação digital*, exigindo novas habilidades dos líderes para enfrentar as mudanças de percurso e aprimorar o desempenho organizacional de suas equipes de trabalho.

A *transformação digital* passa pela descentralização da informação, e isso é fundamental para o novo modelo de trabalho. A mudança na maneira como nos comunicamos alterou todas as estruturas organizacionais até então conhecidas. Impactou as lideranças e a consequente expectativa delas sobre o desempenho de seus colaboradores. Portanto, há necessidade de mudarmos o paradigma da cadeia de comando de gestão e atuação do líder.

> *Quando se está em um ambiente de e-commerce é preciso se arriscar. De vez em quando, é preciso dar um passo mais amplo. Esses passos maiores nos transformam, fazem a mudança."*
> – MARIA CLARA BATALHA

No processo de transformação digital, a responsabilidade dos colaboradores passa a ser maior na tomada de decisão, uma vez que as informações estão descentralizadas e os profissionais na linha de frente dos trabalhos são cada vez mais importantes para alcançar os objetivos planejados. Além disso, uma das decisões mais difíceis de um líder é a de promover seus liderados.

Organizações, bem como colegas de trabalho, não toleram quem tem um desempenho profissional fraco. Alocar as pessoas certas nas posições-chave é fundamental para o resultado dos negócios, e a capacidade de fazer esse arranjo adequadamente revela muito sobre o líder, bem como os aspectos esperados por ele para seus liderados atingirem os objetivos traçados.

A aceleração das mudanças do mercado associada à geração de pessoas ansiosas, sob pressão para obter resultados em curto prazo, transformou as mudanças na tônica das relações *empresa-mercado, empresa-colaboradores*. Nesse cenário, tanto o sucesso quanto o fracasso criam oportunidades. Assim, organizações e colaboradores precisam ser flexíveis para o desenvolvimento de suas trajetórias.

Atualmente, líderes e liderados demandam um grau de conhecimento que vai além, muitas vezes, das capacidades técnicas e cognitivas de cada um deles.

É bom lembrar, a definição de gestão associa-se à organização, alinhamento e operação da complexidade dos negócios em si. Uma boa administração resulta em ordem e consistência para dimensões-chave da empresa, como *qualidade de processo* e *rentabilidade de produtos* ou *serviços*.

> *Para um processo de transformação digital, a cultura organizacional é fundamental e, é bom lembrar, o mundo digital exige que se conviva com o erro. Muitas vezes, as empresas da economia tradicional têm grande dificuldade em aceitar essa condição tão característica de nosso segmento."*
> **– VICENTE REZENDE**

Cenários corporativos mais complexos exigem maior presença e assertividade de suas lideranças, afinal é preciso garantir o bom desempenho dos negócios. Mas, diante das mudanças precipitadas pelos negócios digitais, pouca ou nenhuma formalização de seus mecanismos causais (os fatores psicológicos, sociológicos e econômicos) aconteceu consistentemente. Portanto, vale a pena se perguntar:

> *Qual é a função ou valor adicionado pela liderança nesse ambiente?*

O estilo de atuação de grandes líderes varia muito. Para diferentes situações há modelos distintos de liderança. **Negócios necessitam gestores sensíveis, que entendam e engajem as pessoas**, mas, em situações cujas atividades empresariais exijam mudanças drásticas (como a transformação vivida no comércio com o aparecimento de soluções digitais para o setor), os líderes precisam ser firmes e exercer sua autoridade.

Líderes e executivos, por essência, são fazedores. Eles executam. Para atingir seus objetivos, devem se concentrar em tarefas fundamentais (em que possuem maior competência) e delegar atividades a seus colaboradores. Para o executivo, tempo é o recurso mais escasso e precioso, mas as organizações drenam tempo.

O exercício da liderança exige a capacidade de comunicar e alinhar objetivos, convencer seus apoiadores a executar os planos propostos e controlar essa execução para que a mesma atinja seu objetivo. Essa capacidade de coordenação precisa chegar aos seus diversos públicos de relacionamento (liderados, acionistas, sócios, entre outros).

De acordo com Daniel Goleman, **um bom coeficiente de inteligência e competência técnica representam a porta de entrada para o mundo executivo, mas não são as únicas características exigidas**[1]. Por sua vez, a inteligência emocional é condição *sine-qua-non* para se tornar um grande líder. O que nos leva a uma indagação:

> *Quais características guiam a ação dos líderes em suas organizações?*

A resposta para essa pergunta pode ser dividida em dois grandes blocos de características:

I. as competências técnicas e econômicas como as relacionadas ao financeiro, tecnologia e analítica;

---

1. Conceito usado por Daniel Goleman no texto "What Makes a Leader?", publicado pela Harvard Business Review, em janeiro de 2004.

II. as competências de inteligência emocional, como capacidade de trabalhar em grupo, efetividade em liderar mudança e capacidade de comunicação.

A variabilidade da personalidade dos padrões de liderança é bem distinta e depende, em grande medida, do setor da empresa ou de sua situação em determinado mercado. Podemos ter líderes extrovertidos, introvertidos, liberais, controladores, generosos, parcimoniosos. As possibilidades são inúmeras.

> *Quando o digital ainda não estava tão impregnado em tudo o que fazíamos, acabávamos sendo um evangelista, um lobo solitário, dentro das organizações. Não esmorecer ao enfrentar as dificuldades sempre foi um desafio."*
>
> – FLÁVIO DIAS

CAPÍTULO 5

As características fundamentais da formação do líder

" Devemos desenvolver uma visão abrangente e compartilhada globalmente de como a tecnologia está afetando nossas vidas e remodelando nossos ambientes econômico, social, cultural e humano. Nunca houve um tempo de maior promessa ou maior perigo."

– KLAUS SCHWAB
Fundador e presidente-executivo do Fórum Econômico Mundial

AS CARACTERÍSTICAS FUNDAMENTAIS DA FORMAÇÃO DO LÍDER

Ao tentarmos compreender a maneira de agir das lideranças, é preciso considerar três caraterísticas fundamentais em sua formação: **psicológica, social** e **econômica**. Elas são as variáveis decisivas para entendermos a ação dos líderes e identificarmos quais são as estratégias adotadas por eles para garantir e ampliar a performance das organizações.

No ambiente dos negócios a atuação da liderança impacta diretamente os resultados corporativos. Portanto, quando o líder se torna objeto de estudo, é fundamental considerar suas características (e seus atributos específicos). É importante entendê-los e relacioná-los corretamente para observá-los com precisão.

QUADRO DE ATRIBUTOS DAS CARACTERÍSTICAS DA LIDERANÇA

Em cada uma das características da liderança, devemos considerar os seguintes atributos:

Psicológicas:	Sociológicas:	Econômicas:
Emocional	Empatia	Analítico
Autoconhecimento	Relacionamento	Técnico
Motivação	Comunicação	Estratégico
Confiança	Engajamento	
	Cultura	

Mais do que buscar uma nova teoria com o trabalho realizado de pesquisa qualitativa exploratória para a concepção desta obra, procuro clarificar a **relação das proposições que podem gerar ações** para os líderes e os gestores aplicarem em suas organizações no mercado nascente dos negócios digitais no Brasil. Sendo assim, é significativo detalhar certos aspectos de suas características.

- **Em termos psicológicos**

    Nossos líderes precisam aprimorar suas competências emocionais. Essa condição aparece como importante aspecto de nosso mercado digital. Em ambientes horizontalizados, cujos processos de decisão são descentralizados (e os colaboradores, ansiosos), o líder precisa de um ferramental emocional mais estruturado. Para consegui-lo, ele deve trabalhar seu autoconhecimento. É preciso *saber ouvir* (ao outro e a si); e é necessário fomentar sua capacidade para a motivação. O cuidado com o seu emocional é um diferencial para atuação da liderança. Eles precisam saber agir sob pressão, portanto têm de ter autoconfiança sem parecerem arrogantes. Eles têm de desenvolver empatia pelo outro e suas necessidades. Precisam, ainda, elaborar suas atitudes, ao invés de reagir impulsivamente às situações. Há técnicas específicas para a consolidação dessas características.

> *A gente trabalha em um mercado que tem uma cultura única, sendo assim, nosso maior desafio é achar equilíbrio para desenvolver uma cultura de alta performance."*
> – FABIANA FREGONESI

- **Em termos sociológicos**

    Do ponto de vista dos fatores relacionais, é interessante notar a procura por uma rede de relacionamento que extrapola os limites das organizações em que eles trabalham. Essa condição tanto foi feita como apoio e construção de suas carreiras, como para a resolução de problemas cotidianos. A possível resposta para essa atitude reside na impossibilidade de se encontrar exemplos de liderança digital em suas organizações, afinal os negócios digitais são uma atividade muito recente. Além disso, é necessário que o líder estabeleça redes de relacionamento dentro da organização para facilitar sua interlocução com todos os elos da empresa. Por isso, é crucial o desenvolvimento da empatia entre seus colaboradores. **Em ciclos de trabalho cada vez mais curtos, os líderes precisam saber como engajar suas equipes.**

> *Tive poucas lideranças do mercado digital. Na maioria das empresas em que trabalhei sempre ocupei o cargo mais alto na área digital. Todo o meu conhecimento foi adquirido fora dos meus ambientes de trabalho."*
>
> **– DANIEL NEPOMUCENO**

Outro atributo notadamente impactante no exercício da liderança são os fatores culturais, pois para serem bem-sucedidos os negócios digitais exigem condições organizacionais distintas. E é oportuno mencionar que, como os atuais líderes do setor ajudaram a forjar o segmento, eles são responsáveis pela constituição dessa nova cultura. A atuação deles foi decisiva para a consolidação dos novos ritos de trabalho.

Associar a cultura organizacional à comunicação é uma das atribuições mais importantes para o exercício da liderança. O líder responsabiliza-se por verbalizar e fazer com que o seu público de relacionamento (interno e externo) se identifique com a cultura da empresa. Para conseguir tal objetivo, ele precisa demonstrar autenticidade em seus atos. A comunicação é uma ferramenta, um meio essencial para se alcançar os objetivos estipulados. É preciso saber transmitir adequadamente as mensagens de forma clara, com baixa entropia, para, sem ruídos, atingir os objetivos estipulados.

Para formar equipes de alto rendimento, os líderes procuram colaboradores comprometidos com o negócio. Pessoas focadas em entregar resultados. Por isso, esses profissionais devem ter o "sentimento de dono" — ou "dor de dono", como muitos utilizam essa expressão —, assim como resiliência para superar os desafios.

> *No comércio eletrônico é preciso aprender as tarefas muito rápido, e o intervalo de tempo para esse aprendizado está cada vez mais curto."*
>
> **– TIÊ LIMA**

- **Em termos econômicos**

    O desenvolvimento de suas habilidades estratégicas é fundamental. Os líderes precisam ter a capacidade para avaliar adequadamente o ambiente de mercado e tomar suas decisões baseando-se em projeções e expectativas muito bem definidas. Em uma figura de linguagem, eles têm de "enxergar toda a fotografia", ter visão de longo prazo do negócio.

    De acordo com os fatores econômicos, devemos entender qual era o interesse dos líderes pelo ambiente digital antes de eles terem alguma experiência profissional no segmento. Precisamos compreender também como a expansão do mercado digital assegurou a atuação das lideranças.

> *Em minha vida profissional sempre vi os processos e controles como algo decisivo; e essa característica é fundamental para trabalhar no comércio eletrônico. Algumas pessoas podem até ver algum glamour no e-commerce, afinal o setor está ligado à internet, mas, na prática, estamos falando apenas de uma operação de varejo."*
>
> – FÁBIO MORI

Não podemos nos esquecer do desenvolvimento das competências técnicas. Elas são importantíssimas. Há alguns anos já se evidencia no mercado a falta de mão de obra qualificada para o desenvolvimento digital e tecnológico das empresas. A partir da década de 2020 essa condição se agrava pela crescente demanda de profissionais para desempenhar atividades desse gênero. Nesse aspecto, as lideranças terão maior responsabilidade com a contínua atualização de seus estudos e uma obrigação direta para demonstrar aos seus times a aplicação prática das atividades esperadas. Esse é um dos motivos pelos quais quem ocupar os cargos de liderança daqui por diante tem de ter o domínio técnico necessário das funções.

AS CARACTERÍSTICAS FUNDAMENTAIS DA FORMAÇÃO DO LÍDER

> *Nesse novo mundo é essencial saber como vamos transferir o conhecimento."*
> – CHRISTIANE BISTACO

Ainda temos muito a entender sobre nosso mercado e vai ser bastante interessante acompanhar suas modificações, principalmente as promovidas pelo avanço da tecnologia. Nesse sentido, é cada vez mais importante compreendermos os mecanismos causais existentes em nosso ambiente de trabalho, sobretudo os relacionados à seguinte indagação:

> Qual é a função ou o valor adicionado pela liderança nos negócios digitais?

Partindo dessa interrogação sobre qual seria a atuação das lideranças em gestão estratégica no mercado digital brasileiro, estruturei a produção desta pesquisa qualitativa exploratória por:

I. método indutivo pela exploração e análise de um grande volume de informações relacionadas à liderança;

II. formalização do caráter exploratório para explicar o panorama estratégico, as características comuns da liderança que aprimoram o desempenho organizacional.

Para conseguir respostas para esses dois aspectos, baseei-me nos seguintes pontos:

Teoria (Como)
Mudança de um modelo informal para formal. Existem características comuns entre as lideranças que levam à performance organizacional dos negócios digitais no Brasil?

Análise (Onde)
Introdução de um novo nível de análise que busque formalizar a maneira como atuam as lideranças nesse mercado.

> **Mecanismo Causal (Por quê)**
> Sintetizar múltiplos mecanismos causais que mediam ou moderam os efeitos da liderança sobre a performance nos negócios digitais no Brasil.
>
> **Construto | Variáveis (O quê)**
> Introdução dos construtos que permitem entender os múltiplos mecanismos que mediam os efeitos da liderança sobre a performance.
>
> **Condições (Quando)**
> Restringir as suposições teóricas para implicações específicas do impacto da liderança sobre a performance no mercado digital brasileiro.
>
> **Output (Resultado)**
> Encontrar os padrões do exercício da liderança dentro do ambiente dos negócios digitais brasileiro que levam ao aprimoramento do desempenho organizacional no setor.

Do ponto de vista psicológico, sociológico e econômico, em linhas gerais, os aspectos acima destacados levam as lideranças dos negócios digitais brasileiros a adicionar valor ao desempenho de suas organizações. É o que os faz apresentar performances de alta qualidade.

A PERFORMANCE DA LIDERANÇA RESULTA DE SUAS CARACTERÍSTICAS

Liderança → Psicológicos / Sociológicos / Econômicos → **Performance**

CAPÍTULO 6

O porquê das perguntas e os critérios de escolha dos entrevistados

> *Liderança não é dominação, mas a arte de persuadir as pessoas a trabalhar em direção a um objetivo comum."*
>
> **– DANIEL GOLEMAN**
> Psicólogo especialista em Inteligência Emocional

A maneira como as lideranças agem está relacionada às suas características psicológicas, sociológicas ou econômicas, por isso a razão teórica para as formulações das entrevistas considera os aspectos dessa condição, como demonstrado a seguir.

Questionamentos associados às características psicológicas

> Os desafios enfrentados pelos profissionais em momentos de grande transformação, como no mercado digital brasileiro, vão além do entendimento comum e o que é certo para a organização pode parecer, em um primeiro momento, contrário aos interesses de acionistas, colaboradores e parceiros, gerando pressão nos líderes para superar os desafios. Os líderes precisam se motivar para enfrentar situações adversas. É preciso ter resiliência. Para abordar tal situação, foi elaborada a seguinte pergunta:
>
> **Pergunta 3: Quais foram os principais desafios que enfrentou durante sua trajetória profissional e como conseguiu superá-los?**

> A construção da confiança na liderança está relacionada à sua capacidade de engajar colaboradores e, consequentemente, atingir os resultados em grupo. Para isso acontecer é preciso desenvolver a confiança e o autoconhecimento. Líderes desprovidos desses aspectos têm times de baixa performance. Como o executivo lida com essa condição? Para entender essa atuação, foi perguntado:
>
> **Pergunta 6: Quais são os fatores que você considera fundamentais para exercer a liderança em seu negócio e na sua posição?**
>
> **Pergunta 10: Com o conhecimento que você tem hoje, se pudesse dar um conselho para você no início da carreira, qual seria este conselho?**

Questionamentos associados às características sociológicas

Na atual conjuntura, adquirir conhecimento para resolver determinada situação passa por estabelecer um bom networking, sem contar a importância de trocar informação com pessoas mais experientes que já passaram por situações análogas. Por isso, para entender tal situação no cotidiano profissional dos entrevistados, perguntou-se:

Pergunta 5: Quais foram as lideranças inspiradoras em sua carreira e como foi seu relacionamento com seus mentores?

Quando um determinado plano é traçado pelo líder, sua comunicação e execução dependem da forma como a cultura da empresa absorve e reverbera o discurso da liderança, este é um aspecto fundamental no processo de transformação digital. Como o líder vê tal circunstância é decisivo para auxiliar ou atrapalhar o desempenho dos colaboradores nas empresas. Então, foi perguntado:

Pergunta 4: Como você vê o papel da cultura organizacional para a transformação digital? Cite aspectos positivos e negativos da cultura sobre a performance.

Líderes têm a habilidade de colocar as melhores pessoas em oportunidades e não em problemas; e eles sabem que não atingem os resultados sozinhos, há uma grande interdependência com seus colaboradores. A partir dessa condição, como é possível formar equipes eficazes e identificar os colaboradores que executarão suas atividades a contento, estando alinhados com os processos e a cultura organizacional? Para entender essa necessidade, perguntou-se:

Pergunta 7: Quais são as características que você mais valoriza em seus colaboradores?

A forma de trabalho que surge com o advento das novas tecnologias e a consolidação do ambiente digital permite a horizontalização das relações de poder nas empresas. Essa condição aumenta a interdependência entre os líderes e seus colaboradores. Por isso, é preciso observar o alinhamento das expectativas. Para entender como isso acontece, foi feita a seguinte pergunta:

Pergunta 8: Como conciliar o crescimento exponencial dos negócios digitais com o crescimento da carreira, que muitas vezes não andam juntos e podem gerar frustração?

Questionamentos associados às características econômicas

Independentemente do tipo de personalidade dos líderes, e este é um conceito tratado pela academia há muito tempo, o QI (quociente de inteligência) e as competências técnicas são normalmente a porta de entrada para as posições executivas nas empresas. Sendo assim, é fundamental avaliar a contribuição acadêmica na formação profissional da liderança.

Pergunta 1: Qual o papel da formação acadêmica em sua trajetória profissional?

Para ser líder é preciso ter capacidade de enxergar toda a foto (*big picture*) e ter visão de longo prazo. É necessário observar de forma sistemática a mudança dentro e fora da organização e entendê-la como oportunidade, não como ameaça. Para entender como nossos entrevistados tinham esse comportamento na prática, foram feitas as seguintes perguntas:

Pergunta 2: Em que momento da sua carreira você percebeu a oportunidade dos negócios digitais e por que isso fazia sentido para você?

Pergunta 9: Como você acredita que será o futuro do trabalho e qual será o impacto em seu negócio, no mercado e nas carreiras?

*A **pergunta 2** reflete a capacidade da pessoa no momento de observar uma oportunidade em um cenário de incertezas; e a **pergunta 9** coloca em perspectiva a visão de longo prazo e seu impacto na estratégia adotada.*

A ESCOLHA DOS LÍDERES ENTREVISTADOS

Quando decidi fazer o convite aos profissionais que participariam das entrevistas, procurei encontrar um equilíbrio no perfil de quem seria entrevistado para compor um quadro amostral de profissionais próximo à realidade de nosso mercado e, com isso, obter resultados mais significativos nas respostas. Todos os líderes foram selecionados para assegurar a diversidade de pensamento do setor.

CRITÉRIOS TÉCNICOS DE SELEÇÃO DAS ENTREVISTAS

Nível executivo do líder, ou sua posição hierárquica dentro da organização para entender os impactos do exercício da liderança.

Tamanho da organização, classificada entre: pequena, média e grande, seguindo os critérios do IBGE para categorização do negócio.

Segmento ou tipo de negócio, de acordo com a classificação do IBGE: indústria, varejo, serviço.

Gênero, classificado entre masculino e feminino.

A seleção, a partir dos critérios definidos, gerou a seguinte amostragem:

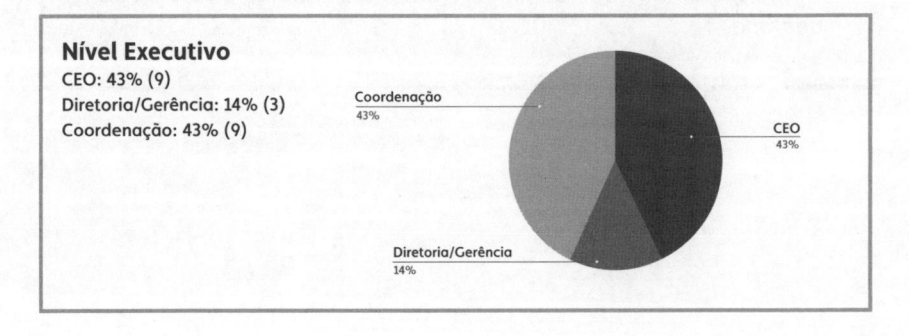

Nível Executivo
CEO: 43% (9)
Diretoria/Gerência: 14% (3)
Coordenação: 43% (9)

Coordenação 43%
CEO 43%
Diretoria/Gerência 14%

Tamanho da Organização
Grande: 52% (11)
Média: 29% (6)
Pequena: 19% (4)

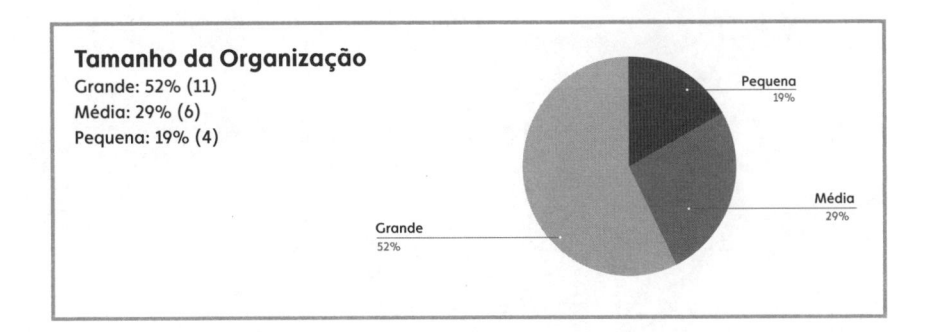

Segmento
Indústria: 24% (5)
Serviço: 29% (6)
Varejo: 48% (10)

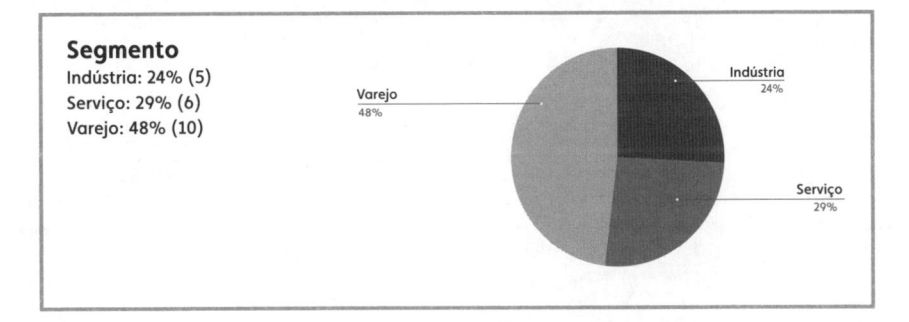

Gênero
Feminino: 24% (5)
Masculino: 76% (16)

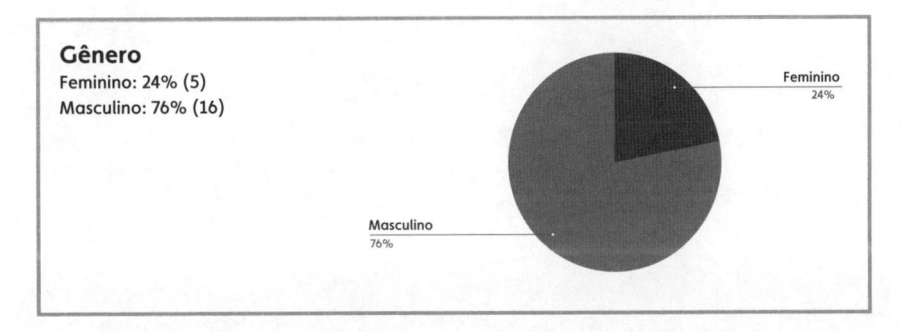

Depois de gravadas, todas as entrevistas foram transcritas e editadas para serem adequadas à publicação.

CAPÍTULO 7

O que pensam as lideranças dos negócios digitais no Brasil no século XXI

As páginas deste capítulo compõem um diverso painel sobre um dos mais instigantes setores produtivos da economia mundial, moldado pelo aparecimento e evolução da tecnologia.

Os 21 entrevistados para esta publicação são alguns dos mais influentes profissionais de nosso mercado e, ao concederem suas entrevistas, atuavam em importantes multinacionais como Google, Mondelēz, L'Oréal; em significativas empresas nacionais, entre elas Arezzo&Co, Localiza, Netshoes; em empreendimentos revolucionários, a exemplo do Submarino, Enjoei, Amaro, entre outras iniciativas que transformam cotidianamente nosso mercado de trabalho.

" Inovar significa que você não consegue planejar o sucesso, só o fracasso."

Flávio Pripas

Flávio é bastante enfático ao falar sobre as características que admira nos colaboradores. "A pessoa precisa ter brilho nos olhos, vontade de fazer." Profissionais acomodados o tiram do sério. Essa falta de paciência com quem demonstra procrastinação no trabalho não acontece à toa, afinal, do nada (junto com um amigo), ele criou um empreendimento online e engajou milhares de pessoas em uma época na qual nem rede social existia. Ali, tornava-se empreendedor. Desde então, se dedica a ajudar quem se interessa por empreender. Quando concedeu sua entrevista, em julho de 2018, estava à frente do Cubo, mas em novembro daquele ano foi em busca de novos desafios e juntou-se a Redpoint eventures.

1. Qual o papel da formação acadêmica em sua trajetória profissional?

A formação acadêmica é uma base, ela o ajuda a se estabelecer como pessoa, a construir relações, a evoluir como liderança. Nos últimos dez anos, estou muito envolvido no mundo do empreendedorismo, mas tenho mais de duas décadas de carreira e, em todo esse tempo, minha formação acadêmica foi muito importante.

Na universidade, me formei em Engenharia da Computação, mas, na prática, me sinto um programador. Sou programador desde que nasci. Meu pai, que também era programador, me ensinou a programar quando comecei a me alfabetizar. Costumo brincar que falo muito melhor com as máquinas do que com os seres humanos. A máquina entende tudo, o ser humano não entende nada.

Durante minha carreira, sempre fui um bom programador falando com máquinas, só que chegou um certo momento em que tive de começar a fazer gestão de pessoas, mas não conseguia falar com elas, nem sequer conseguia olhá-las nos olhos. Programador e engenheiro são extremamente introspectivos. Para dizer de um jeito mais bonito, não conseguia inspirá-las a chegar ao lugar para o qual eu queria direcioná-las. Daí, fui fazer uma pós-graduação, um MBA na Fundação Getúlio Vargas (FGV), que me "abriu o mundo", não necessariamente pela oferta do conteúdo acadêmico propriamente dito, mas pela possibilidade de me relacionar com outras pessoas em cargos de gestão.

Ali, pela primeira vez, me encontrei em um ambiente isento, onde as pessoas tinham ido para trocar ideias, para falar sobre acertos e erros cometidos em suas vidas profissionais, explicar como se portavam nas mais diversas situações. Lá, eu praticamente me descobri. Comecei a entender a importância de não ficar o tempo inteiro à frente do computador, o que significava ajudar outras pessoas a atingir os seus objetivos, consequentemente, auxiliando as empresas a atingir suas metas.

> **2** Em que momento da sua carreira você percebeu a oportunidade dos negócios digitais e por que isso fazia sentido para você?

Percebi a oportunidade dos negócios digitais quando me tornei um empreendedor, ao criar um site de forma descompromissada. Como falei, sou programador e comecei a trabalhar em uma pequena empresa brasileira, que foi comprada por uma empresa norte-americana que, por sua vez, foi comprada por um banco.

Na empresa brasileira eu havia entrado como estagiário. No momento em que ela foi comprada pela empresa dos Estados Unidos, fui promovido ao cargo de Diretor de Tecnologia da América Latina. Logo depois, quando a empresa norte-americana foi comprada pelo J.P. Morgan, virei Diretor de Tecnologia do banco no Brasil. Isso era 2006. Depois, o Credit Suisse comprou a Hedging-Griffo e fui convidado por eles para ajudar a reformular a equipe de tecnologia.

Até 2008, fiz uma tradicional carreira de executivo na área de tecnologia. Quando entrei no J.P. Morgan fui até citado no jornalzinho da empresa como um dos mais jovens VPs do banco, no mundo, para gerir tecnologia.

De fato, tive uma evolução bem rápida em minha carreira, mas, efetivamente, só comecei no mercado digital em 2008, ainda no Credit Suisse Hedging-Griffo. Como gestor de tecnologia, estava lá para ficar no lugar de Renato Steinberg, porque ele era CIO da Hedging-Griffo. Como havia sido comprado pelo Credit Suisse, estávamos em um plano de transição.

Renato e eu ficamos muito próximos e decidimos, como atividade fora do trabalho, fazer um site para nossas esposas. Elas queriam abrir uma loja de roupa, na rua; e abrir uma loja de roupa é muito caro, mas, como Renato e eu somos programadores, decidimos "fazer o negócio" pela internet, porque seria muito mais barato.

A gente desenvolveu o programa do site em quatro finais de semana. Até ali tudo era muito informal. Era como se fosse uma "brincadeira". Quem é programador sempre gosta de "sujar as mãos". Quando você vira diretor é chato, são muitas reuniões.

Colocamos o site no ar em 18 de agosto de 2008 e, no começo de 2009, já tínhamos 30 mil visitas novas por dia. Sem querer, criamos um negócio de sucesso, mas não tínhamos a dimensão dele. Naquela época nem rede social existia como conhecemos hoje; mesmo assim, Renato e eu decidimos pedir demissão para investir naquele negócio. Ali, viramos empreendedores. "Chutamos o balde" e fomos ver se aquele projeto iria para frente. Assim, entrei no mundo digital, onde estou há mais de uma década.

A gente acabou pegando o começo de uma transformação do comportamento da sociedade global, que pode ser resumida por uma frase de Arianna Huffington, dita em 2010: "*Self-expression is the new entertainment.*" Ou seja, "Autoexpressão é o novo entretenimento." Sem querer, a gente acabou pegando o começo dessa onda.

Entre 2009 e 2013, nos transformamos no maior site de moda do Brasil. A gente recebeu duas rodadas de investimento e o vendemos em 2014, quando abri uma segunda empresa. Contudo, quando estava fazendo seu fundraising, fui convidado para desenhar e liderar o Cubo.

Teoria do Effectuation

Há uma professora da Darden School of Business (Escola de negócios de pós-graduação associada à Universidade de Virgínia nos Estados Unidos), Saras Sarasvathy, que costuma estudar a ação de vários empreendedores que desafiaram o *status quo* e criaram novos modelos de negócio. Pelo fato de eles terem feito as coisas de uma maneira muito diferente, ela concluiu que o pensamento do empreendedor é incomum.

Quando alguém quer começar um novo negócio, pela maneira tradicional de pensar, essa pessoa vai se sentar e fazer um plano de negócio, no qual determinará, por exemplo, a visão, missão, valores dessa nova empresa. Fará, ainda, uma matriz de SWOT (sigla em inglês para *strengths, weaknesses, opportunities and threats*), na qual serão destacados os pontos fortes, fracos, as oportunidades e as ameaças; vai ressaltar os "4 Ps do Marketing" (preço, produto, prazo e promoção); definirá os ambientes externo e interno, e assim por diante.

Imagina a minha situação quando estava criando o site. Eu não conhecia absolutamente nada dessas teses. E mais: o mercado digital inexistia. À época, nada do que estávamos fazendo existia. Os blogs tinham sido criados dois anos antes de fazermos nosso negócio e ninguém sabia direito o que eram. O YouTube tinha apenas três anos de funcionamento e muita gente mal sabia o que ele era. Tudo era novo.

Para a professora Saras Sarasvathy, esse empreendedor que desafia *status quo* não planeja o sucesso do seu empreendimento. Ele planeja o fracasso, porque a única coisa possível de ser planejada nesse cenário de incerteza é o fracasso, não o sucesso. Isso para mim virou filosofia de vida.

Antes de criarmos o site, em 2008, Renato e eu nos reunimos para tentar escrever um plano de negócio. A reunião não passou de uma tentativa, porque, em vez de redigi-lo da forma tradicional, elaboramos o que chamamos de as *regras do jogo*:

- *Quanta grana investiríamos do nosso bolso?*
- *Quanto tempo ficaríamos desempregados?*
- *Se eu "enchesse o saco" depois de seis meses, o que aconteceria?*
- *Se ele "enchesse o saco" depois de seis meses, o que aconteceria?*

Com esses questionamentos respondidos, decidimos seguir em frente e o resto começou a acontecer. Ou seja, delimitamos o fracasso do negócio e hoje vejo que nossa história tem muita relação com os estudos da professora Saras sobre a teoria do *Effectuation*, a qual, nos últimos anos, tenho feito constantes palestras sobre sua importância. Resumo essa teoria da seguinte forma:

》》▶ Perda suportável: A única variável que o empreendedor ou o inovador controla é o fracasso, não o sucesso. Ele parte do pressuposto de que o futuro é imprevisível; assim sendo, ele vai testar possibilidades por meio de parcerias. As parcerias ajudam a testar várias possibilidades.

»⏵ Lean startup que é a *tangibilização* do effectuation. Pela lean startup não se controla o outcome, a saída daquele processo. O processo precisa ser incremental, interativo, e você parte do pressuposto da imprevisibilidade do futuro. Daí, testará possibilidades em círculos curtos; e você vai testar possibilidade com parceria, seja com o seu cliente final, com o seu fornecedor, com os stakeholders.

Esses conceitos foram transformados por Eric Ries na *teoria do lean startup*, que é uma metodologia de projeto e prevê algo muito interessante sobre inovar:

> Inovar é não saber para onde se está indo. Se você sabe para onde está indo, você não está inovando; está fazendo uma melhoria incremental. Inovar significa que você não consegue planejar o sucesso, só o fracasso.

③ Quais foram os principais desafios que você enfrentou durante sua trajetória profissional e como conseguiu superá-los?

Logo no começo da minha carreira, quando estava na pequena empresa brasileira e ela foi comprada pela empresa norte-americana, meu desafio foi sair da frente do computador e começar a gerir pessoas. Naquela época, a minha equipe chegou a ter 160 funcionários, com 6 gerências, e eu não tinha habilidade para me relacionar com eles. Por isso, busquei qualificação e entrei para o MBA na FGV, um ponto de total inflexão. O relacionamento com as outras pessoas no curso me "abriu a cabeça" para o significado do que é ter uma equipe.

Antes daquela experiência, trabalhava muito sozinho ou com gente que também trabalhava sozinha, onde simplesmente se falava: "Faz isso, faz aquilo." Mas, a partir do momento em que você tem equipe, é preciso saber dividir o trabalho, tem de aprender a delegar, e eu precisava me preparar para aquelas tarefas.

Tanto a empresa brasileira quanto a norte-americana eram de supply chain management, importação e exportação, e de repente entrei no mercado financeiro, quando a empresa em que estava foi comprada pelo banco. Naquela época, não sabia nada do mercado financeiro. Entrava em uma reunião e não entendia o que estava sendo falado. Tive de estudar.

Sempre fui muito focado. Se há algo para ser feito, eu foco meus esforços naquela atividade e esqueço o resto. Ao longo de minha carreira, sempre fui, como workaholic, atrás das lacunas que precisavam ser preenchidas. Não sei se esse comportamento é bom ou ruim, mas está funcionando para mim. Ao mesmo tempo, se você me perguntar se foi difícil a decisão de sair do banco para montar meu negócio, se foi um desafio, respondo que não. Pelo contrário, foi fácil porque o mercado financeiro naquele momento estava implodindo, passava por uma das maiores crises desde a quebra da Bolsa de Nova York em 1929. Aquele colapso no setor me empurrou para mudar, para empreender.

Mesmo estando em um alto cargo de gestão, com poder de admissão e demissão, sabia que a qualquer instante poderia chegar a minha vez de ser subitamente demitido. Por isso, minha decisão de sair teve um empurrão do mercado.

4 Como você vê o papel da cultura organizacional para a transformação digital? Cite aspectos positivos e negativos da cultura sobre a performance.

A cultura organizacional é extremamente importante. Estou há dez anos no mundo do empreendedorismo e convivo com centenas de startups, minha área de expertise. É muito nítido que quem faz a cultura da empresa é o seu fundador, e existe uma preocupação na formatação dessa cultura ao longo dos diferentes momentos da empresa.

No começo da trajetória de uma startup, a sua cultura organizacional não é uma preocupação. Nesse momento, ela é moldada no dia a dia. O empreendedor não tem tempo de parar, "se olhar no espelho" e falar: "Qual será a cultura da minha empresa?" Ele está criando de forma orgânica seu negócio e a empresa reflete aquele empreendedor, seu líder, quem estiver encaminhando o negócio. Porém, quando a empresa atinge certo nível de maturidade, a gente consegue ver vários pontos de inflexão.

Quando você começa a ter 20, 30 pessoas trabalhando na empresa, é preciso se preocupar com a elaboração de sua cultura organizacional para todos buscarem os mesmos objetivos. É fácil identificar os pontos de inflexão na trajetória de uma startup ao se observar o número de seus funcionários.

Fases de mudança de uma startup:

- *quando chega a 40 pessoas;*
- *quando está entre 50 e 80 pessoas;*
- *quando ultrapassa 100 pessoas.*

Esses são três pontos de inflexão, momentos nos quais é preciso parar e pensar os objetivos do negócio. *"Qual será o quadro de valores que deve ser colocado na parede?"* Do ponto de vista do negócio, é importante tomar essa atitude, porque o fundador da empresa não consegue acesso a todas as pessoas da corporação todos os dias.

Geralmente, no começo de uma empresa todo mundo está na mesma sala. Você grita e todos escutam, mas quando se está com 30 pessoas isso já não é mais possível. Por isso, é necessário ter um certo direcionamento.

> É muito interessante observar como as empresas, as startups, principalmente, são espelhos do seu fundador.

Se o fundador trabalha muito, todo mundo trabalha muito. Se o fundador trabalha pouco, todo mundo trabalha pouco. Quando o fundador é agressivo, todo mundo é agressivo. Se o fundador é mais *easy going*, todo mundo é *easy going*. Quando o fundador é do tipo que estabelece parceiras, você vê mais funcionários colaborativos. Quando o fundador é mais fechado, todo mundo fica de cara fechada.

> A cultura organizacional molda o ser humano dentro de uma corporação.

5 **Quais foram as lideranças inspiradoras em sua carreira e como foi seu relacionamento com seus mentores?**

Gosto muito de ler biografias. Sempre me interessei por grandes lideranças globais e já li toda a obra de autores como Jim Collins, Jack Welch,

Gordon Moore. Essas pessoas me inspiram. O que escrevem me inspira. Em compensação, nunca tive um chefe para dizer: "Um dia quero ser como ele em minha carreira." Tive grandes amigos, grandes parceiros, mas não me espelho em nenhum deles como liderança. Já mentores, tenho vários. Há muito tempo aprendi que, em toda conversa, com qualquer pessoa, sem exceção, você tem sempre algo a aprender.

Quando tinha 16 anos de idade, acompanhei meu pai em algumas palestras. Um moleque, aos 16 anos, acha que conhece o mundo. Em certa ocasião, virei para ele e falei, com aquela arrogância adolescente: "Já sei tudo o que esse cara vai falar." Meu pai me ouviu, olhou para mim e me falou algo que trago comigo desde aquele dia:

> "Olha, em toda ocasião você pode aprender. Se você sabe tudo que alguém vai falar em uma palestra, veja como ele anda no palco, então. Veja como ele se comporta, o modo como mexe as mãos, observa a entonação da voz, como passa a mão nos cabelos. Veja qualquer coisa, porque você tem a chance de aprender algo com tudo."

Quando comecei na carreira de empreendedor e não conhecia absolutamente nada do mercado, convidava as pessoas para conversar em almoços. Naquelas oportunidades queria trocar ideias, aprender, exatamente como meu pai me ensinou. Temos a chance de aprender algo com tudo em nossas vidas. Com esse comportamento, desenvolvi grandes amigos que se transformaram em grandes mentores. São vários os exemplos.

Conversar com Paulo Veras, fundador da 99, é uma aula. Um dia desses fomos juntos visitar a iniciativa social Gerando Falcões, do Edu Lira; foi um final de semana espetacular. Aprendi coisas novas o dia inteiro. O Anderson Thess, da Redpoint, é outro exemplo. Cada conversa com ele é um aprendizado. Conversar com Deli Matsuo, fundador do Appus, é uma delícia. Eu falo bastante, mas quando encontro com Deli gosto de ficar quieto, só escutando. Temos de aprender a aproveitar todas as situações, por mais informais que nos pareçam.

6 **Quais são os fatores que você considera fundamentais para exercer a liderança em seu negócio e na sua posição?**

Foco! Aliás, foco é um requisito fundamental em qualquer situação na vida. Você tem de saber aonde quer chegar. Você pode até não ter certeza do resultado que alcançará, mas você tem de ter direcionamento.

A pior coisa que pode acontecer quando você lidera uma iniciativa, uma equipe, quando você lidera qualquer coisa, é não ter clareza de aonde se quer chegar, porque isso cria ambiguidade, e as pessoas não sabem trabalhar com ambiguidade.

Como seres humanos, a gente se engana. A gente acha que sabe abstrair, mas não sabe. A gente gosta de "receber as coisas na mão" e não sabe lidar muito bem com ambiguidades. A gente gosta de rotina, por isso precisa de foco e de comunicação para saber expressar esse foco. Comunicar-se bem é muito importante.

Tenho um defeito como líder. Quando quero frisar algo, repito a informação várias vezes para ver se o receptor da mensagem realmente me entendeu. Isso é muito chato para quem ouve, eu sei e admito a chatice, mas é meu jeito, porque acho importante me fazer claro, não deixar dúvidas em minha mensagem. Então, me repetindo mais uma vez:

> Para liderar é fundamental ter foco e comunicação.

7 **Quais são as características que você mais valoriza em seus colaboradores?**

Definitivamente, brilho nos olhos e estar a fim de fazer. Tem de estar a fim de fazer, estar pronto para "carregar o piano", propor algo mais inteligente, "amassar o barro", não importa o quê, a pessoa tem de ter brilho nos olhos e querer fazer.

Quando confio em um colaborador, confio cegamente. Eu delego absolutamente tudo para ele e nem acompanho a execução. Agora, se não confio, faço no lugar da pessoa. Eu simplesmente sento e faço. Isso decorre de uma arrogância minha, eu acredito que posso fazer a tarefa melhor e mais rápido. Se, por algum motivo, acho que o trabalho delegado para um funcionário não dará certo, peço "licença" e faço no lugar da pessoa.

É muito fácil aprender qualquer habilidade atualmente. O Google está aí para tirar todas as dúvidas. Se você é incapaz de resolver uma equação específica, vai lá na Khan Academy e se capacita. Aprender as hard skills é o mais fácil. Agora, acomodação me tira do sério. Para mim, a característica mais importante no colaborador é a atitude de querer fazer, de falar: "Legal, vou lá. Eu vou fazer." E está aberto a aprender. Se não sabe de alguma coisa, fala. A gente senta, tenta junto. Ninguém sabe tudo.

Nessa nova geração vejo dois comportamentos extremos. Tem um monte de vagabundos que não está nem aí, e eu chamo de vagabundos mesmo, porque eles não estão nem aí para as situações. Não tenho nem paciência para conversar com eles. E vejo gente muito boa, mas muito boa mesmo, estupidamente boa. Pessoas que vão atrás, que sabem ir atrás, que arregaçam as mangas e fazem.

==Quando a pessoa dessa nova geração é muito boa, ela é realmente muito boa. Agora, quando ela não é boa, é bem vagabunda.==

8 **Como conciliar o crescimento exponencial dos negócios digitais com o crescimento da carreira, que muitas vezes não andam juntos e podem gerar frustração?**

É preciso diferenciar a resposta para essa sua pergunta em relação às carreiras executivas e às carreiras dos empreendedores, que são condições completamente diferentes. Vou falar mais pelo lado do empreendedor.

Uma startup é uma empresa e cria uma solução em potencial de escala. A busca por escala é fator determinante para se atingir o sucesso. Sem escala, você não tem sucesso. Portanto, conseguir escala é uma preocupação do empreendedor de uma startup. Ele acorda e dorme com aquele tipo de preocupação. Mas, provavelmente, a maioria dos empreendedores que conheço faz isso de forma atravancada. Eles buscam escala pensando muito mais no processo da busca do que pensando na organização necessária para que a escala desejada seja sustentável em longo prazo. Por si, isso não é um problema, porque a maioria dos empreendedores é muito boa nessa fase da startup.

Quando a startup está em seu início, ela tem de crescer muito rapidamente e chega um determinado momento no qual é preciso contratar executivos no mercado para profissionalizar a gestão da empresa. Não vejo problema nenhum nisso.

> A habilidade do empreendedor é fazer o negócio acontecer. Ele precisa "bater o bumbo", inspirar as pessoas, mostrar o caminho, alinhar a comunicação, mostrar sua visão. O empreendedor é um visionário.

Observe a história do Google. Se Eric Schmidt não tivesse sido colocado lá, o Google não estaria onde está. Pegue a história do Facebook; tanto Sheryl Sandberg quanto Marissa Meyer são importantes para o Facebook ter se transformado nessa grande empresa. É muito raro ter líderes como Jeff Bezos, Reed Hastings, que atuam em todas as etapas da organização. A grande maioria dos empreendedores não está preocupada em formatar processos, em realizar auditoria, pensar em comitê fiscal, financeiro. Empreendedores estão preocupados em fazer a ruptura dos mercados de sua atuação.

9 **Como você acredita que será o futuro do trabalho e qual será o impacto em seu negócio, no mercado e nas carreiras?**

> Cada vez mais, o mercado migra para o trabalho, não para o emprego.

As pessoas que têm tesão, brilho nos olhos, que querem estudar, fazer as coisas acontecer sempre terão oportunidades. O futuro é positivo para quem é preparado e disposto a aprender. Em contrapartida, há um potencial muito grande no mercado global para o surgimento de castas de trabalhadores. Haverá dois tipos de pessoas, as que não conseguem se preparar às novas exigências das tecnologias e seus processos; e, pelo contrário, as que conseguem se preparar. Isso terá grande impacto no mercado de e, provavelmente, haverá crescimento do nível de desemprego.

Quem não consegue se acostumar às novas tecnologias, aos novos comportamentos, às novas formas de relacionamento, ficará alijado do mercado de trabalho. Para evitar essa situação é preciso estudar, mas muita gente não sabe sequer estudar. Para piorar, aqui no Brasil nossa formação educacional é muito fraca. Por isso, quem não souber estudar vai sofrer mais, vai ficar com os subempregos dos próximos anos. Isso é um fato. Mas é importante termos em perspectiva uma questão de cronologia sobre esse assunto.

O pleno funcionamento das novas tecnologias trará uma transformação sem precedentes. O impacto que a inteligência artificial acarretará no mercado de trabalho, digamos, para daqui a dez anos, é imprevisível. Desconhecemos a extensão das mudanças que a IA vai trazer. Seu impacto é muito amplo.

Seja como for, teremos de participar desse novo mundo. Nessa participação poderemos ser *protagonistas* ou *coadjuvantes*. Os *protagonistas* terão de estudar constantemente e terão de ter flexibilidade para se adaptar às novas demandas; já os *coadjuvantes* olharão a passagem dos acontecimentos e, em algum momento, serão atropelados pelo tempo.

10 Com o conhecimento que você tem hoje, se pudesse dar um conselho para você no início da carreira, qual seria este conselho?

Eu teria feito um monte de coisa diferente, mas o meu conselho é: "Vai lá e faz". Não tem outro. É: "Vai lá e faz." Às vezes, brinco de Zeca Pagodinho: "Deixa a vida me levar", mas esse comportamento não é o mais adequado. O negócio é: "Vai lá e faz."

Tenho um filho pequeno e a coisa que mais me preocupa hoje é que meu filho não seja um acomodado. Ele tem de ser curioso, tem de ir *lá e fazer*, tem de estudar, ir atrás, não pode parar, porque o mundo não para.

Nosso cérebro é programado para entender o mundo em escala linear, não em escala exponencial, mas, com a tecnologia, a transformação é cada vez mais exponencial. Se não formos atrás, a gente vai ficar para trás. Por isso é: "Vai lá e faz." Arregaça as mangas e vai.

Também é importante que tenhamos valores como, por exemplo, integridade, responsabilidade. Ter valores é muito importante. Ao longo da vida, cada ação tem uma reação, é preciso manter a consistência nas suas ações para obter algum resultado. O caminho nunca vai ser fácil, mas é preciso manter a consistência.

As pessoas mais velhas costumam falar que "dessa vida só levamos o nosso nome"; esse ditado é pura verdade. Temos de fazer o que é certo, de maneira íntegra e com responsabilidade.

"*Acordo todos os dias para tornar sonhos possíveis, não só os meus, mas dos meus clientes, das pessoas que trabalham comigo, da sociedade em geral.*"

Ian Black

Para Ian, o crescimento profissional, assim como o desenvolvimento dos negócios, é uma troca, um "ciclo de confiança" em que cada um ajuda o outro a prosperar. "Mas, para esse ciclo acontecer, as pessoas precisam estar dispostas a se doar para expansão dos negócios." Foi se doando ao trabalho, confiando nas pessoas, que ele fez sua carreira acontecer. De técnico de contabilidade a fundador e diretor-executivo de uma das mais prestigiadas agências de publicidade para o mercado digital, a New Vegas; Ian é uma versão brasileira do self-made man. Saiu da periferia de uma cidade da Grande São Paulo para montar um escritório em uma região nobre da capital paulista. "Nunca fiz um curso universitário. Ao longo da minha carreira, aprendi a dar valor ao aprendizado no meu dia a dia e a acreditar em minha intuição para superar os desafios." E foram muitos os desafios, desde ultrapassar a falta de estudos formais a entender as novas formas de se comunicar que surgem com o avanço da tecnologia, até acertar a criação de produtos específicos que atendam às necessidade das pessoas no mercado digital. Por isso, ele valoriza muito profissionais que têm a capacidade de adaptação. Ian concedeu a seguinte entrevista em 2018.

1 Qual o papel da formação acadêmica em sua trajetória profissional?

Minha trajetória acadêmica é bem irregular, para não dizer inexistente. Nunca me formei em cursos de ensino superior, mesmo tendo iniciado os cursos de Serviço Social, Web design/Redes e Pedagogia, todos abandonados no primeiro semestre.

Minha única formação é como técnico em contabilidade — coisa que eu nunca pratiquei — e mesmo assim só tenho essa formação porque era a única coisa disponível e minimamente decente em Taboão da Serra, cidade da Grande São Paulo, onde eu morei até os 28 anos.

Apesar de a minha família ter uma origem e trajetória de humildade e escassez — toda minha infância e adolescência foi em casas em que todos dividiam o mesmo quarto — sempre houve essa preocupação com educação, ir a escola e tirar boas notas, andar sempre em boas companhias, não causar transtornos, etc. Mas a referência do ensino superior sempre foi um vazio, principalmente porque na periferia, até o fim do século passado, o padrão eram famílias em que nunca ninguém havia pisado numa universidade.

Eu não conhecia ninguém que tivesse ido para uma universidade. Ir para uma universidade pública, como a Universidade de São Paulo (USP), era algo impensável. Por isso, ao terminar meus estudos em contabilidade, em 1998, passei dois anos sem estudar, apenas trabalhando na área de telemarketing, acreditando que a partir do ensino técnico minha vida de estudos havia terminado. Mas, em 2000, decidi prestar vestibular para Serviço Social, na Universidade de Santo Amaro, UNISA. O valor era acessível e não havia aula nas sextas-feiras. Passei em primeiro lugar naquele processo seletivo, mas rapidamente me desinteressei do curso e larguei a formação ainda no primeiro semestre.

Depois, tentei mais duas vezes. Fui estudar Web design e Redes na UniRadial e Pedagogia na Uniban (atual Anhanguera), mas também desisti dessas formações, todas no primeiro semestre. Começava a assistir às aulas, mas perdia o interesse e logo me via distraído, me ausentando por períodos crescentes e daí desistindo de vez.

Por outro lado, desde 2000, já estava bem envolvido com o universo dos *blogs*: criei alguns para mim, ajudei na criação de alguns outros para amigos, me relacionava com outras pessoas que também tinham esses interesses. Foi meu passaporte para entrar no mercado publicitário e desenvolver minha carreira.

Hoje, ao avaliar minha trajetória profissional, observo o que foi positivo e negativo em não ter alcançado uma formação acadêmica na área de publicidade e propaganda. A parte boa está no fato de que a ignorância me possibilitou desenvolver trabalhos com muito mais liberdade, guiado muito mais pelos meus valores e repertório. Esse estilo sempre guiou meu trabalho, desde o meu primeiro cargo até hoje, como CEO.

> Não ter o repertório clássico da academia me permitiu imprimir meu estilo de trabalho. Com certeza, isso me ajudou a trilhar um caminho muito mais desastrado e desorganizado, porém autêntico e extraordinário.

Essa forma extraordinária de trabalhar me colocava em situações curiosas. Quando entrei na agência *Wunderman*, no começo de 2009, por exemplo, fui contratado como Gerente de Planejamento, mas não fazia a menor ideia de como fazer um planejamento. Me tornei um Gerente de Planejamento que não tinha a qualificação de um Analista. Evidentemente, eu tinha outras qualidades. Minha função de verdade era a de um gerente de social media, onde eu dava suporte para as áreas de criação, mídia e planejamento. Foi um período breve de muitas trocas de experiências.

Pelo fato de não ter tido uma formação acadêmica, tive de me adaptar, criar meu repertório, desenvolver a minha forma de trabalhar de acordo com o que eu via e entendia o mundo. Com isso, construí uma identidade própria e me dei muito bem. Quando as pessoas me perguntam como consegui o que tenho, geralmente, respondo: *"Era burro demais para ter medo. Posso não ter muita certeza do que estou fazendo, mas vamos em frente, meio como Forrest Gump."*

Ao ter me mantido distante da Universidade, criei defesas emocionais do tipo *"Ah, para que fazer faculdade, não preciso. Sou um grande exemplo de que não precisa ter faculdade"*, mas, hoje, reconheço que a academia pode colaborar bastante para a formação de bons profissionais, independente da faculdade. Pode ser um publicitário, mas hoje o mercado não só acolhe como necessita de sociólogos, filósofos, estatísticos, matemáticos, engenheiros, economistas etc.

Para compensar, tenho estudado bastante de forma independente para além das disciplinas relacionadas ao mercado. Atualmente tenho me dedicado a estudar transdisciplinaridade e isso vem acrescentando poder à minha forma de enxergar, entender, experimentar e influenciar meu trabalho de uma forma que eu entendo que nada na faculdade de Publicidade e Propaganda faria. A educação é essencial para minha evolução como ser humano em todos os aspectos da minha vida, não apenas profissional.

② Em que momento da sua carreira você percebeu a oportunidade dos negócios digitais e por que isso fazia sentido para você?

Desde o começo da minha vida profissional, minhas atividades quase sempre tiveram relação com tecnologia. Trabalho desde 1994 e, desde essa época, a internet me fascinou. Tive a oportunidade de trabalhar em lugares em que fiz amizades com as pessoas das áreas de tecnologia e elas foram muito queridas ao acolherem todas as dúvidas de um adolescente embasbacado com todas as possibilidades da internet.

Em 2000 eu comecei a trabalhar num famoso provedor de internet grátis. Era uma operação gigantesca e eu comecei trabalhando no turno da tarde, depois no turno da noite e poucos meses depois estava trabalhando das 12h às 6h, que era um horário em que a intensidade das ligações era bem menor e havia muito tempo ocioso para navegar na internet. Foi quando conheci muitas pessoas em fóruns de cultura pop e nesse meio iniciei uma amizade com uma pessoa que me colocou num caminho que mudou completamente minha vida. O nome desse amigo é Alexandre Inagaki. Compartilhávamos muitas coisas em comum, e ambos mantinham sites em que publicávamos alguns textos e poemas autorais. Numa dessas conversas pelo ICQ ele me mandou o link do "*blogspot.com*", o primeiro *blog* que tive contato em minha vida foi o *http://entreparenteses.blogspot.com*, da Cecilia Gianetti.

Ele me falou: *"Isso é o futuro. A internet, como meio de publicação de conteúdo, ainda está muito distante da maioria das pessoas, ainda é muito inacessível porque envolve a necessidade do conhecimento básico de programação, mas o blog, como apresentado pelo blogspot, com seu sistema de gerenciamento de conteúdo todo pronto para o usuário final, é a materialização de algo acessível e possível."*

Adoro essa palavra "*possível*". De fato, o *blog* tornava as coisas muito mais possíveis, acessíveis, realizáveis. Com o blog, podíamos produzir conteúdo à vontade sem nos preocupar com códigos HTML ou servidores e FTP. O conteúdo poderia ser criado e compartilhado por todos, de forma muito mais democrática. Aquele momento mudou tudo para mim.

Embora ainda não estivesse trabalhando profissionalmente com aquilo, percebi que a internet, desde o seu início, era uma construção coletiva e ininterrupta de conhecimento orgânico. A todo tempo, as pessoas consumindo, remixando e compartilhando informações e todo o resto aconteceria a partir dessa dinâmica. Quando penso em comunicação, penso em um ambiente de conhecimento caótico e orgânico de construção, desconstrução e reconstrução. Foi quando constatei que a partir dali eu sabia o que fazer da minha vida. Inagaki e eu sempre conversávamos e sonhávamos com o dia em que estaríamos "vivendo de blog". O que de fato aconteceu, mas felizmente não da maneira como imaginávamos.

3 Quais foram os principais desafios que você nfrentou durante sua trajetória profissional e como conseguiu superá-los?

Ao longo de minha carreira, aprendi a dar muito valor para o aprendizado acumulado desde a infância, no meu dia a dia, e acreditar muito na intuição para superar os desafios. Minha agência, por exemplo, surgiu de maneira inusitada. Quando começou, eu não tinha nenhum repertório de administração (ainda não tenho muito), mas antigamente não sabia nada.

Tinha um amigo que trabalhava em uma grande agência de publicidade e me passou um projeto para fazer as redes sociais da HP (*Hewlett Packard*). Chamei três amigos, aluguei um apartamento na avenida Henrique Schaumann, zona oeste de São Paulo, e combinei com eles: *"Vocês moram aí. Vou pagar uma grana para vocês. Vai sobrar uma grana para mim e a gente faz esse trampo."* Eles toparam a proposta. Largaram seus empregos e ficaram esperando o trabalho começar. Detalhe, eu não tinha me certificado de que, de fato, o trabalho iria acontecer. Costumava acreditar muito na palavra das pessoas. De repente, aquele meu amigo da agência, me procurou e me informou: *"Meu chefe pediu pra cancelar tudo."*

Diante daquele revés, não me desesperei. Havia assumido responsabilidades com as pessoas que tinha convidado, então fui atrás de trabalho. Ligava para algumas pessoas, que sabia que tinham propostas de serviço em andamento e falava: *"Fecho por 50% do valor. Me passa o trabalho."* Daí, começamos a ter a entrada de uns pequenos serviços. Um tempo depois, olhei para nosso arranjo e disse: *"Vou chamar isso aí de agência."* E, assim, nasceu a New Vegas. Hoje, temos quase 50 funcionários, nunca fechamos um ano no vermelho, crescemos exponencialmente, nunca tomamos um processo trabalhista e temos bons clientes que nos confiam cada vez mais trabalhos.

4 Como você vê o papel da cultura organizacional para a transformação digital? Cite aspectos positivos e negativos da cultura sobre a performance.

Embora eu consiga identificar as diversas culturas que vivenciei ao longo dos anos em que trabalhei em inúmeras empresas, foi só há pouco tempo que comecei a ter mais contato com esse conceito de cultura e as estruturas que as tornam possíveis. Talvez o que dê para afirmar com certa segurança é que a maioria das pessoas não faz ideia do que é a cultura enquanto objeto, que pode ser visto, percebido, significado, detalhado, manipulado e transformado. Eu sempre estive desse lado, alheio a todas essas questões.

Só depois de muitos anos na minha agência, e ainda assim através do ótimo trabalho da nossa consultoria para relações é que percebi a existência, tangibilidade e importância da cultura. Primeiro, perceber que ela existe independente de qualquer intenção. Se por um lado é assustador perceber essa inevitabilidade da cultura e como pequenas ações e ausências foram determinantes para o seu surgimento e estabelecimento, é também muito recompensador se reconhecer em cada aspecto, avaliar sua história a partir disso e definir o que precisa ser excluído, mantido e melhorado.

Costumávamos falar que não tínhamos uma cultura na agência, mas, em um dia, ouvimos a seguinte reflexão sobre nossa afirmação: *"Vocês têm, sim, uma cultura e é possível percebê-la. Ela, inclusive, tem vários aspectos positivos. O que talvez vocês não tenham é uma metodologia, algo planejado, escrito."* A partir dessa consideração, começamos a perceber a necessidade de escrevermos nossos objetivos, nossos valores. Coisas escritas nos permitem fazer acordos, que, por sua vez, permitem integridade e consistência na recepção, execução e entrega dos trabalhos.

Quando há uma cultura acidental, criada sem intenções conscientes e sem formalizações, as coisas podem funcionar se ela estiver funcionando para o propósito da empresa, mas isso me parece pouco provável uma vez que uma cultura desse caráter não se manifeste de forma acolhedora e construtiva. Quando não há nada escrito, quando não há regras formalmente estabelecidas, cada pessoa toma para si uma verdade conveniente e o trabalho manifesta-se desintegrado e inconsistente.

É preciso discutir, a todo instante, qual é a regra estipulada e essas discussões são totalmente desgastantes. Por outro lado, quando tudo está bem definido, bem escrito, há uma referência. Assim, começamos a perceber um melhor aproveitamento de pensamentos e sentimentos. Para se sobreviver, para progredir de forma harmônica ou para crescer de forma exponencial, a cultura precisa estar bem definida, acessível e possível para todos.

Quando abordamos questões de cultura, muito se fala sobre diversidade, a necessidade de se estabelecer políticas de diversidade no mundo corporativo. Mas há um grande problema nesse assunto. Diversidade ainda está muito relacionada a corpos, não a perspectivas.

5 **Quais foram as lideranças inspiradoras em sua carreira e como foi seu relacionamento com seus mentores?**

Odiava todos os meus chefes e quase sempre odiava todas as pessoas que trabalharam comigo até entrar em agências de publicidade. Antes desse fato, não me identificava com aquelas pessoas e não me sentia incentivado a contribuir. Estabelecia uma distância e me eximia de responsabilidades. Sempre fui um péssimo funcionário e um colega de trabalho ausente. Só comecei valorizar essa questão quando entrei para a publicidade e sou muito grato por essa transformação.

Em minha curta carreira como empregado nas agências (de 2007 a 2009), tive chefes acima da média que aprendi a respeitar e admirar pela trajetória e pela confiança e paciência que tiveram comigo. Pedro Ivo Rezende, na *Riot*, Lucas Mello, na *LiveAd*, Adilson Batista, na *Wunderman*, são alguns. Não tenho como dizer que foram mentores, porque nunca houve essa formalização e estabelecê-la aqui me parece inadequado e injusto. Contudo, ao longo desses mais de dez anos, eu tive a felicidade de conhecer muita gente incrível, com mais ou menos experiência na minha área, mas todas me possibilitaram aprender coisas novas ou evoluir outras coisas que já orbitavam por aqui. As pessoas ruins na minha vida sempre foram exceções e foram excluídas com rapidez. Eu costumo dizer que é sempre importante se cercar de pessoas melhores que você, mas talvez a melhor coisa a se dizer e fazer é sobre estar cercado de pessoas que te possibilitem ir sempre além, ser sempre melhor, através de coisas e gestos simples.

6 **Quais são os fatores que você considera fundamentais para exercer a liderança em seu negócio e na sua posição?**

Acredito que toda empresa necessita de um manual de instruções acessível, que apresente a sua razão de existir, o que ela faz e como ela funciona. O líder é o responsável por idealizar, materializar e garantir que esse manual esteja sendo seguido, avaliado e melhorado conforme as circunstâncias.

Contudo, todo manual de instruções deve ter um objetivo, um norte, e valores que guiem para esse fim, com práticas renováveis que reforcem os valores. Aqui na agência, operamos através da transparência, onde nada do que ocorre na empresa é segredo, todos podem perguntar e a agência sempre vai responder, e as pessoas são incentivadas a falarem do que gostam, não gostam e desejam. De acolhimento, para sempre saber sobre como as outras pessoas estão se sentindo e respeito de turno de fala. De evolução sobre post mortem e melhorias nos projetos entregues, além de sessões de compartilhamento de conhecimentos e apresentações de temas pouco conhecidos. E, finalmente, de originalidade, com o checklist de qualidade para todos os trabalhos e brainstorms abertos para todas as áreas).

7 Quais são as características que você mais valoriza em seus colaboradores?

Falando sobre o presente e sobre o que me causa orgulho e um sentimento de autenticidade, é o fato de que as pessoas da agência se conectam através de valores éticos inegociáveis com fundamentos progressistas. Aqui impera uma "no asshole policy" orgânica, natural. Essa congregação naturaliza o acolhimento de outras perspectivas necessárias para construirmos uma agência que realmente tenha o poder de propor uma mudança radical no mercado.

Um dia ouvi em um filme, não me lembro exatamente qual, a seguinte frase: "Os marines não desistem. Os marines improvisam, adaptam e superam." Essa é uma afirmação pertinente sobre como nos comportamos.

8 Como conciliar o crescimento exponencial dos negócios digitais com o crescimento da carreira, que muitas vezes não andam juntos e podem gerar frustração?

Ultimamente ando pensando bastante nisso, porque minha atuação na agência mudou muito nos últimos anos. A agência é, ao mesmo tempo, uma paixão e um negócio, e ela precisa funcionar para que atenda as pessoas que aqui trabalham: Como fazer para que minha paixão pela agência e o negócio que ela representa ressoem nas paixões das pessoas e em como elas se imaginam se dedicando profissionalmente?

Entendo que essa pergunta já tenha sido respondida anteriormente, quando apresento os valores que guiam a cultura da agência. Ela acaba influenciando diretamente nesse equilíbrio das necessidades do negócio com a paixão das pessoas. O crescimento profissional das pessoas e da empresa não é conflitante, desde que a empresa tenha muito claro que esse conflito é não só possível, como natural. Moldar a empresa com essa consciência tem ajudado muito nessa construção.

9. Como você acredita que será o futuro do trabalho e qual será o impacto em seu negócio, no mercado e nas carreiras?

Eu posso responder essa pergunta a partir de muitas perspectivas, mas vou me ater a duas: *que eu desejo como futuro do trabalho e o que eu acredito que será o futuro do trabalho.*

Além disso, o futuro do trabalho tende a ser diferente para quem influencia economicamente e politicamente o mundo, para quem desenvolve as ferramentas para se operar nesse mundo, para quem tem recursos financeiros e humanos para operar essas ferramentas, para quem opera essas ferramentas e, por último, para quem dá suporte para a operação dessas ferramentas, que é praticamente a grande maioria da população.

O empresariado e a classe média alta branca tende a sempre enxergar o futuro mediado pela tecnologia como algo revolucionário e próspero, que trará benefícios, facilidades, possibilidades. Falamos dessas tecnologias como grandes potencializadoras das nossas capacidades para salvar o mundo. Mas essas tecnologias não são pensadas para nada além de potencializar negócios e a vida de pessoas com poder econômico, enquanto do outro lado existem pessoas cada vez mais vulnerabilizadas e com relações de trabalho e consumo precarizadas.

Você e eu, pessoas que estão acima dos 3% mais ricos do país, vamos continuar ganhando mais dinheiro, aproveitando a precarização das relações de trabalho e automatização das tarefas, mas a que custo, sob quais riscos?

Para uma perspectiva mais otimista, tenho que ir obrigatoriamente para um exercício de imaginação radical, onde nosso sistema legislativo seja tomado por completo por pessoas negras, indígenas, trans e mulheres de todas as etnias. Que nos livrem do fundamentalismo religioso, da cultura da violência que não respeita corpos racializados e animalizados e da fúria antiambiental. Que a partir dessas pessoas a gente consiga propor e construir uma sociedade que tenha sérios compromissos com educação, acolhimento, pesquisa, inclusão e respeito. E que essas lideranças manifestem-se também em todas as empresas. Enquanto as frentes de liderença estiverem sendo protagonizadas pelo ser humano homem euro-falo-logo-antropocêntrico, o nosso destino só cabe o otimismo como sonho.

10 Com o conhecimento que você tem hoje, se pudesse dar um conselho para você no início da carreira, qual seria este conselho?

Essa é uma pergunta que é sempre difícil quando se está apaixonado pelo presente, e este é o meu caso. Para quem consumiu filmes, livros e quadrinhos sobre viagem no tempo, interferências no passado nunca parecem um bom negócio. Eu olho para o meu passado com muita tranquilidade, olho para todos os passos que eu dei com muita gratidão, porque eles me trouxeram até aqui, e para quem morava no meio do nada, numa casa onde o banheiro não tinha tampa e o único quarto abrigava 4 pessoas, até que eu conquistei bastante. Mas quero, posso e vou conseguir mais. Por isso minhas energias estão concentradas no que eu faço no presente. Então, vou subverter a lógica da questão e dar um conselho a mim mesmo no presente, que pode servir a quem está vivendo o seu próprio presente em outros contextos.

"Preste atenção onde você investe seu tempo. Atue sabiamente sobre como você investe suas energias. Trate seu corpo e sua mente como templos sagrados e faça deles um dos melhores exemplos do seu trabalho. Fique atento às informações que você vai consumir. Não deixe de se divertir. Não deixe de passar um bom tempo com as pessoas e as coisas que você ama. Perdoe-se sempre. Desenvolva seu trabalho para que ele sempre tenha um grande valor. Construa relações de confiança, acolhimento e prosperidade com as pessoas."

"*Quando se está em um ambiente de e-commerce é preciso se arriscar. De vez em quando, a gente tem de dar um passo mais amplo. Esses passos maiores nos transformam, fazem a mudança.*"

Maria Clara Batalha

Maria Clara sabe exatamente qual é o peso de ser uma jovem mulher no mercado digital. "Quando comecei minha carreira, a todo o momento, tinha de me provar." Seus pares e possíveis empregadores olhavam com desconfiança para aquela menina que se integrava à empresa para realizar atividades novíssimas de tecnologia e inovação, ainda incompreendidas. Mas o tempo lhe favoreceu, e os olhares de estranhamento, se não cessaram, ao menos diminuíram consideravelmente. Ela se firmou no mercado e desenvolveu importantes operações digitais em alguns dos maiores grupos nacionais e internacionais, e, como reflexo de suas atividades, conquistou seguidas promoções. Ao conceder sua entrevista para este livro, em outubro de 2018, ocupava a gerência sênior de e-commerce do grupo Mondelēz Internacional. Alguns meses depois, transformou-se na head de e-business da Nestlé.

1 Qual o papel da formação acadêmica em sua trajetória profissional?

Na época de minha formação acadêmica não havia nada de *marketing digital* sendo oferecido, e, ainda por cima, estava incerta sobre o curso que queria cursar. Tinha dúvidas se faria Publicidade e Propaganda ou Engenharia Química. Por essa indecisão, as pessoas me achavam "maluca", pelo fato de os dois cursos não terem relações aparentes.

Eu gostava de Engenharia Química pelas aulas de laboratório, a ideia de misturar "pozinhos" e aparecer coisas; e meu interesse pela Publicidade era, naturalmente, pela criatividade envolvida na profissão. No final, acabei me decidindo pela faculdade de Publicidade. Mas o que ninguém havia percebido, nem eu mesma, era o meu interesse por inovação. A publicidade é, também, um ambiente muito rico em inovação. Para mim foi muito importante ter feito esse curso, não exatamente pela parte técnica, em termos de marketing digital, mas pelo fato de ele ter me dado ferramentas para ampliar meus conhecimentos sobre o consumidor. A faculdade de Publicidade me ajudou a olhar um pouco para fora da "janela", a ver as tendências, a entender o consumidor e tentar buscar o que ele precisa.

2 Em que momento da carreira você percebeu a oportunidade dos negócios digitais e por que isso fazia sentido para você?

Na verdade, sempre fui uma pessoa muito digital. Eu ganhei meu primeiro computador aos dez anos de idade e meu pai logo me colocou para ter aulas de computação com um professor particular. Esse professor e eu montamos um *blog*. Fizemos toda a sua programação em uma época em que não tínhamos sequer disponibilidade de ferramentas para criar blogs como as disponíveis agora.

Ali, começava meu relacionamento com o digital. Um tempo depois, quando surgiu o Orkut, consegui compor uma comunidade com mais de 100 mil pessoas. Estava no terceiro ano do ensino médio e dividia meu tempo entre a escola e minha comunidade no Orkut. Por isso, quando fui atrás de estágio, procurei por algo relacionado ao mundo digital.

Achava que sabia muito bem o que era esse mundo e gostava de estar nele, mas, na verdade, sabia muito pouco sobre sua extensão. Foi durante o estágio em e-commerce que me encontrei. Tive a certeza de que aquele seria o caminho a trilhar. Durante minha carreira, mesmo com ofertas de trabalho para outros canais, resolvi focar o e-commerce porque era nele que via o maior potencial.

3 **Quais foram os principais desafios que você enfrentou durante sua trajetória profissional e como conseguiu superá-los?**

Ser mulher no mercado digital já é um desafio muito grande. Ainda somos muito poucas. Além disso, muito cedo, conquistei várias promoções. Aos 24 anos de idade, já era gerente em uma grande empresa. Dessa forma, meus desafios eram: *ser mulher, ser nova e ocupar, com destaque, cargos de gerência*.

A todo o momento, precisava me provar. *Provar por que estava onde estava; por que havia sido promovida; qual era, de fato, meu potencial de entrega*. Meu esforço foi muito maior do que, talvez, fosse o necessário. Eu tinha essa cobrança de ser melhor, de mostrar minhas capacidades. Esses foram meus principais desafios no início de minha carreira. Depois, essa cobrança amenizou, melhorou. Aos poucos, fui me tornando conhecida no mercado, fui amadurecendo, tendo mais conhecimento e mais calma para lidar com a evolução de minha carreira. Além das minhas questões pessoais, ainda havia os desafios naturais dentro das organizações, principalmente não estando em uma organização 100% online.

Quando se está em uma empresa na qual o e-commerce não é o core business, as tendências do mercado precisam ser provadas a toda hora. Você precisava provar a razão de estar ali, provar o que você quer fazer. Nesse contexto, sempre busquei trazer muitos dados, informação de mercado, tendências que me ajudavam a inserir o e-commerce nas organizações.

4 Como você vê o papel da cultura organizacional para a transformação digital? Cite aspectos positivos e negativos da cultura sobre a performance.

Uma cultura organizacional muito rígida acaba sendo muito fechada. É um ambiente muito fechado para a inovação. Por isso, algumas empresas abrem startups porque não conseguem encaixar dentro da organização uma metodologia de trabalho ágil, necessidade da área digital. Isso é um desafio para quem é profissional desse segmento. Temos de implementar essa agilidade e devemos estar abertos ao aprendizado gerado na medida de seu desenvolvimento. É preciso estabelecer um fluxo de entrega de sprints, seguidos de avaliações constantes.

> Na área digital não temos todas as respostas. Sabemos o que vai acontecer, temos previsões, mas não temos todas as respostas.

Mas, sendo específica em relação à sua pergunta de prós e contras, vejo como positivo, na cultura organizacional, o fato de os primeiros níveis das empresas normalmente serem compostos de pessoas mais jovens, em início de carreira. Esses profissionais nasceram no mundo digital. É mais fácil convencê-los sobre a importância do digital. A adaptação deles para essa realidade é mais simples. Essa é uma excelente condição e só tende a melhorar.

Já em relação aos contras, para mim, a principal dificuldade normalmente vem de cima para baixo, porque é preciso lidar com uma estrutura consolidada e argumentar com quem está à frente dessas corporações. Nessas ocasiões, eu falo: "Bom, essa estrutura rígida não vai ser assim para sempre. Temos de fazer algumas mudanças." Fazer o engajamento de cima para baixo é o momento mais difícil.

É válido lembrar que, quando se está em uma startup, o ambiente é mais ágil, o convencimento para realizar as atividades é mais simples. Todo mundo olha para o mesmo lugar. Mas quando se está em uma empresa mais tradicional, mais rígida, esse cenário é diferente. Necessariamente, há uma etapa de engajamento para a realização do trabalho da área digital. Portanto, como líder de e-commerce, engajar as pessoas dentro dessas estruturas é minha função.

Mais do que executar projetos, é preciso envolver as pessoas em seu propósito. Todos os cargos mais altos da empresa precisam olhar para a mesma direção que você está olhando. O e-commerce é um negócio com um impacto muito grande para essas organizações e se ele estiver inserido em uma estrutura rígida, como profissional da área, você tem de conduzir a empresa a mudar essa realidade. Você tem de expor claramente seu propósito, tem de querer fazer. Mas, para as pessoas da área digital, aprender a se movimentar em empresas tradicionais é um desafio.

Eu, por exemplo, até entrar em uma multinacional, não sabia fazer apresentações em PowerPoint. Eu trabalhava em ambientes profissionais mais ligados à cultura digital, onde chegava à mesa das pessoas e falava: "O projeto é assim. Vai funcionar de tal maneira. Vamos vender tanto. Ok?! Vamos em frente."

Em uma multinacional essa dinâmica não funciona. Para conseguir o que quero, tenho de fazer muitas apresentações para diferentes públicos.

5 **Quais foram as lideranças inspiradoras em sua carreira e como foi o seu relacionamento com seus mentores?**

Engraçado, duas lideranças que me inspiraram muito são pessoas de fora do mundo do e-commerce. Fred Trajano, CEO do Magazine Luiza, foi minha primeira inspiração como liderança. Tive o prazer de trabalhar muito tempo com ele. Ele me ensinou muito a olhar para fora, observar o que está acontecendo em outros espaços, entender o que poderíamos percorrer, qual caminho deveria ser feito. Com Fred, eu criei esse hábito de estar um passo sempre à frente ao olhar o que está acontecendo além do dia a dia da empresa.

Outra liderança muito importante para mim é Maria Mujica, CMO da Mondelēz. Ela é uma pessoa inovadora em uma empresa mais tradicional, mais rígida. Ela aprendeu a engajar as pessoas e como ser inovadora nessa estrutura.

==Com essas lideranças tive duas grandes lições, a importância de olhar para fora e a necessidade de engajar as pessoas.==

6 **Quais são os fatores que você considera fundamentais para exercer a liderança em seu negócio e na sua posição?**

Ao falarmos em liderança, gosto de lembrar os dois "Fs". É preciso estar *focada* e ser *fearless*. Mas ser *fearless* não implica não ter medo. Medos existem.

==Quando se está em um ambiente de e-commerce, é preciso arriscar. De vez em quando, é preciso dar um passo mais amplo. Esses passos maiores nos transformam, fazem a mudança.==

Óbvio, é preciso ter os riscos calculados, mas você tem de ter esse perfil para querer mudar, transformar, e então a questão do foco é superimportante, porque haverá mil obstáculos à frente. Se não estiver ciente do seu objetivo, você acabará se desviando, acabará desistindo.

Sempre compartilho esse pensamento com os meus times. Eu lhes pergunto: "O que queremos?" Quando começamos um projeto, questiono: "Aonde queremos chegar com isso? Qual é o nosso objetivo?" Com as respostas em mente, e todos alinhados, vamos em frente. Não importam os obstáculos pelo caminho.

7 **Quais são as características que você mais valoriza em seus colaboradores?**

Adoro pessoas que têm brilho nos olhos, quem têm paixão por fazer, paixão por realizar. Quem quer transformar e ser parte de alguma coisa. Essa vontade de fazer acontecer, para mim, está acima de qualquer característica de currículo. Mas é preciso ter essa vontade e persistir. Esta nova geração, às vezes, pode até ter esse brilho nos olhos, mas, às vezes, desiste muito fácil, acaba se perdendo no meio do caminho e não consegue realizar.

Muitos jovens chegam com muita empolgação para realizar o trabalho, mas, diante de uma dificuldade, desistem. Por isso, sempre procuro mostrar o que está à nossa frente, aonde vamos chegar. Assim, acredito, conseguimos aumentar o engajamento das novas gerações.

8 Como conciliar o crescimento exponencial dos negócios digitais com o crescimento da carreira, que muitas vezes não andam juntos e podem gerar frustração?

Quando se está em uma empresa digital, a sua carreira acompanha esse crescimento exponencial, mencionado por você. Por isso, vemos vários VPs ainda jovens nesses ambientes. Mas, quando se está em um ambiente digital dentro de uma empresa tradicional, as mudanças na carreira acontecem mais lentamente se comparadas ao crescimento do negócio.

Quando era mais jovem, durante muito tempo, queria que as coisas acontecessem muito rapidamente — mindset do setor digital. Agora, entendo que faço parte de uma construção, de uma transformação, e toda construção é feita degrau a degrau. Você atinge um desafio e se prepara para o outro. Sempre há outro desafio à frente.

==Para lidar com as expectativas de crescimento profissional é preciso mudar o mindset sobre esse tema. É importante termos clareza sobre as etapas necessárias à construção de cada carreira.==

Muitas vezes, encontramos gente muito boa, mas que temos de falar: "Calma, as coisas vão acontecer ao longo do tempo." Mas sei o quanto é difícil ouvir isso. Eu fui uma dessas pessoas com pressa. Cresci muito rápido na carreira. Foi muito difícil controlar minha ansiedade. Queria tudo para ontem, para agora. Queria promoção, queria tudo. Falava: "Se não me promover, saio da empresa." Mas esse comportamento passou. Amadureci e entendo a necessidade de ficar um tempo maior na empresa para construir algo significativo, de fato. Projeto todo mundo faz, mas para fazer, efetivamente, a transformação, é preciso tempo.

9 Como você acredita que será o futuro do trabalho e qual será o impacto em seu negócio, no mercado e nas carreiras?

Acredito que não haverá mais divisão entre offline e online. Apesar de ainda ver constantemente as pessoas dividindo o mundo em offline e online, essa divisão acabará.

> Somos "online-offline" o tempo todo.

Em meu cotidiano, saio da minha casa, passo na padaria, compro pão, ao mesmo tempo peço um delivery pelo celular. Então, sou "online-offline" constantemente. Se sou assim em minha vida pessoal, por que há nas organizações a divisão de online e offline? No futuro, a primeira mudança do mercado de trabalho será o fim dessa divisão. Não haverá mais o "profissional de online", como se estivesse à parte. Todos os profissionais terão de ter as duas visões. Espero, por exemplo, que meu cargo inexista daqui a alguns anos.

> O digital estará presente em cada área da empresa. Esse novo contexto transformará a forma de fazermos negócio.

Outra mudança significativa será o fim das fronteiras no mundo. As barreiras vão cair. Posso estar no Brasil e trabalhar com uma empresa na China. Posso ter pessoas de minha equipe distribuídas por diversos lugares do mundo. Não tem mais essa necessidade de a gente estar ali, sentados juntinhos, um ao lado do outro.

É muito bom ter a possibilidade de viver em um mundo sem barreiras no ambiente do trabalho. De certa forma, já vivemos uma prévia dessas mudanças. Quando estava na Mondelēz, parte do recrutamento de seleção da empresa era feito na Costa Rica e trabalhava com algumas pessoas que moravam na Índia. Esses exemplos pontuais prenunciam as mudanças.

No futuro, teremos um monte de ferramentas para facilitar nossa vida. Aliás, a otimização de mídia é frequente. Antigamente, fazia diversas contas pelo Excel. Agora, com a otimização dessa mídia, tem um monte de macros para fazer os cálculos para mim. Independentemente dos avanços técnicos e tecnológicos, vamos, cada vez mais, precisar do capital intelectual das pessoas. Precisaremos ter profissionais indicando o caminho, de algum modo, guiando as máquinas. É bom lembrar, os consumidores continuam sendo pessoas.

10 Com o conhecimento que você tem hoje, se pudesse dar um conselho para você mesmo no início da carreira, qual seria este conselho?

Meu conselho seria: "Tenha paciência para aprender. Você não sabe tudo." Estamos acostumados com a informação muito rápida. Lemos um tuíte e achamos que já entendemos toda a matéria. Então, diria à jovem Maria Clara: "Tenha paciência para se aprofundar nos assuntos, isso vai diferenciá-la."

" No trabalho, precisamos transpirar para que as coisas aconteçam. Nem tudo acontece de forma mágica ou superconectada. É fundamental termos um pouco de suor, mental ou físico, para fazermos as coisas acontecerem."

Marcelo Ribeiro

Marcelo é um dos grandes nomes do comércio eletrônico no Brasil. Ele teve uma experiência bem-sucedida na área comercial do Submarino e, posteriormente, construiu um dos maiores e-commerces do país à frente da operação online da Ricardo Eletro. Interessante notar que, ao procurar por uma formação acadêmica, ele tenha optado por uma universidade onde tivesse contato com a maior diversidade de pessoas. Aquela decisão se revelou sábia. Ele teve a oportunidade de experimentar, no ambiente educacional, como poderia se relacionar com gente completamente diferente dele; e levou esse aprendizado para a vida profissional. Como líder, a gestão de pessoas é uma de suas habilidades mais desenvolvidas. "Tenho muita facilidade para dividir os 'louros' e os 'reais' alcançados pelos projetos realizados." Por isso, alguns dos aspectos mais valorizados por ele em sua liderança são honestidade, perseverança, criatividade e a capacidade de assumir erros e corrigi-los o quanto antes. Em janeiro de 2019, quando concedeu a seguinte entrevista, Marcelo estava como advisor na VTEX.

1) Qual o papel da formação acadêmica em sua trajetória profissional?

Do ponto de vista formal, minha formação acadêmica impactou muito pouco na minha trajetória profissional. De fato, nunca fui dedicado aos estudos, tanto é que levei mais tempo para me formar, uns oito anos. Por outro lado, durante minha formação, convivi com pessoas muito diferentes, com interesses bem distintos, e isso foi extremamente importante para minha carreira.

A sala de aula o faz viver em um ambiente diverso. Posso não ter aprendido com os livros, com os professores, mas, com certeza, aprendi com a diversidade das pessoas no meu convívio. Quando se está em uma sala de aula, há a turma do esporte, da balada, da família, da igreja, entre outras. Daí, percebi a geração de oportunidades para a minha vida em decorrência desse convívio. Por isso, em meu tempo como estudante, meu grande aprendizado foi o humano, não o acadêmico.

Quando fiz vestibular, fui aprovado tanto para Universidade de São Paulo (USP) quanto para a Pontifícia Universidade Católica (PUC-SP). Optei pela PUC por acreditar que estaria em uma faculdade mais diversa do que as demais. Foi uma decisão muito positiva. Para mim, foi muito importante integrar aquele ambiente com formação humana variada.

A diversidade política e humana da PUC é impressionante. Basicamente, há dois mundos lá dentro. Uma ala voltada à esquerda e outra ala muito liberal, de gente com poder aquisitivo mais alto, e todos dividindo o mesmo espaço acadêmico. Onde você encontra cursos de Letras, Filosofia, compartilhando o prédio do curso de Administração? Essa mistura me formou como pessoa.

2) Em que momento da sua carreira você percebeu a oportunidade dos negócios digitais e por que isso fazia sentido para você?

Desde o meu primeiro emprego, quando trabalhava no Unibanco e participei da reformulação do internet banking. Lá, ficou muito claro para mim que o comportamento humano estava mudando. Contudo, antes dessa experiência, na qual estava efetivamente envolvido como profissional, havia percebido a oportunidade digital nos negócios por meio de uma de minhas paixões, o esporte. Eu gosto muito de esportes.

Em 1996, durante as Olimpíadas de Atlanta, acompanhava os resultados das competições online. Isso era incomum. Na época, não havia muitos provedores de internet; aliás, era algo muito caro e específico, mas um de meus tios era professor de pós-graduação e tinha acesso do governo à internet, por isso conseguia saber os resultados das competições antes de a Globo mostrá-los, porque ela não estava transmitindo ao vivo todas as disputas. Basicamente, a Globo só mostrava, ao vivo, os esportes coletivos do Brasil.

Percebi as mudanças no mundo porque a informação estava ali, em tempo real, e eu podia acessar tudo o que estava acontecendo, mesmo estando longe. Por isso, conclui: "Isso vai 'acontecer' para qualquer comportamento humano."

Essa minha experiência com as Olimpíadas me despertou para as possibilidades do mundo digital, ampliada depois no Unibanco, onde tive minha primeira chance de trabalhar com internet. De lá, fui contratado por uma distribuidora onde participei da criação de um site.

Naquela experiência compreendi que o futuro da informação seria digital; a compra seria digital; conhecer gente — tudo seria digital. Esse é um caminho sem volta. Tive a sensação de que, cada vez mais, o comportamento humano estaria se aproximando do digital. Essa percepção não aconteceu porque tenho grande habilidade técnica, porque, de fato, não a tenho. Profissionalmente, o que mais gosto de fazer, e a área em que talvez seja mais habilidoso, é no relacionamento com as pessoas, em lidar com gente. Mas entendi que o negócio aconteceria com tecnologia, com informação. Essa percepção me acompanhava desde adolescente.

Antes de ter sido contratado pelo Unibanco, eu montava computadores. Comprava as peças e jampeava a placa-mãe. Para quem não sabe, *jampear* é colocar uns negocinhos de plástico na placa-mãe. Fazia isso e vendia os computadores montados para os amigos. Antigamente, computador era caro. A compra deles equivalia à compra de um carro, mas computadores montados eram muito mais baratos. Compravam-se as partes e peças, instalava-se o kit multimídia (um leitor de CD, uma placa de som e uma placa de fax modem), e a máquina estava pronta. Adorava fazer aquilo e desde aquele tempo, para mim, já era muito nítido que todo aquele trabalho "aconteceria".

(3) Quais foram os principais desafios que você enfrentou durante sua trajetória profissional e como conseguiu superá-los?

O principal desafio é assumir para o mundo todo que você vai se arriscar em seus sonhos profissionais. Se arriscar em fazer algo diferente daquilo que você havia planejado para sua carreira é muito difícil. Esse desejo de mudança, provavelmente, não encontrará apoio na sua família ou entre seus amigos. Todos podem achar estranha sua decisão. Por isso, é preciso acreditar em si. É preciso determinar: "Eu vou fazer isso porque, de fato, quero isso."

Assumir as mudanças de percurso em minha carreira foi um grande desafio. Eu saí de uma formação em Administração, em Ciências Econômicas, com uma possível carreira em banco, para encarar um mercado de trabalho de comércio, de venda de produtos em e-commerce, setor desconhecido quando decidi investir nele. Ou seja, depois da minha decisão de mudança de carreira, veio uma segunda fase: como me encaixaria nesse mercado de trabalho.

Às vezes, parecia que estava indo para uma empresa que já não tinha fôlego financeiro, na qual o modelo de negócio aparentava estar errado. Em outras ocasiões, ia trabalhar em grandes organizações, com modelo de negócio bem-sucedido, e chegava a esses locais querendo fazer algo diferente. Esses dois exemplos, apesar de aparentemente serem distintos, para mim, são muito iguais.

Em uma situação é preciso ser resiliente para enfrentar as dificuldades financeiras do negócio, as descrenças do mercado e dos parceiros; na outra é necessário trabalhar sua capacidade de convencimento para fazer com que a grande corporação aceite o fato de ter um funcionário capaz de inovar dentro de sua estrutura consolidada de venda. O e-commerce sempre enfrenta desconfianças.

Quando trabalhei no Submarino, me sentava com Sony, Phillips, LG, para convencê-las a nos dar crédito. Hoje, essa situação parece ser óbvia, mas quando não se conhecia todo o potencial do comércio eletrônico, a relação com as grandes marcas era diferente. Tínhamos de lutar para conseguir comprar 50 televisores. Elas não nos davam crédito. Desconfiavam. Era comum ouvir: "Ninguém vai comprar televisão pela internet. As pessoas precisam ver o aparelho." Aliás, essa frase era replicada por vários interlocutores para diversos outros produtos, comida, roupas etc. Aquela desconfiança afetava. Chegávamos a pensar: "Será que alguém, realmente, vai comprar isso por e-commerce?"

Mas, então, as televisões começaram a ser vendidas. As geladeiras. Tudo tinha saída. De repente, as vendas só cresciam. Essa foi a resposta necessária. O negócio funciona, as vendas provavam isso ao mercado e nos impulsionavam.

Quando o e-commerce está inserido na estrutura de uma empresa convencional, a desconfiança de sua eficiência é a mesma. Nessas corporações é preciso convencer as pessoas, internamente, que os produtos serão, sim, vendidos pelo comércio eletrônico.

Trabalhando em e-commerce dentro de empresas tradicionais é frequente escutar: "Não faz isso. Não adianta. Não vai funcionar. Os clientes querem pegar o produto." Quem fala isso são "não apoiadores" de seu trabalho. Às vezes, essas pessoas querem simplesmente boicotá-lo. Se não se impor e retrucar com assertividade, você desiste muito rápido. Por isso, é importante afirmar: "Eu vou fazer. Vai dar certo. Vai funcionar."

Normalmente, grandes empresas, com negócios tradicionais de venda, querem fazer algo multicanal ou digital como e-commerce, e, nessa tentativa, aparecem pessoas para boicotar o trabalho.

==O e-commerce não tem incentivo no começo.==
==O profissional dessa área tem esse desafio.==
==É preciso política para lidar com situações desse tipo.==
==É preciso ter coragem para arriscar, do contrário a tendência é a de entregar mais do mesmo ou, às vezes, nada.==

4 **Como você vê o papel da cultura organizacional para a transformação digital? Cite aspectos positivos e negativos da cultura sobre a performance.**

É fundamental que a cultura organizacional esteja alinhada com a transformação digital. Mas vamos falar de uma forma bem simples: as grandes empresas têm medo de perder a venda da loja para o site. Mas esse "medo" é um contrassenso. Elas têm de reconhecer a mudança na forma do consumo. O consumidor já mudou. É preciso se perguntar: "O seu consumidor quer ir à loja?" Se a resposta for não, as empresas precisam entender que se, de qualquer forma, vão perder seus clientes para um site, *não seria melhor que o seu site fosse o "ladrão" dessa venda?*

> O consumidor não vai exclusivamente à loja ou ao site, ele vai comprar a sua marca. Ele se relaciona com você.

Dado esse cenário, em 2018, nas grandes organizações, a pergunta era: "Mas esse comportamento não canibaliza?" Talvez a resposta seja sim, mas também pode ser não. De fato, uma parte pode ser "canibalizada", mas outra parte não será.

A nova dinâmica do comércio agrega, aumenta o *ticket*, muda o *cross selling*, faz *up selling*. E outra: o consumidor deseja essa versatilidade nos canais de venda. Não somos nós que vamos colocar uma algema nele e determinar: "Venha aqui, na loja, e compre." Precisamos dar opção. A mudança já aconteceu, não adianta negá-la.

Essa opção tem de acontecer de forma homogênea, com critérios claros por canal. Apesar de os canais de venda terem diferenças entre si, eles precisam manter um bom atendimento. A qualidade precisa estar à frente de tudo.

É fundamental que a cultura organizacional apoie as transições digitais não só pelo discurso, mas com demonstrações práticas. Hoje, o consumidor é diferente, e, se algumas empresas ainda não perceberam essa mudança, elas precisam apressar essa percepção, que deve acontecer pelo "amor" ou pela "dor".

A percepção "por amor" pode ser entendida como recompensas, sejam elas morais, financeiras ou outras; já a percepção "pela dor" pode ser traduzida como: "Olha, isso é meta e todo mundo tem de cumpri-la. Haverá uma importante avaliação sobre essa entrega." As empresas precisam falar internamente que algo diferente acontecerá. Estamos em um novo tempo. Seja por amor ou pela dor, todos serão impactados pelas transformações em curso.

5 Quais foram as lideranças inspiradoras em sua carreira e como foi seu relacionamento com seus mentores?

Sem dúvida nenhuma, minha mãe foi a minha primeira liderança inspiradora. Meu pai era empresário, e quando ele quebrou minha família passou por muitas dificuldades. Quando isso aconteceu, foi a minha mãe quem segurou as pontas de todo mundo. Mesmo nos momentos difíceis, ela sempre me manteve em uma boa escola, apesar de eu nunca ter dado muito valor para a parte acadêmica. Mesmo assim, essa decisão dela foi muito importante para mim. Minha mãe é um grande exemplo para a minha vida.

==Depois de minha mãe, todas as lideranças que tive, profissionalmente, foram boas, inclusive as ruins.==

Por questão ética, prefiro não citar o nome de um gestor péssimo que tive no começo de minha carreira. Porém, com algumas das atitudes equivocadas dele, tive importantes ensinamentos de como não deveria nunca me comportar.

Um dia ele chamou a mim e a outros dois funcionários, todos em começo de carreira, para nos mostrar o quanto havia ganhado em seu bônus e nos falou: "Estão vendo isso?" E apontava para o valor. "Pelo perfil de vocês, acho que nunca vão conseguir um valor desses." Esse sujeito foi terrível, mas me ensinou, de fato, o que nunca fazer com outras pessoas.

Depois, no mercado de e-commerce, trabalhei com várias lideranças inspiradoras. Mauro Strengerowski é um exemplo. Para mim, um herói. Há 30 anos ele tem uma distribuição de eletrodoméstico no

Brasil, país com forte variação cambial nesse setor. Sobreviver a essas constantes oscilações, por três décadas, faz dele um herói.

Outra liderança muito positiva para minha carreira foi André Shinoraha. Ter trabalhado com ele foi um grande prazer. Ele me ensinou a pensar. Abriu a minha mente.

As pessoas têm objetivos de vida, necessidades sentimentais, financeiras, espirituais completamente diferentes umas das outras. É como se houvesse um grande mapa mundi de possibilidades. Dentro desse mapa, cada um vai atrás de seu país. André teve a capacidade de me mostrar todo o mapa mundi e me falar: "O mapa é esse, cara, veja aonde você quer ir." De fato, Shino, além de ter se tornado um amigo, é uma grande inspiração para mim.

Outro momento de convívio com lideranças inspiradoras aconteceu durante meu período de trabalho na Ricardo Eletro, onde tive cinco gestores. Foi uma experiência muito interessante porque eram cinco donos. Eles comandavam a Ricardo Eletro, Insinuante, Salfer, Eletro Shopping e City Lar, todos negócios extremamente bem-sucedidos. Aprendi muito na convivência com esses cinco gigantes. Com certeza, esse é o melhor "curso" a ser feito, porque você ganha para aprender. É fenomenal viver, diariamente, ao lado de cinco empresários.

Mas, nesse período, Rodrigo Nunes, irmão de Ricardo, foi o gestor em que mais me espelhei, apesar de ele não ter sido um dos fundadores dos negócios. Porém em Rodrigo vi, na prática, como uma pessoa em um nível corporativo muito alto pode ter uma mão na massa e uma história boa para contar.

Outra inspiração em minha trajetória, apesar de não ter sido meu gestor direto, foi Flávio Jansen, presidente do Submarino. Constantemente, ele vinha até a minha mesa de trabalho, no final do expediente, para verificar comigo os mais diversos assuntos. Daí, pensava: "Ele é o presidente da empresa, tem uma linguagem diferente da minha, está em um momento de vida completamente diferente do meu, mas, por algum motivo, me ouve e tem paciência comigo." Aquele comportamento me inspirava.

6 Quais são os fatores que você considera fundamentais para exercer a liderança em seu negócio e na sua posição?

Para ser um bom líder é preciso ter um pouco de cada parte do negócio. É preciso ser técnico e humano. Não se é líder só por ter sido alçado a essa posição. No meu caso, em meu modo de liderar, sem dúvida nenhuma, a parte humana é a mais importante.

Não possuo nenhum destaque técnico e tenho humildade para reconhecer essa característica. Por isso, sempre procuro trabalhar com pessoas tecnicamente mais capazes do que eu. Essa situação não me incomoda. Tenho facilidade para mostrar internamente na empresa, aos gestores ou ao mercado, que foram os integrantes da minha equipe que realizaram o trabalho. Não me sinto ameaçado por isso. Pelo contrário, essa atitude fortalece as equipes. Outra característica da minha liderança é a facilidade para dividir a parte material dos ganhos.

> É importante dividir os louros e os reais.

No final do dia, as pessoas trabalham por muitos motivos; um deles é a recompensa financeira. Como líder, divido os méritos, financeiramente, recompenso adequadamente, compartilhando responsabilidades. Confio nas pessoas, mas com um detalhe. Mesmo entendendo que, tecnicamente, minhas equipes têm profissionais mais capacitados do que eu, quase sempre sou capaz de fazer acréscimos importantes no produto final apresentado. Seja como prevenção de algum risco por já o ter vivido, seja como plano de maior prazo.

Tenho capacidade para convencer a equipe que nem sempre o que é melhor para o mercado ou para o concorrente é o melhor para a gente. Podemos estar com uma situação financeira nos impossibilitando de fazer algo. Podemos estar em um momento de capital humano limitado. Com franqueza e não com firula, mostro diversas circunstâncias da empresa. Esse papo franco acaba sendo minha maior força para fazer a gestão das pessoas.

No final do dia essa condição não é fácil. Franqueza traz responsabilidade. Responsabilidade traz cobrança, e cobrança tende a separar quem quer fazer de quem não quer.

Muitas vezes, as pessoas clamam por liberdade, responsabilidade e autonomia, até que um dia essa situação chega. Porém quando ela chega há um problema, porque o trabalho vai estar ali e é preciso fazê-lo, mas muita gente não quer fazê-lo. Não quer se arriscar, se responsabilizar.

Quando se tem uma equipe meritocrática, eficiente, como busco tê-las, as pessoas precisam fundamentalmente assumir riscos. Então, como líder, estes são meus pontos: *ter capital humano, desenvolvê-lo, ter diálogos francos e capacidade para dividir lucros e reconhecer méritos.*

7 **Quais são as características que você mais valoriza em seus colaboradores?**

Valorizo algumas características, mas vou elencar algumas:

- *Honestidade.*
- *Perseverança.*
- *Não desprezar os detalhes. Quando olhamos muito para o superficial, temos a chance de construir uma "casa sem alicerce", e "casas sem alicerces" podem cair muito rápido.*
- *Velocidade suficiente para desistir de uma atividade, mesmo quando essa atividade for a ideia de sua vida. Se tivermos certeza de que ela não vai funcionar, temos de ter a capacidade de aceitar a situação e seguir.*
- *Capacidade para assumir erros cometidos, ao invés de escondê-los. Novos erros são totalmente aceitáveis, mas isso não quer dizer que errar muitas vezes, do mesmo jeito, seja algo correto. No fim do dia, a pessoa tem de acertar mais do que errar. Mas é importante lembrar, os erros (e acertos) são da equipe. Erramos juntos, acertamos juntos. E erros falados são mais fáceis para serem corrigidos.*
- *Criatividade. Sempre tento me cercar de pessoas criativas, porque sou zero criativo. Por isso, criatividade é algo que tento ter por perto.*

Essa nova geração me parece muito mais inteligente, preparada, com muito mais acesso à informação quando comparada à minha geração. Mas, muitas vezes, me parece que desistem facilmente dos desafios.

> No trabalho, precisamos transpirar para que as coisas aconteçam. Nem tudo acontece de forma mágica ou superconectada. É fundamental termos um pouco de suor, mental ou físico, para fazermos as coisas acontecerem.

8 Como conciliar o crescimento exponencial dos negócios digitais com o crescimento da carreira, que muitas vezes não andam juntos e podem gerar frustração?

Primeiro, só tenho a agradecer, porque o mercado digital cresceu e eu cresci junto com ele. Devo tudo a esse setor. Evidentemente, tive um pouco de sorte e competência, mas esse mercado me trouxe resultados. Por isso, não tenho como reclamar e sou grato a todos que trabalharam comigo.

Agora, no geral, o mercado digital funciona como qualquer outro setor empresarial, no qual há uma pirâmide e o sucesso de carreira não acontece para todos ou, no mínimo, não na velocidade desejada por alguns.

Hoje, há mais possibilidades para as pessoas fazerem sucesso. Existem novas formas de se engajar com a sociedade, com seus grupos de afinidade, com o mundo, com o meio ambiente. Foram criados novos pontos de vista para a realidade. Mas, a despeito disso, o sucesso não acontecerá para todos, muito menos na velocidade que se quer. Sendo assim, as pessoas terão de aprender a ouvir "não", a ouvir "não é a hora", e lidar com a frustração provocada por essas respostas negativas.

Independentemente do contexto, me parece que os criadores de coisas muito grandes ou muito importantes tomaram muitos tombos ao longo do caminho. Ouviram muitos "não" e bateram em muitas portas fechadas, que não se abriram. É preciso entender que esta é uma dinâmica comum. O "não" existe, e não é diferente de tantos outros que recebemos em nossa vida pessoal — por exemplo, quando tentamos nos relacionar afetivamente. É preciso saber lidar com as frustrações. É preciso persistir. Mas essas negativas não devem ser causa para suicídio ou depressão. Simplesmente, alguns se destacam mais em umas atividades; outros, em outras.

Atualmente, me parece haver mais caminhos para o sucesso do que antigamente. Sabe para quem perdemos mais colaboradores? Para os períodos sabáticos. Isso é um jeito de sucesso. É um jeito de conquistar, de experimentar. Muita gente quando volta de seus sabáticos se percebe em um contexto diferente. Vivemos em um mundo, em um mercado de trabalho, mais aberto, e isso é muito positivo.

9 Como você acredita que será o futuro do trabalho e qual será o impacto em seu negócio, no mercado e nas carreiras?

A tecnologia será mais presente em qualquer negócio. As pessoas estão consumindo uma quantidade absurda de informação quando comparado a outras épocas, e o mundo fica cada vez mais rápido. Esta é uma situação sem volta. Por isso, vejo a tecnologia como algo imperativo. Mas essa resposta me parece um lugar comum.

Precisamos olhar para as habilidades humanas de relacionamento, para o equilíbrio emocional. Essas características serão determinantes para o sucesso das corporações. Contudo, não devemos confundir equilíbrio emocional, inteligência emocional, com falta de opinião, com incapacidade de se arriscar.

Cada vez mais, as pessoas terão de ousar em suas atitudes, porque boa parte daquilo que é feito hoje será comoditizado por tecnologia. O que vai sobrar, realmente, são as avaliações humanas, a capacidade de se arriscar.

10 Com o conhecimento que você tem hoje, se pudesse dar um conselho para você no início da carreira, qual seria este conselho?

Não seja tão duro consigo. Seja exigente, mas não tão duro. Nem toda derrota ou desastre é tão grande que não possa ser mudado no dia seguinte. Não é no mês seguinte. É no dia seguinte.

Não sofra tanto pelas derrotas, principalmente se você estiver fazendo da forma correta, procurando ser assertivo. Com o tempo, as situações serão corrigidas. Se não for para ser é porque não era para ser; e aí, talvez, seja um sinal para você procurar outra atividade, outra empresa para trabalhar.

Além disso, eu me diria para equilibrar mais as minhas vidas pessoal e profissional. Dos 26 aos 36 anos, não soube equilibrá-las; e com 200% de certeza, se as tivesse equilibrado, teria atingido objetivos profissionais bem maiores. Esse equilíbrio é fundamental.

Quando falo sobre "equilibrar" não estou me referindo ao fato de sair à noite, em festas, encontrar amigos, viajar — isso eu fiz, mas dei mais valor às minhas atividades profissionais do que para as pessoais.

Basicamente, estes seriam os dois grandes pontos para ter mais atenção, os quais falaria: "Faça diferente." Aos 41 anos de idade, quando olho para minha história, percebo realmente ter perdido algumas coisas, mas, excetuando meu excesso de cobrança e a falta de equilíbrio entre a vida profissional e pessoal, diria para o jovem Marcelo: "Faça igual, porque valeu a pena."

// *As pessoas são responsáveis por suas carreiras. Elas precisam assumir riscos e se jogar."*

Fabiana Fregonesi

Há mais de uma década, Fabiana consolida sua carreira profissional em uma das maiores empresas de tecnologia do mundo, o Google. Nesse tempo, ela compreendeu que "saber ouvir o outro" é um dos requisitos fundamentais para se exercer a liderança. "Antes de qualquer coisa, é preciso entender o negócio e o outro, senão nada acontece, e a pessoa será apenas um chefe, em vez de ser um líder." Mas ela também não se esquece, e é um assunto de que gosta muito de falar, do impacto da cultura organizacional na liderança e na evolução das corporações. "Trabalhamos em um mercado que tem uma cultura única. Nosso maior desafio é achar equilíbrio para desenvolver uma cultura de alta performance. Criar um ambiente corporativo no qual as pessoas se sintam bem e tenham segurança psicológica para expressar sua opinião." Quando concedeu a seguinte entrevista para este livro, em 2018, ela era head de agências do Google, cargo que ocupava desde julho de 2016.

1) Qual o papel da formação acadêmica em sua trajetória profissional?

Responder a essa pergunta é um pouco difícil porque na época em que me formei em Publicidade e Propaganda o digital não era forte. Ou seja, minha formação acadêmica não teve quase nenhuma influência em minha trajetória profissional porque não tive aula, não tive contato com esse tema na faculdade. Só após a minha graduação comecei a me aprofundar no digital. O que realmente me impactou foi ter ido atrás de especializações, procurar cursos de curta duração para me capacitar.

2) Em que momento da sua carreira você percebeu a oportunidade dos negócios digitais e por que isso fazia sentido para você?

O digital me escolheu porque, praticamente desde que me conheço como profissional, minhas experiências mais expressivas sempre aconteceram nesse setor.

Meu primeiro estágio foi na Globo.com, quando ainda era um provedor. Fui estagiar lá sem saber como seria o trabalho e acabei parando em um time de venda e negócios, no qual comecei a descobrir o digital. Descobri um mundo enorme e pensei: "Isso aqui faz sentido." De certa forma, entendi que aquilo seria o futuro.

Na época, a Globo.com estava planejando a mudança de seu modelo de negócio. Eles estavam se transformando em um portal. Então, aceitei o fato de o mundo digital ter me "escolhido". Decidi focar minha carreira e comecei a estudar para me desenvolver.

Sou muito grata ao setor por ter me escolhido, realmente vi uma oportunidade muito grande nesse mercado e acredito ter feito uma escolha certa quando decidi me dedicar ao digital, porque essa decisão já tem uns 18 anos, e o mercado continua crescendo, se transformando.

==Minha carreira é pautada em transformação e adaptabilidade; o digital é muito responsável por isso.==

3 **Quais foram os principais desafios que você enfrentou durante sua trajetória profissional e como conseguiu superá-los?**

Os desafios podem ser divididos em etapas. No início da carreira, o primeiro desafio é entender o que você quer. Somos muito novos quando decidimos qual carreira seguir e essa decisão, muitas vezes, ocorre sem termos uma inspiração maior. Na minha família, por exemplo, não tem nenhum publicitário. Meu pai e meu irmão fizeram Administração e minha mãe é formada em Biologia. Então, meu primeiro desafio foi entender o que queria tanto da faculdade quanto depois dela, como formada. Naquela época, me perguntava: "Nossa, olha o mundo que tenho e para onde eu vou?"

Depois dessa fase, meu desafio foi entender, a partir das minhas escolhas, o que sabia fazer bem. Geralmente, nessa fase, surge certa insegurança, acontece a tal *síndrome do impostor*. Em nosso mercado, a incidência de pessoas com essa síndrome é alta, porque somos um setor muito novo e os profissionais têm de se transformar muito e o tempo todo. É comum ter questionamentos do tipo: "Meu Deus do céu, agora que aprendi isso, vou ter de aprender outra coisa. Será que sou boa nisso?" Entender o que fazia bem foi um desafio para mim.

Sempre tive habilidades de relacionamento, então desejava me transformar em líder para impactar positivamente a carreira das pessoas. Foi então que me vi diante de outro desafio: *Como alcançaria meu objetivo? Como me transformaria em líder?* Tornar-se um gestor não é fácil. Há várias barreiras para serem transpostas. É, também, um caminho difícil porque ele vai afunilando, as oportunidades vão diminuindo. É preciso se preparar bem para esse movimento.

Antes de me tornar gestora no Google, refleti durante um ano e seis meses, com um dos meus gestores, sobre as melhores oportunidades para atingir meu objetivo. Preparei-me por 18 meses para o cargo que tentaria ocupar. Durante todo esse processo, aquele gestor foi fundamental e foi muito legal ver a felicidade dele quando consegui o cargo.

As pessoas também nos formam como profissional.

Outro de meus desafios foi ter segurança para abraçar desafios maiores do que tinha planejado para mim. No começo tinha medo, mas seguia mesmo assim. Essa atitude foi muito positiva porque percebia como conquistava meus objetivos.

4 Como você vê o papel da cultura organizacional para a transformação digital? Cite aspectos positivos e negativos da cultura sobre a performance.

Eu gosto de falar sobre esse assunto. A gente trabalha em um mercado que tem uma cultura única; sendo assim, nosso maior desafio é achar equilíbrio para desenvolver uma cultura de alta performance. E, para atingir esse objetivo, precisamos desenvolver uma cultura na qual as pessoas se sintam bem no ambiente corporativo, em que elas tenham segurança psicológica para expressar sua opinião, em que possam, realmente, levantar sua mão e falar: "Olha, a gente poderia fazer dessa forma", e essa contribuição possa ser ouvida e bem aceita, fazendo com que a pessoa se sinta participativa na construção do negócio.

Para continuarmos em transformação, como profissionais e como mercado, precisamos engajar cada vez mais as pessoas, para que elas se sintam parte da elaboração do setor. Temos de orientá-las muito bem sobre os caminhos do mercado e como elas podem se transformar. Cada empresa tem sua cultura, e é importante que ela esteja muito clara.

Em uma cultura de alta performance, por exemplo, as coisas precisam ser colocadas de forma muito objetiva: *quais são as métricas, como acontecem as avaliações, qual é a base e como fazer para atingir os resultados pretendidos.*

> Precisamos incentivar a colaboração, o respeito, a segurança psicológica. As pessoas precisam ter um sentido de pertencimento em suas atividades.

Por outro lado, as empresas, cada vez mais, terão de se adaptar à cultura das novas gerações, porque elas querem ter um sentimento não só de pertencimento, mas de valor, de propósito no trabalho. Elas se perguntam: "O que estou fazendo aqui? Por que estou aqui? Como estou contribuindo para a sociedade ou para o meu mercado?"

> A cultura nada mais é do que uma pessoa passando conhecimento para outra.

Para os profissionais atingirem a performance, o objetivo da empresa, a sua cultura, tem de estar muito clara e bem comunicada entre seus funcionários, porque, do contrário, a empresa não terá os melhores profissionais em seu quadro e será incapaz de obter os melhores desempenhos.

5 Quais foram as lideranças inspiradoras em sua carreira e como foi seu relacionamento com seus mentores?

Apesar de parecer piegas, minha mãe foi a minha primeira liderança inspiradora. Ela é uma mulher muito forte, sempre trabalhou e se reinventou o tempo inteiro.

Ela se formou em Biologia e foi dar aulas, mas antes disso (porque sempre foi muito aplicada nos estudos), desde os 12 anos de idade, já dava aula de reforço para quem não estava indo muito bem nas matérias do colégio. Então, ela se formou em Biologia e começou lecionar de fato. Depois, foi trabalhar com seguros e começou nessa área do zero. Cresceu e se tornou a primeira diretora mulher de uma grande seguradora. Depois, mais uma vez, teve de se reinventar, e atualmente trabalha com produção cultural.

Em casa, nunca tive aquela questão: "Ah, mulher não pode fazer isso ou mulher não deve estar no mercado de trabalho." Não cresci com esse viés negativo inconsciente, acreditando que as posições de liderança são destinadas aos homens. Nunca me coloquei essa barreira. Por isso minha mãe talvez seja a minha maior inspiração como liderança.

Mas, ao começar a minha carreira, tive a sorte e o privilégio de trabalhar com algumas das pessoas que mais admiro no mercado, Fábio Coelho e Julio Zaguini são dois exemplos. Em alguns dos momentos em que enfrentei meus maiores desafios, eles estavam ao meu lado me apoiando.

Fábio Coelho é, hoje, um gestor extremamente inspirador. A minha relação com essas lideranças é de muita transparência, respeito e admiração.

A gente tem de se inspirar nas pessoas.

6 Quais são os fatores que você considera fundamentais para exercer a liderança em seu negócio e na sua posição?

São muitos os fatores, mas, para você exercer a liderança de verdade, você precisa entender o outro. Antes de qualquer coisa, é preciso entender do negócio e entender o outro, se não nada vai acontecer e você será apenas um chefe em vez de ser um líder.

O líder tem de ter abertura e ser focado em entender o outro, deixá-lo confortável. O tempo todo me coloco disponível para o meu time. Coloco-me como um ser humano. Nós não somos máquina; nós temos de entregar performance, mas temos de entender que por trás de todo profissional tem um ser humano com medos, vontades, frustrações, garra, tristeza, alegria, com tudo. É importante o líder entender esses aspectos humanos, porque a partir desse entendimento ele vai liderar individualmente para aquela pessoa.

Claro, quando falamos de organizações muito grandes, essa liderança é mais difícil, você não consegue lidar com cada uma das pessoas individualmente; mas, se ao menos você tiver uma percepção dos objetivos da pessoa, é mais fácil para o líder entender como motivá-la.

Particularmente, gosto de construir meus times com diferentes perfis de profissionais. Procuro identificar uma *skill* na qual a pessoa é muito forte e tento incitá-la a contribuir para o time como um todo. O time é uma construção de quem está ali, por isso eles têm de perceber que são parte de um todo maior e são decisivos para a realização das atividades.

Lógico, em algum momento, o líder também tem de tomar decisões que, necessariamente, não vão agradar a todos, mas o líder tem de ter pulso firme e guiar seu time.

Liderar pelo exemplo é uma boa coisa.

> **A liderança é como você engaja.**

Então, apesar de considerar várias características importantes para a liderança, o fator mais importante é você entender cada pessoa, entender a *skill* de cada um e saber como é possível desenvolver esse profissional, a partir de determinada *skill*; ou compreender o que ela gostaria de fazer para encontrar um desenvolvimento adequado.

7 Quais são as características que você mais valoriza em seus colaboradores?

Algumas atitudes e valores são básicos, principalmente no ambiente em que vivemos. Por isso, o colaborador precisa ter:

- Proatividade *para fazer as coisas acontecerem.*
- Colaboração, *porque ninguém é bom sozinho, e com essa característica você passa para o outro o que aprendeu e o ajuda. Geralmente, essa atitude gera bons resultados.*
- Adaptabilidade, *porque em nosso mercado nossa única certeza é a de que ele vai mudar. Não sabemos se vai crescer, cair, mas ele vai mudar. Se a pessoa for muito resistente a mudanças, as coisas podem não andar.*
- *Precisamos de* liderança positiva *para trabalhar para o bem comum do time. Não adianta a gente apenas atingir as metas.*
- Sair da zona de conforto.

Estar *aberto aos riscos.*

Se jogar.

É pegar as tarefas e falar: "Beleza! Estamos juntos, pode mandar. Eu vou fazer", tendo priorização, claro. Se der errado, tudo bem: "Deu errado, mas nós tentamos."

8 Como conciliar o crescimento exponencial dos negócios digitais com o crescimento da carreira, que muitas vezes não andam juntos e podem gerar frustração?

Todo gestor no mercado digital acaba esbarrando nesse ponto de sua pergunta, porque lidamos com uma geração que tem uma ansiedade, um imediatismo muito grande e que quer tudo para ontem. Eu também faço parte dessa geração e sei o quanto essas características são difíceis de lidar.

A parte difícil desse comportamento é entender que as coisas não vão, necessariamente, acontecer no tempo desejado. Daí, o gestor tem um papel muito importante para tratar essa frustração. Ele tem de colocar todo mundo numa mesma página e alinhar expectativas.

> "Olha, que bom que você já sabe aonde você quer chegar. Estou aqui pra ajudá-lo. Vamos traçar um plano? Vamos ter uma visão um pouco mais real do seu desejo?"

Não temos de focar nossos objetivos a todo custo. Sim, é importante sabermos aonde queremos chegar, mas precisamos aproveitar o caminho. Essa frase pode até parecer inspiracional, mas é verdadeira. A gente precisa aproveitar o caminho.

> A promoção, uma mudança de cargo, é resultado de um caminho muito consistente.

Não é por estar há seis meses em uma mesma função que se conseguirá uma promoção, tornar-se gestor. Nesse curto período de tempo não se aprende tudo. Quando a pessoa tem competência, ela vai "chegar lá", mas necessita desenvolver suas skills, suas habilidades, e isso não acontecerá, necessariamente, no período de sua vontade.

Por outro lado, o fato de tudo em nosso mercado mudar rapidamente é uma condição positiva, de completude para com as características dessa nova geração, por preencher sua necessidade de mudança. Vira e mexe surge algo novo, há uma nova função para ser desempenhada, e as pessoas vão se reinventando. Nosso mercado talvez seja um dos mercados em que as pessoas mais consigam se direcionar para encontrar oportunidades.

Vale lembrar, a tendência das pessoas de colocar em seus gestores o peso da própria carreira, infelizmente, não funciona. A evolução da carreira não ocorre dessa maneira. Como gestores, somos muito mais uma ferramenta para ser usada para as pessoas estarem aptas a "chegar lá"; para apontar e desbloquear caminhos, mostrar os ajustes necessários, mas não traçamos a carreira de ninguém. As pessoas precisam perceber isso. Costumo brincar sobre essa condição: "Gente, eu sou uma ferramenta e, se vocês não me usarem, vou cair em desuso, como qualquer ferramenta. Por isso, me usem."

> As pessoas são responsáveis por suas carreiras. Elas precisam assumir o risco e se jogar.

9 **Como você acredita que será o futuro do trabalho e qual será o impacto em seu negócio, no mercado e nas carreiras?**

No nosso mercado estamos em constante transformação, e uma das grandes pela qual temos passado é o crescimento da oferta de informação. O mundo digital tem infinitas informações e não sabemos, necessariamente, como lidar com essa condição; ao mesmo tempo, vivemos uma fase de automação. Nesse sentido, nós nos perguntamos: *Como se destacar em uma fase dessas?*

Para o negócio, a automação dos processos é muito boa, porque acaba liberando tempo para a construção de uma visão mais estratégica, mas, para isso acontecer corretamente, há uma série de camadas que também precisam ser pensadas.

> Como o líder age a partir do momento em que se pensa de forma mais estratégica? Como preparamos nossos times para essa realidade? Talvez, como gestor, estejamos em um momento de nos transformar e guiar as pessoas para que, cada vez mais, elas possam ter uma visão estratégica dos negócios.

A automação vai impactar positivamente o *business*, porque haverá mais tempo livre para as empresas pensarem em um crescimento mais expressivo, mas para isso acontecer, de fato, a empresa tem de fazer uma grande transformação que requer tempo e necessita segurança.

As pessoas ainda precisam entender que, sim, será bom mudar a forma como contribuem para o negócio. Com visão estratégica, você consegue ter um leque muito maior de oportunidades e pode aumentar sua influência no crescimento do negócio como um todo. O futuro consolidará esse olhar estratégico no mercado de trabalho.

10 Com o conhecimento que você tem hoje, se pudesse dar um conselho para você no início da carreira, qual seria este conselho?

Meu primeiro conselho seria: "Se joga! Assuma o risco e saia da sua zona de conforto." Sempre cresci profissionalmente ao sair da minha zona de conforto, apesar de ter tido muito medo, no primeiro momento, de pensar: "Meu Deus, não sei se sou capaz de fazer isso." Mas me tornei capaz.

Outro conselho seria: "Ouça atentamente os feedbacks." Quando alguém virar e falar: "Fabi, olha, legal que você fez essa atividade, mas da próxima vez vamos tentar fazê-la de outra forma", não é preciso ser reativa. Aceitar a possibilidade de fazer algo de outra maneira é positivo. Eu posso tentar algo diferente. Há outros caminhos para eu chegar ao mesmo resultado, e talvez como profissional, como ser humano, possa aprender uma série de coisas nesse novo caminho.

Outro aspecto muito importante e que, talvez, as pessoas não pensem tanto sobre ele em suas carreiras (também é um conselho), é se perguntar: "Qual *personal branding* você quer ter?", "Como você quer que as pessoas vejam você?" Não é fingir ser algo que você não é, mas parar e refletir sobre quais dos seus aspectos você quer que as pessoas enxerguem e como você vai mostrá-los.

Ao longo do tempo, você entende como as pessoas o percebem e tem a chance de equilibrar essa percepção. Isso é uma estratégia pessoal. Se tivesse ouvido esse conselho desde o meu primeiro dia de trabalho, talvez não soubesse qual seria meu *personal branding*, mas teria essa reflexão em minha cabeça para traçá-la realmente.

» *A cultura organizacional é a base para se ter uma performance de longo prazo."*

Flávio Jansen

Jansen é um dos principais precursores do e-commerce no Brasil. Cofundador do Submarino, ele trabalha neste setor desde suas primeiras operações, ainda em internet discada. Ele é testemunha, e um dos mais bem-sucedidos executivos, da evolução do comércio eletrônico no país e lembra: "A transformação digital é parte da cultura das empresas, porque as pessoas vivem nesse ambiente digital. Por isso, não há mais um choque cultural, que seria um grande problema." A entrevista a seguir foi feita em janeiro de 2019.

1. Qual o papel da formação acadêmica em sua trajetória profissional?

Em 1983, entrei na faculdade em Engenharia Eletrônica, porque naquele ano ainda eram poucas as universidades que ofereciam cursos de Engenharia de Computação, que era o meu interesse como graduação. Fiz minha formação pensando em trabalhar com computação, com informática. Por isso, ter desenvolvido minha carreira profissional na internet foi algo bem natural.

Naquela época, quando se pensava em computação, se falava muito em redes (em redes locais e sistemas distribuídos), e dentro da faculdade os assuntos ligados às redes de computação eram os que eu mais gostava. Na prática, eles são o caminho para a internet, e esse meu interesse me deu muita base conceitual. Base essa que, aos poucos, vejo se perder nas atuais gerações.

Antigamente, estudávamos muito o funcionamento do sistema operacional, a linguagem. Tínhamos um grande preparo teórico e isso me ajudou bastante em minha trajetória, porque quase toda a minha carreira foi técnica, principalmente em meu começo profissional.

Essa formação é tão presente em minha vida que até hoje, em algumas discussões, argumento a partir desses conceitos técnicos, a partir da análise da máquina por trás da tecnologia, de quais são os protocolos utilizados, de qual é a base da tecnologia empregada.

2. Em que momento da sua carreira você percebeu a oportunidade dos negócios digitais e por que isso fazia sentido para você?

Eu não tive um "clique", um momento no qual estivesse em uma outra área profissional e, de repente, percebesse oportunidade nos negócios digitais. Eu construí minha carreira no setor de serviços digitais, na internet.

Em 1989, comecei trabalhando para uma companhia que representava uma empresa norte-americana de sistemas via satélite, que podiam ser utilizados para interligar agências bancárias. Naquela época, não havia grande oferta de equipamentos de linha terrestre para fazer a interligação necessária no sistema bancário, então aquela empresa trazia redes privadas de satélite para realizar esse serviço. Ainda não era com o protocolo de internet, o TCP/IP, mas, de certa forma, ali, começávamos a colocar em prática o conceito de sistemas distribuídos. Ele funcionava como um *mainframe* interligado com as agências. Aquele foi o começo de minha carreira.

Depois, em 1991, fui para São Paulo trabalhar em uma consultoria para implementar sistemas TCP/IP conectados a *mainframe*. Ou seja, já trabalhava com os protocolos iniciais da internet, antes da consolidação da internet comercial no Brasil. Apesar de o *browser* não ser realidade, havia sistemas de arquivo, comunicação com aplicação. Alguns fundamentos, como o terminal remoto via redes distribuídas, estavam estabelecidos e disponíveis.

Na sequência, em 1996, trabalhei para a Mandic, que era um provedor de acesso. Então, perceba, a internet comercial brasileira começou em 1995, e em 1996 eu já trabalhava, há alguns anos, naquele setor em formação. Para mim, foi muito natural atuar no comércio eletrônico, nos sistemas de tecnologia para a internet, porque no fundo minha carreira começou nesse ambiente.

Profissionalmente, tive a felicidade de ter escolhido um segmento em alta expansão. Entrei nesse setor quando não tinha ninguém. Sou quase um nativo do comércio eletrônico no Brasil.

Vale lembrar, em 1997, a Mandic já fazia operações de comércio eletrônico para a Livraria Cultura. Eles tinham um site para vender livros. Nessa mesma época, também havia a Tesla, de Paulo Veras, mesmo fundador da 99 Táxi, que estruturava lojas de comércio eletrônico. Eles desenvolviam e faziam consultoria para criar sites de comércio eletrônico, que ficavam hospedados na Mandic. Tudo isso era os primórdios desse segmento. Na década dos anos de 1990, só havia uns 100 mil usuários em todo o país. A internet estava em seu princípio.

3 **Quais foram os principais desafios que você enfrentou durante sua trajetória profissional e como conseguiu superá-los?**

Na realidade, meu principal desafio foi virar gestor. Deixar minha atividade-fim para ser gestor. Sofri muito com essa passagem.

Comecei como desenvolvedor e virei gerente depois de ter sido coordenador de área. Até ali era fácil, eu coordenava três pessoas. Caso alguma delas não conseguisse realizar sua tarefa, eu sentava, "metia a mão" e fazia o trabalho junto, e sempre conseguia entregar os resultados esperados. Então, fui caminhando sem me preocupar com a gestão.

Depois de minha formação como engenheiro eletrônico, não procurei ampliar meus estudos em Administração, não fiz cursos para me especializar. Não me preocupava com a gestão até o Submarino, quando essa situação ficou bem maior do que a minha capacidade de resolução.

Era diretor de tecnologia no Submarino, e, de repente, minha equipe precisou ser ampliada, como consequência do crescimento das operações da empresa. Eu precisava crescer os projetos, e, em um determinado momento, compramos uma empresa na Argentina. Então, tudo ficou mais complexo. Queriam que viajasse para lá, para ajudar o pessoal, e eu falava: "Não consigo dar conta do meu crescimento no Brasil e vocês estão me arrumando mais trabalho." Isso foi por volta do ano 2000, quando tive meu primeiro "baque".

Pela primeira vez, não conseguia resolver tudo sozinho e me questionava: "Como devo fazer? Como consigo colocar pessoas? Como consigo melhorar o time?" Foi o meu primeiro desafio na carreira. Foi uma dor constatar que não conseguiria solucionar os meus problemas sozinho. Pela primeira vez, dei uma rateada. Estava bem enlouquecido.

> É sempre um desafio se tornar gestor de um grupo grande de pessoas. Isso é um fato. Nessas situações, é preciso estar atento para conquistar novos profissionais, organizá-los, motivá-los, desenvolver estratégias, alinhar todo mundo. É preciso preparo.

Meu segundo desafio aconteceu em 2002, quando me tornei CEO do Submarino. Já estava adaptado às minhas funções como diretor de tecnologia. De forma empírica, havia superado meus medos, inseguranças, estava dando vazão à gestão, e veio a necessidade daquela mudança.

Curiosamente, porém, observo a situação de me tornar CEO como um desafio menor quando o comparo a meu desafio do início do ano 2000, com o crescimento da minha equipe e do negócio como um todo.

A experiência como diretor me preparou para ocupar o cargo de CEO, porque havia buscado formação. Fiz benchmark, conversei com pessoas sobre a experiência delas ao terem assumido a posição, perguntei sobre quais deveriam ser minhas preocupações. De forma geral, estava mais capacitado.

Eu deixaria de ser gestor de uma área apenas, a qual conhecia bem, para me transformar em gestor de áreas sobre as quais tinha pouca ideia do funcionamento. Apesar da dimensão e importância da função, vi aquela mudança como um desafio menor do que o "baque" vivido por mim em 2000, quando me senti incompetente.

Depois veio outro desafio (este com grau de facilidade ainda maior quando comparado à minha adaptação como CEO), que foi virar investidor e conselheiro. Quando se está longe da operação, sabe-se muito pouco sobre o que, de fato, está acontecendo. É uma situação muito diferente. Os cenários apresentados, quase sempre, são bem distintos dos problemas em si.

Quando se é um conselheiro clássico, é preciso confiar muito mais nos planos de gestão, porque a sua capacidade de saber o que está acontecendo é reduzida. Aprendi a tomar decisões a partir desse contexto.

> Cada passo em nossas carreiras nos traz um desafio. É preciso compreender: as atitudes, o comportamento que o fez ser bem-sucedido e "chegar lá" não é mais a maneira como você deve atuar.

Em cada período de nossas trajetórias profissionais, precisamos nos apoiar em habilidades diferentes. Para cada fase da carreia há uma forma de agir. Particularmente, consegui superar todos os meus desafios com muito empenho, trabalho e suor. Tive um pouco de sorte e me cerquei de bons profissionais, com quem aprendi muito e me espelhei.

4 **Como você vê o papel da cultura organizacional para a transformação digital? Cite aspectos positivos e negativos da cultura sobre a performance.**

De forma geral, a transformação digital das empresas está ocorrendo há mais de 30 anos; ela já está incorporada na sociedade.

Quando trabalhava na Mandic, em 1998, fizemos uma parceria com uma revista chamada *Revista dos Tribunais*. Para essa parceria acontecer, nos relacionávamos com um cara chamado Frank, que trabalhava na *Revista dos Tribunais*. Trocávamos e-mail, falávamos ao telefone e, depois de um ano convivendo dessa maneira, nunca havíamos nos encontrados. Em 1998, isso era completamente inédito, não ocorria nas relações de negócio.

Naquele tempo, você primeiro conhecia a pessoa para só depois decidir se trocaria e-mail, números de telefone, mas para a gente, da Mandic, aquela comunicação a distância era natural; estávamos imbuídos daquele comportamento, diferentemente da realidade das demais empresas nas quais a cultura ainda era muito não digital, não remota. Hoje em dia não é mais assim. O mundo é digital.

O celular não é mais um mistério para ninguém. As pessoas usam e-mail há mais de uma década. As redes sociais se popularizaram e fazemos muito mais coisas remotamente.

> A transformação digital faz parte da cultura das empresas, porque as pessoas vivem nesse ambiente digital. Por isso, não há mais um choque cultural, que seria um grande problema.

Nos últimos anos, pelo avanço da tecnologia móvel, com a popularização dos smartphones, ficou muito na moda ter uma estratégia digital. Parece que você vai chegar às organizações e vai mudar tudo. Mas as pessoas em seus ambientes de trabalho já incorporaram a tecnologia em seu DNA. Agora, é mais fácil entender o seu segmento e como você pode extrair mais benefícios do universo digital, como você pode se proteger, quais são as oportunidades. Com toda a digitalização, os trabalhos têm sido cada vez mais remotos, e as interações, não pessoais.

Às vezes, o caminho não é nem ser digital; é muito mais uma questão de se apropriar das oportunidades e falar: "Quando tiver o pessoal, vou aproveitar o momento." Essa ocasião de encontros pessoais pode trazer vantagens. O foco, então, é na estratégia, não propriamente na cultura.

Outro ponto de sua pergunta para refletir é o fato de você questionar: *"Qual seria o aspecto positivo e negativo da cultura sobre a performance?"*

Até 2012, eu não dava muita importância para a cultura organizacional das empresas, porque cultura, propósito, valor, de certa maneira, parece que engessam a gestão. Mas quando a Locaweb faria 15 anos, me detive nesse tema.

Quando comecei a trabalhar com a internet, uma empresa do setor chegar a 15 anos de existência parecia uma ilusão, era algo muito distante. Dessa forma, quando me vi na iminência dos 15 anos da Locaweb, percebi que a pergunta não era "Como foi possível chegar a esse tempo de vida?", mas "O que é preciso fazer para chegar aos 30 anos de existência? Como a empresa se pereniza?". Aquele questionamento me fez perceber a inexistência de disputa entre a cultura e a performance.

==A cultura organizacional é a base para se ter uma performance de longo prazo.==

A geração de valor é muito maior em múltiplos anos. Se você consegue persistir em uma companhia por 10 anos, ter um propósito, um time, essa empresa conseguirá gerar um valor extraordinário. Em 20 anos, o valor será quase infinito.

Quando as empresas começam, é natural pensar em performance nos 2 primeiros anos, afinal elas precisam sobreviver, mas, a partir do terceiro ou do quarto ano de funcionamento, elas precisam pensar na cultura, porque querem ir além. Então, como chegam a 10, 20 anos? A resposta para essa longevidade passa pelo mecanismo de alinhamento, de propósito, em como juntar as pessoas.

Depois de um tempo a cultura organizacional se torna fundamental. A empresa tem de ter identidade, as pessoas precisam dessa referência. Para uma organização, é muito difícil nascer com a cultura definida — ela aparece ao longo do tempo.

> **Transformação digital é um plano de estratégia, não um problema cultural.**

5 Quais foram as lideranças inspiradoras em sua carreira e como foi seu relacionamento com seus mentores?

Não tenho um mentor específico, me inspiro em pessoas com quem trabalhei. Uma das minhas primeiras grandes inspirações foi Aleksandar Mandic. Ao observá-lo, aprendi a me relacionar com a imprensa — algo muito importante.

Ele tinha uma grande capacidade para falar com jornalistas, era um talento nato de comunicação. Algumas pessoas acham que, ao falar com a imprensa, vão conseguir ver a notícia publicada como querem. Mandic não tinha essa ilusão. Como empresário, sabia tornar seus assuntos interessantes e não tinha expectativa de controlar 100% a forma como os jornalistas publicavam suas histórias. Esse aprendizado foi muito significativo.

No começo do Submarino, não falávamos bem com a imprensa, muito em função do direcionamento de um de nossos investidores, a GP Investimentos. A filosofia deles era: "Não fale nunca com a imprensa." Por isso, no contato com a mídia, nos víamos em uma situação difícil por não termos prática. Foi um aprendizado duro, "apanhávamos" muito e ficávamos frustrados com as publicações. Até que sugeri: "Vamos usar a técnica do Mandic. Temos de ajudar a notícia. Se não ajudarmos os jornalistas, a notícia vai sair negativa."

Outra liderança na qual me inspiro é Alexandre Behring. Ele me ajudou bastante quando assumi o cargo de CEO. Naquela ocasião, solicitei dicas a ele: "Como faço? Como você tem feito? Como você montou sua estratégia?" Alguns anos antes, ele havia assumido a presidência da ALL (América Latina Logística) e me deu bons conselhos.

Ele foi a primeira pessoa a me ressaltar a necessidade de ter um bom relacionamento com todos na organização. Ele me disse: "Os funcionários prestam muita atenção no CEO. Eles sabem a hora em que você chega, se você está mau humorado, se você fez algo errado. Virou CEO, todo mundo sabe o que você fez. Por isso, você precisa dar exemplo. Tem de estar preparado, tem de conversar com muita gente, tem de visitar as pessoas, andar pela empresa." Ouvir isso foi muito importante para mim, porque esse não era meu comportamento natural. Isso me ajudou a engrenar no Submarino.

Murilo Tavares, o segundo CEO do Submarino, e Peter Furukawa, que foi meu par como diretor de logística, comercial e marketing na empresa, são duas outras referências. Eu copio as atitudes deles, apesar de ainda não ter chegado ao nível de excelência que possuem. Ambos têm uma incrível capacidade de administrar, de falar com as pessoas e pensar em soluções para os problemas. Eles sabem como olhar e se dedicar aos seus times.

Tem ainda Martin Escobari, meu colega e um dos cofundadores do Submarino. Ele tem uma cabeça voltada para a construção de estratégias. A capacidade dele para compreender os segmentos de negócio é diferenciada, por isso emprego suas técnicas em minhas ações. Escobari consegue entender de uma forma sistemática e perfeita como descobrir a estrutura do segmento, quem são seus players, quais são as suas cadeias de valor. Quando faço algo diferente e quero entender como é o segmento, tento sempre lembrar como ele faria essa ação.

Por fim, tem Antônio Bonchristiano, também um dos cofundadores do Submarino e primeiro CEO da empresa. Antônio sempre teve muita energia, vigor em seu comportamento. Ele sempre quis fazer algo grande. Queria montar uma organização de varejo diferenciada. Para ele, aquilo era uma missão, portanto empregava muita energia para tornar realidade aquele grande sonho.

Apesar de não ter um mentor específico, ao longo da minha carreira, essas pessoas me inspiraram. Espelho-me nessas lideranças, observo e procuro replicar em meu trabalho a habilidade de cada uma delas.

6 **Quais são os fatores que você considera fundamentais para exercer a liderança em seu negócio e na sua posição?**

Um dos aspectos mais relevantes para ser líder é ouvir as pessoas. Como líder, é preciso ouvir o conjunto de ideias das pessoas — não se deve liderar apenas por suas ideias.

Neste mundo conectado, ouvir o outro é cada vez mais relevante, porque as pessoas estão a todo tempo questionando, obtendo informação, e os acontecimentos são vividos de forma plena, muito intensamente. Então, além de ouvir bem, o líder tem de conduzir esses grupos. Por isso, ele tem de estar sempre conectado e atualizado para responder às demandas.

Os líderes têm de aprender a ter estilo de liderança. É preciso habilidade para usar competências que não condizem com seu estilo natural de liderar, porque, dependendo da situação, têm de se adaptar. É preciso se adequar aos cenários. Há fases em que é necessário "pisar no acelerador"; em outros momentos, o importante é ir mais devagar. É preciso aprender a se moldar para não virar líder de uma forma só. Quem deseja liderar uma empresa por um bom tempo, tem de desenvolver muito sua capacidade de trabalhar com estilos diferentes de liderança.

7 **Quais são as características que você mais valoriza em seus colaboradores?**

No final das contas eu sou engenheiro, por isso tenho mais facilidade para trabalhar com pessoas de comprovada capacidade analítica, facilidade de conceituação, que pensam em processo, que conseguem elaborar estratégias e têm capacidade de organização. Valorizo muito essas habilidades, assim como quem tem facilidade com comunicação, em comunicar conceitos e números.

Contudo, como líder, o grande aprendizado, de fato, é quando você esquece quais habilidades você pessoalmente valoriza e pensa quais são as características necessárias para definir seus times. Montar equipes de trabalho com pessoas de diferentes perfis é algo muito poderoso. Ao somarmos bem as capacidades das pessoas e as fazermos trabalhar em conjunto, eventualmente, conseguiremos resultados muito maiores. Um grande líder tem essa competência.

8 **Como conciliar o crescimento exponencial dos negócios digitais com o crescimento da carreira, que muitas vezes não andam juntos e podem gerar frustração?**

Se pensarmos de forma ideal, o importante para as pessoas seria crescer dentro de seu ritmo e não na velocidade dos negócios. Uma empresa que às vezes cresce de forma exponencial pode prejudicar o desenvolvimento de seus funcionários, que tentam acompanhar esse ritmo de evolução.

Quando determinados negócios crescem muito rápido, é inevitável que algumas pessoas acompanhem esse ritmo. As pessoas são promovidas, mas não estavam preparadas para aquele crescimento. Elas podem ocupar cargos de direção, mas não necessariamente tiveram tempo suficiente para aprender as prerrogativas da função. Isso gera uma situação particular. Enquanto o negócio vai bem, elas estão entregando resultados, também estão indo bem, mas se saem daquela estrutura, eventualmente, não conseguirão repetir aquele êxito em outros lugares, porque andaram mais rápido do que a sua capacidade de gestão. Na verdade, o ideal é você ter seu ritmo. Conseguir passar pelas diversas fases da carreira de forma planejada.

> Às vezes, é muito ruim para a pessoa crescer rápido demais. É como se ela atingisse precocemente um limite em sua carreira, e o que vem depois é frustração. Nessas situações, para os gestores, a dificuldade é fazer com que as pessoas cresçam respeitando seu ritmo, não a velocidade do *business*.

Por isso, nessas circunstâncias, é preciso estabelecer um diálogo honesto. A pessoa pode não concordar com o fato de não ter sido promovida, mas o gestor tem de estar presente para lidar com essa frustração, porque, em longo prazo, será muito mais frustrante para ela ter crescido muito rápido e, depois, nunca mais conseguir se encontrar do que a frustração de crescer aos pouquinhos, mas consistentemente.

Quando uma pessoa nova chega ao mercado de trabalho, ela está com vontade, é aguçada, tem muito para aprender e quer ocupar espaço. Então, é um grande desafio para o gestor mantê-la motivada e ter cuidado para que não queime etapas de sua evolução.

9 **Como você acredita que será o futuro do trabalho e qual será o impacto em seu negócio, no mercado e nas carreiras?**

Esta pergunta é bem difícil. Há determinado grupo de pessoas que fala: "A tecnologia vai resolver tudo. Tudo será bom." Outros, por sua vez (e me encaixo nesse grupo), acreditam que o impacto das mudanças será maior do que se imagina. Com isso, várias pessoas ficarão pelo caminho, e elas já estão percebendo isso.

Esse tema é um grande problema e precisa ser tratado de forma sistemática, porque o volume de automação, de inteligência artificial, poderá eliminar muitos empregos. Esse é um desafio para a sociedade. Apesar de existir quem acredita incondicionalmente nos benefícios trazidos pela tecnologia — quanto mais automação melhor —, me coloco entre as pessoas não tão otimistas. Precisamos refletir muito mais sobre o impacto tecnológico, do contrário, podemos trilhar caminhos bastante errados.

Com certeza, no futuro, haverá uma redução da necessidade de trabalho. As empresas vão mudar, mas essa mudança não será, necessariamente, a que as pessoas querem. Os empregos serão mais fluidos e terão datas específicas para começar e terminar. Assim, teremos o aumento dos freelancers. Isso terá um grande impacto, pois nem todo mundo consegue trabalhar em ciclos curtos de tempo. O ser humano é muito rotineiro, tem bastante dificuldade para atuar com instabilidade.

Qualquer profissional consegue trabalhar por um mês, sabendo que será remunerado ao final desse período. A final dos 30 dias, ele recebe seu salário. O dinheiro acaba, porém, no mês seguinte, cairá novamente em sua conta e, todos os meses, as coisas se renovam. Mas quando essa dinâmica é alterada, muitos não se adaptam, porque não têm o perfil correto para isso. Então, precisamos reorganizar a sociedade, criar oportunidades para todos, evitando frustrações. Como sociedade, temos de enfrentar esse desafio e, individualmente, precisamos pensar sobre nossa carreira nesse ambiente.

A pessoa terá de ter um pouco de autoconhecimento e entender onde seu perfil profissional se encaixa. Se ela estiver apta a trabalhar nesses ciclos demandados pelo mercado, será muito bem-sucedida.

> Estamos passando por uma mudança de mercado de trabalho, uma mudança de organização social. Essas modificações, claro, para quem está vindo, podem ser muito boas, mas serão muito desgastantes para boa parte das pessoas.

A tecnologia por si, simplesmente, não conseguirá resolver tudo; pelo contrário, ela depende da capacidade do ser humano de se reinventar, de se reorganizar e conviver com esse novo ambiente. Por isso, precisamos refletir bastante sobre seu impacto em nossas vidas. Precisamos criar bons exemplos, ter boas práticas.

O Brasil está atrasado nessa discussão. Estamos muito atrás em termos de nossa capacidade de organização. O brasileiro pensa ser mais diferente do que realmente é. Somos muito fechados e temos certa complexidade no que não é preciso. Apesar de termos um bom nível de profissionais, termos uma boa matéria-prima de pessoas, nossa organização é muito complexa.

10 Com o conhecimento que você tem hoje, se pudesse dar um conselho para você no início da carreira, qual seria este conselho?

Com certeza me daria um conselho relacionado à habilidade de gestão. Em minha carreira, só me preocupei com essa competência depois de ter vivido o problema. Teria sido saudável se tivesse aprendido sobre esse tema o quanto antes, se tivesse investido tempo para conhecê-lo desde jovem. Afinal, a maneira como aprendi não foi a mais eficiente.

Outro conselho seria para estar alerta ao montar as equipes de trabalho. Juntar os profissionais corretos para executar os projetos faz uma grande diferença, facilita muito a vida. Se voltasse no tempo, seriam esses dois conselhos que deixaria anotado em um bilhete:

> Invista em conhecimento sobre gestão o quanto antes, porque algum dia você vai precisar. E entenda qual equipe você quer para cada um dos projetos que você for realizar. Preste atenção, eles vão ajudá-lo muito!

> "A companhia tem uma missão e seus funcionários têm de estar comprometidos com ela. As pessoas precisam estar juntas em um projeto."

Márcio Kumruian

Junto com o seu primo, em 2000, Márcio fundou uma das maiores plataformas de comércio online do Brasil, a Netshoes. À frente do negócio, nestas décadas de atividade, ele aprendeu muito. Amadureceu como profissional e entendeu que a gestão de pessoas é um dos maiores desafios para ser líder no mercado digital. "O gerenciamento das expectativas dos profissionais precisa ser trabalhado. Talvez, esse seja um ponto em que as empresas de tecnologias estão se perdendo". Márcio, que em junho de 2019 vendeu o controle acionário da Netshoes para o Magazine Luiza, concedeu, em outubro de 2018, a seguinte entrevista.

1) Qual o papel da formação acadêmica em sua trajetória profissional?

Minha formação acadêmica foi um pouco frustrante. Ela foi muito convencional, principalmente se comparada ao processo de formação nos Estados Unidos. Sempre estudei no Brasil, onde as escolas são muito tradicionais e não o desafiam. Eu tive essa sensação por todos os lugares onde estudei. Esse modelo de ensino precisa mudar, mas, nessa questão de educação, eu diria que até antes dos estudos formais, o mais importante para a sua formação são os valores aprendidos em família, que o preparam para a vida e, consequentemente, para a academia também. Nas escolas e universidades você complementa o que a sua família lhe ensinou, adquire mais subsídio.

Para mim, meu período de estudos no ensino secundário, quando fiz um curso técnico, foi mais importante do que minha formação universitária. Essa formação me deu um pouco mais de "exatas no sangue", me abriu o mundo para o potencial de internet, quando queria fazer Computação, mas acabei indo para área de Mecânica. Meu aprendizado de exatas me fez entender um pouco mais sobre as possibilidades da tecnologia.

Depois daquela formação técnica, acabei cursando Economia na Faculdade Mackenzie, em São Paulo. Com isso, consegui mesclar um pouco de negócio com a internet e aprendizados que tive de Matemática e Física com o *business* de Economia, além do networking estabelecido. A Mackenzie me ajudou bastante a conhecer pessoas.

2) Em que momento da sua carreira você percebeu a oportunidade dos negócios digitais e por que isso fazia sentido para você?

Sou um geek por natureza e desde a minha formação, aos 23 anos, percebi o potencial da internet. Só que, na minha formatura, eu já trabalhava. Tinha dois empregos, um oficial e outro secundário, no qual vendia computadores. Nesse "emprego paralelo", eu montava e vendia computadores. Com aquela rotina, entendi que os computadores tinham algo a mais. Eles não serviam só para substituir as máquinas de escrever da Olivetti.

Quando decidi criar minha loja, junto com meu primo, nós nos falamos: "Vamos começar uma loja tradicional, mas já vendendo pela internet", em uma época em que, aqui no Brasil, praticamente ninguém tinha e-mail — mas para a gente não importava. Entendemos que os primeiros poderiam se dar bem. Então, decidimos testar, afinal o custo era muito baixo, porque dominávamos algo de computação. Começamos em 2000 e nosso crescimento foi muito rápido.

Naquele momento, apesar das transações pela internet serem menores do que as da loja física, nosso crescimento no mundo virtual era mais rápido. Por isso, como estratégia de negócio, decidimos projetar aquele crescimento. Após cinco anos daquela projeção de vendas online, percebemos que nossa atuação com a loja física não fazia mais sentido. Por volta de 2006 veio o *shutdown*.

O Brasil é muito *take down* dos Estados Unidos. O que acontece por lá vem muito rápido para cá. E lá o mundo online já estava acontecendo. Por isso, resolvemos experimentar. Em 2006, decidimos ser *pure play*.

③ Quais foram os principais desafios que você enfrentou durante sua trajetória profissional e como conseguiu superá-los?

Sem dúvida, a resposta para essa pergunta poderia tomar toda nossa entrevista. O Brasil é um país de grandes desafios para os negócios. Entre eles, o primeiro é o desafio financeiro. Não há *funding*, cenário muito diferente do existente nos Estados Unidos ou na China, países que fomentam seus investidores.

O Brasil sofre pela burocracia fiscal, inclusive para abrir uma empresa. Como queremos investir, empreender, superamos os entraves, mas para o microempresário o fato de não haver uma cultura para o *funding* é terrível. Não se tem um suporte adequado. Não há nada que o ajude a ser um cara diferente em seu início. Quem começa precisa de ajuda. No meu caso, a minha ajuda veio da família, não veio do governo. O *funding* foi um desafio a ser superado.

Outra situação desafiadora é o modelo de consumo de capital de giro muito alto que é o varejo brasileiro. O varejo é muito duro no Brasil. As empresas têm de ter parcelamento para a venda de seus produtos, mas têm de pagar os seus fornecedores, e ainda conviver com altas taxas de juros. O sistema fiscal no país é muito complexo. Essas são dificuldades inerentes ao sistema.

Por último, o desenvolvimento do e-commerce em si é um desafio. Principalmente pelo fato de sermos pioneiros no setor. Nós fomos os primeiros a firmar com os Correios uma parceria para trazê-los para dentro de nosso Centro de Distribuição (CD).

Tomamos a decisão de ter uma agência dos Correios em nosso CD, porque não fazia sentido levarmos nossa carga até uma agência externa. Para nossa logística seria muito mais fácil os Correios pegarem conosco nossos produtos, mas eles nem sabiam o negócio que tínhamos, era tudo novo.

Desenvolver o e-commerce foi um desafio, mas era um desafio gostoso, porque, claramente, nos sentíamos desenvolvendo algo relevante. Estávamos criando um modelo. Enquanto, do outro lado, havia aquela "âncora" nos segurando.

Sempre separo os desafios em dois grupos:

- *Grupo do sistema.*
- *Grupo do desafio natural.*

Gostaria que o balance pendesse mais para o *desafio natural* (que é o do negócio), mas isso não é regra. Às vezes, os maiores desafios estão relacionados ao *sistema*, infelizmente.

4 Como você vê o papel da cultura organizacional para a transformação digital? Cite aspectos positivos e negativos da cultura sobre a performance.

A cultura digital está em plena formação. Vivemos a era da *transformação digital*. Porém, como setor, o digital é muito recente. Atualmente, fala-se muito em "transformação". As companhias precisam se transformar, e esse pensamento acaba criando aquela imagem em que o pessoal mais velho, mais acostumado com um padrão de trabalho, é substituído por millenials, essa nova geração ansiosa. Tal dinâmica gera um contraste. De um lado, estão os jovens querendo resultados rápidos e do outro lado estão as pessoas com mais idade, conservadoras, acostumadas a uma batida mais tradicional do negócio.

> A formação digital está no meio do caminho. Seus profissionais ainda são ansiosos, não têm comprometimento tão alto com o negócio, nem experiência para trazer resultado.

Um ponto negativo no setor é o fato de o pessoal do digital ainda não ser muito orientado pelo resultado. Ainda está em fase de transformação. Tem ansiedade e capacidade muito grandes e se depara com situações em que precisa fazer algo disruptivo para que a empresa sobreviva daqui a 10 anos. Mesmo assim, não tem desenvolvido o sentido de obrigação com o resultado. Esse comportamento, passível de crítica, tem seu lado positivo, oxigena qualquer negócio.

A cultura digital pode mudar uma companhia. Isso é uma revolução e há vários cases dessas mudanças. O importante é encontrar o *balance* entre as características das gerações e mesclá-las, e não ter apenas uma companhia só digital ou só no modelo tradicional de negócio, muito conservadora, resistente às mudanças.

A Netshoes em seu começo era uma startup; havia zero processo de governança, era "só alegria". No final do expediente, costumávamos sair para tomar uma cerveja. Mas, com o tempo, nos associamos a um sócio norte-americano e as exigências cresceram. Com o passar de mais alguns anos, a companhia abriu capital na bolsa de valores, crescendo a escala de responsabilidade e comprometimento necessários com o negócio.

Ao longo dessas fases de nosso desenvolvimento, foi sendo necessário mesclar a cultura digital com modelos tradicionais de negócio. Naqueles momentos, os mais novos, por serem ansiosos ou não terem a casca tão grossa para as adversidades, desistiam facilmente, procuravam outros desafios. Mas isso não funciona assim.

> É preciso ter *commitment* com a companhia. Ter *fit* cultural.

Esse encaixe começa com os valores da empresa: os funcionários têm de compartilhá-los para o desenvolvimento adequado das atividades. Para o *business*, a ansiedade natural nas novas gerações é prejudicial. O *business* precisa de maturidade.

5   Quais foram as lideranças inspiradoras em sua carreira e como foi seu relacionamento com seus mentores?

Minha mentoria veio do meu ambiente familiar. Oficialmente, tive poucos mentores e acho que todos eles vieram da minha família. Meus pais e avós foram imigrantes, por isso tiveram de sobreviver naturalmente. Vieram para o Brasil com uma mão na frente e outra atrás e empreenderam. Eles foram a minha inspiração.

Nos domingos, ninguém sentava à mesa para falar: "Olha, hoje estou mal com meu chefe", "Hoje, tive um problema na companhia". Em vez disso, todo mundo discutia: "Agora, a fábrica vai parar. A fábrica vai 'isso', vai 'aquilo'. Vamos abrir uma segunda loja." Nossa conversa em família sempre foi sobre *como empreender, quais eram os desafios reais do empreendedorismo*. Para mim, isso fez muita diferença.

Esse contexto me influenciou para encarar os desafios. Por sermos empreendedores, em minha família, não era normal que cada pessoa tivesse seu emprego. Em meu crescimento, nunca fui tratado como alguém que dependeria de um emprego. Até quando fui contratado pela primeira vez, ainda adolescente, minha missão naquele trabalho era "vai lá e aprende". A orientação era: "Entre nesse lugar para você aprender e depois abra a sua loja." Já tinha esse comando em mente desde os 15 anos de idade e foi exatamente o que fiz. Fiquei por 8 anos em um mesmo emprego e depois abri minha loja.

6   Quais são os fatores que você considera fundamentais para exercer a liderança em seu negócio e na sua posição?

Eu diria para não ter medo de uma boa ideia e levá-la adiante, tentando realmente transformá-la dentro de um mercado relevante de presença global. Mas para isso acontecer é importante reconhecer uma característica da liderança: *O líder tem de aprender todo dia*. Eu, por exemplo, me cobro demais. Tenho sempre a sensação de que poderia ter feito melhor.

Outro significativo desafio quando se é líder, muito evidente quando se começa algum negócio, está relacionado ao desenvolvimento de carreira das pessoas e em como encontramos os profissionais para preencher postos de trabalho.

No Brasil, por volta de 2006, você anunciava em revistas de circulação nacional (como a Isto É ou a Exame) que estava precisando de um gerente de e-commerce e ninguém aparecia. As pessoas nem sequer sabiam o que era aquela atividade. Tínhamos de encontrar formas para preencher as vagas, para achar profissionais. No final, contratávamos quem aparecia e íamos moldando essas pessoas para o modelo do negócio digital.

> "Os líderes precisam ser orientados por resultados e para isso acontecer eles têm de ter ao seu lado profissionais com capacidade de rápido aprendizado."

A companhia tem uma missão, e seus funcionários têm de estar comprometidos com ela. As pessoas precisam estar juntas em um projeto. E aí, com uma geração mais ansiosa, imediatista, os líderes podem acabar se perdendo ou tendo uma alta rotatividade de pessoas não totalmente comprometidas com o seu negócio. Ao longo do caminho, isso pode causar tropeços.

7 Quais são as características que você mais valoriza em seus colaboradores?

Ética e o "olhar do dono". É preciso ter aquele sentimento de: "Não é o Márcio que está pagando", quando você passa um cartão corporativo no almoço. As pessoas precisam de responsabilidade sobre seus atos como funcionários. De forma resumida, as características que valorizo entre meus colaboradores são:

- *Olhar de dono*
- *Ética*
- *Agilidade*

- *Responsabilidade*
- *Resiliência*
- *Criatividade.*

8 **Como conciliar o crescimento exponencial dos negócios digitais com o crescimento da carreira, que muitas vezes não andam juntos e podem gerar frustração?**

Este é um ponto importante. Quando olho para trás, como empresa, observo o pouco investimento feito na área de gestão de pessoas. Poderíamos ter investido mais. Normalmente, as empresas digitais se preocupam muito com áreas *core* da companhia, ligadas à tecnologia. Assim, investe-se na contratação de bons profissionais de *tech*, em pessoas para desenvolver produto — estas são atividades, de certa forma, sempre em discussão. Mas por trás delas, da empresa como um todo, existe uma área específica para fazer a gestão das pessoas e essa área precisa de investimento para olhar todos os quadros de trabalhadores da companhia. Agora, tenho essa preocupação muito mais acentuada. É preciso entender, claramente, as possibilidades das pessoas que trabalham ao seu redor.

> Quando você tem uma empresa que cresce, essa empresa pode oferecer, naturalmente, oportunidades. Mas é preciso combinar o "jogo" com todo mundo.

Se você combinar o "jogo" com todo mundo, vai poder analisar o potencial de cada um e encaixar todos os profissionais dentro da expectativa de cada um deles, porque, no final do dia, tudo é expectativa.

O gerenciamento das expectativas precisa ser trabalhado com as pessoas. Talvez este seja um ponto no qual as empresas de tecnologias estão se perdendo, por não conseguir fazer adequadamente a gestão dos seus colaboradores e seus desafios.

9 **Como você acredita que será o futuro do trabalho e qual será o impacto em seu negócio, no mercado e nas carreiras?**

A tecnologia fez uma revolução e estamos, definitivamente, acabando com o trabalho humano, sobretudo, as atividades profissionais mais operacionais.

Hoje, todas as pessoas têm celular, e isso significa que você já tem um canal de comunicação estabelecido que antigamente não se tinha. Então, uma vez que se estabeleça um ponto de contato com essas pessoas, basta criar as plataformas para aprimorar a comunicação, o relacionamento da empresa e dos clientes.

Daqui para frente, tudo vai ser muito mais simples na vida das pessoas em termos de consumo de produtos e serviços. Haverá uma transformação completa nos processos de consumo. Haverá um canal direto entre o consumidor e qualquer coisa de seu interesse. Essa condição eliminará grande parte da mão de obra que intermediava essa comunicação.

Em breve, vamos ter profissões que exigirão muito mais estratégia, muito mais estatística, muito mais possibilidades de otimização do que simplesmente processo. Mas é bom lembrar: não estamos vivendo nada novo. Transformações nos meios de produção semelhantes já aconteceram no passado. Essas modificações são parte natural da evolução, não sei por que as pessoas estão em pânico com elas.

Tem uma história curiosa de que, durante a Revolução Industrial, alguns artesãos destruíam teares, porque eles falavam que o tear ia acabar com o emprego deles, mas a Revolução Industrial foi um dos processos que mais tirou pessoas da pobreza em toda história da humanidade.

10 Com o conhecimento que você tem hoje, se pudesse dar um conselho para você no início da carreira, qual seria este conselho?

Normalmente, os empreendedores se cobram demais, porque estão em constante mudança, e quando você muda, seja por qual motivo for, é comum achar que poderia fazer melhor o que foi feito no passado.

Então, entre diversos pontos que poderia falar para o jovem Márcio, diria para ele: "Fique atento à gestão de pessoas. Gente é um capital muito importante." Também diria para prestar atenção nas questões do financiamento.

Se pudesse voltar no tempo, com certeza, diria para trabalhar melhor esses dois aspectos: a gestão de pessoas e os financiamentos.

" *A resiliência é meu diferencial, me motiva a continuar construindo minha carreira no mundo digital."*

Paula Paschoal

Em menos de 20 anos, Paula consolidou sua carreira no e-commerce brasileiro. Com foco na entrega de resultados e buscando o respeito e a valorização das diferenças entre as pessoas, ela vem deixando sua marca no segmento. Como ressalta, o fato de ser mulher e mãe não a impede de conquistar seus objetivos, pelo contrário, lhe dá mais foco. E ela tem provado suas falas em ações. Em julho de 2018, quando concedeu a seguinte entrevista, ocupava, havia mais de um ano, o cargo de diretora-geral do PayPal Brasil.

1 **Qual o papel da formação acadêmica em sua trajetória profissional?**

Minha formação foi feita muito mais ao longo de minha carreira profissional do que propriamente em uma universidade. Devo ser uma exceção. Mas sinto que, se tivesse me preparado melhor academicamente, teria uma vida mais tranquila. Muitas vezes, me vejo correndo atrás desse "prejuízo".

Cursei os ensinos fundamental e médio em escolas muito boas no interior de São Paulo. Depois, segui para a faculdade de Administração de Empresas, com ênfase em hotelaria, na FAAP (Fundação Armando Alvares Penteado). Logo no início do meu curso, comecei a trabalhar.

No segundo ano de faculdade já trabalhava e fui me apaixonando pelo que fazia. Então, fui deixando os estudos sempre para outro momento. Mesmo assim, após minha graduação, fiz uma pós-graduação em Gestão de Marketing de Varejo na FGV (Fundação Getúlio Vargas), mas nunca tive foco nem interesse em cursar um MBA, ou uma formação mais específica para comércio eletrônico. Fui aprendendo na prática. Por isso, insisto em dizer, sou uma exceção e, se tivesse tido um melhor preparo acadêmico, as coisas teriam sido mais fáceis.

2 **Em que momento de sua carreira você percebeu a oportunidade dos negócios digitais e por que isso fez sentido para você?**

Sempre trabalhei na área comercial. Comecei como trainee na AM-CHAM (Câmara de Comércio Brasil-Estados Unidos) e de lá fui trabalhar em gestão de marketing e varejo em um dos meus clientes, a MD. Lá, meus clientes eram principalmente varejistas online. Ao desempenhar minhas funções, tinha em uma ponta o fabricante e na outra, o varejista. Depois de alguns anos, recebi o convite para cuidar da área de produtos técnicos na Fnac. Lá, decidia e gerenciava todo o portfólio de vendas da Fnac.com. Quando descobri quão rápido esse trabalho era, tive a certeza de que trabalharia com comércio eletrônico.

Muitas vezes, colocava uma campanha de desconto de uma televisão, um GPS, um computador às 10h da manhã e, às 10h05, já sabia se minha estratégia estava no caminho certo ou se precisava fazer correções. Essa resposta rápida, essa proximidade com o consumidor, me deu certeza. Queria seguir aquele caminho e me decidi pelo comércio eletrônico.

3 **Quais foram os principais desafios que você enfrentou durante sua trajetória profissional e como conseguiu superá-los?**

A rapidez e o alcance do mundo digital me assustaram no começo e me fizeram aprender a necessidade de sempre termos uma resposta aos acontecimentos e ser resiliente nas situações, independentemente do cenário.

Quando estava na Fnac, como *head* de comércio eletrônico, subimos uma campanha de seleção de DVDs a R$ 1,99. Naquela época, em 2008, subíamos todas as campanhas no Excel, mas houve uma falha e uma linha do Excel foi em branco. Quando subi a campanha, à meia-noite, o site inteiro estava a R$ 1,99.

Aquela experiência me ensinou, muito cedo, que precisamos reagir rápido. Eu trabalhei da 00h00 à 01h30, para corrigir o erro. Mas, mais do que apenas reagir rápido, é importante saber como cuidamos do problema. Como atendemos cada um dos clientes que se sentiram lesados e ter resiliência (respirar fundo), para recomeçar no dia seguinte. Colocar no ar uma nova campanha. A resiliência é meu diferencial, me motiva a continuar construindo minha carreira no mundo digital.

4 **Como você vê o papel da cultura organizacional para a transformação digital? Cite aspectos positivos e negativos da cultura sobre a performance.**

Temos de fazer uma transformação cultural, em vez de focarmos uma transformação meramente digital. A cultura organizacional e a transformação digital têm de estar juntas. Não são questões distintas, separadas.

O PayPal, por exemplo, é uma empresa consolidada, está há 21 anos no mercado. Nessas mais de duas décadas, tivemos a chance de reconstruí-la pelo *spinoff* com o e-Bay e escolhemos 4 valores que trabalharíamos nessa reconstrução. Foram eles:

- *Bem-estar*
- *Colaboração*
- *Diversidade*
- *Inovação.*

Esses aspectos se tornaram valores organizacionais e têm um grande impacto na performance das pessoas. Eles fazem a diferença.

> **Independentemente da natureza das empresas, se digitais ou não, de tecnologia ou não, é preciso entender o papel dos valores em seu negócio.**

Quando me perguntam: "Mas o qual a relação da diversidade com a performance profissional dos colaboradores?", costumo responder:

> **A diversidade não é só importante porque é a coisa certa a fazer, porque tem um papel social, ou porque o correto é haver equiparação salarial entre homens e mulheres. Ela é muito mais. A diversidade traz receita, resultados financeiros positivos.**

Quando a Apple lançou, anos atrás, um aplicativo voltado à saúde, ele foi programado para verificar quantas calorias a pessoa havia consumido ao longo do dia, quantas horas teria dormido, quais minerais estavam em falta em seu corpo, entre outros. Mas levaram anos para perceber que uma das medições a ser oferecida deveria ser relacionada ao ciclo menstrual da mulher. Mulheres menstruam. Essa condição é um fato, um dado muito mais importante do que "n" outros contemplados por eles prioritariamente na iniciativa do aplicativo. Mesmo assim, lançaram no mercado algo que não contemplava essa característica das mulheres. Exemplos relacionados à "invisibilidade" das mulheres são muitos.

No trabalho, obtemos resultados mais completos e diversos quando envolvemos, nas execuções das atividades, as mais distintas cabeças. Ao acreditar nessa premissa, aqui, no PayPal, criamos um aplicativo baseado no feedback recebido pelas mulheres quando iam abastecer seus carros nos postos de gasolina.

As mulheres reclamavam da sensação de insegurança ao tentar abastecer seus carros à noite. Há medo de descer do carro. Ao ouvirmos seus relatos, criamos um aplicativo para pagamento nessas situações. Com ele, é possível fazer o abastecimento sem sair do veículo. Após o abastecimento ter sido realizado pelo aplicativo, a pessoa insere um código específico e a conta será cobrada automaticamente.

Demos ênfase ao bem-estar como um de nossos valores organizacionais pelo entendimento de que, de forma geral, o mundo dá pouca atenção a essa questão. É superimportante que as pessoas trabalhem se sentindo bem, que exerçam atividades que gostem, sabendo equilibrar vida pessoal e profissional. Caso contrário, a performance delas não se sustenta no longo prazo. Quando os líderes das empresas olham para essas questões, é mais fácil conseguir aplicá-las.

Como diretora-geral do PayPal, falo em vários eventos públicos sobre a diversidade de gênero, de raça, de idade, sobre o papel da mulher. As mulheres ainda têm muito a conquistar. É preciso saber como se olha para aquela mulher que consegue ser mãe, dona de casa, empresária. É preciso ter cuidado com as pessoas e a necessidade delas. Ao ter essa atenção, as pessoas se sentem muito mais incluídas. Como lideranças, precisamos questionar o que precisa ser feito, onde podemos apoiar.

No PayPal mantemos grupos de afinidade, para que as pessoas reflitam e discutam suas necessidades. Quais melhorias a empresa precisa fazer para atendê-las mais adequadamente. Hoje em dia, aquele ditado "Trate as pessoas como você gostaria de ser tratado" está completamente desatualizado.

> Precisamos tratar as pessoas como elas gostariam de ser tratadas. Eu só sei como eu quero ser tratada. Não posso saber como o outro deseja ser tratado se não lhe pergunto, se não me disponibilizo a ouvi-lo.

Ao fazer essa reflexão, mudei minha forma de agir profissionalmente. Demorou, mas algo em mim mudou. Sempre fui muito focada como profissional. Sempre gostei muito de vender qualquer coisa, a qualquer custo. Sempre fui muito do número. Eu dizia: "Eu quero esse resultado e vou consegui-lo."

Em minha carreira, sempre tive clareza de aonde queria chegar, mas, desde 2017, comecei a refletir sobre minhas atitudes. Óbvio, apresentar bons números é importante, afinal é o acionista quem vai pagar meu salário no fim do mês. Os números têm também um impacto relevante na receita, mas daqui a uns dois, três meses, ninguém mais sabe se "bati a meta", "quantos clientes eu trouxe". Agora, fazer a diferença na vida das pessoas é muito mais legal. Esse é o meu legado.

Levei 18 anos para pensar dessa maneira e, pela primeira vez em minha carreira, tento equilibrar minha agenda para olhar muito mais para as pessoas e menos para os números, porque já tenho um olhar automático.

5 Quais foram as lideranças inspiradoras em sua carreira e como foi seu relacionamento com seus mentores?

Sempre tive mentores muito importantes e sempre tive o cuidado, e a oportunidade, de escolher trabalhar com pessoas que admirava e fossem completamente diferentes.

Na Câmara Americana tive líderes muito jovens que me quebraram um paradigma. Eles falavam: "Você pode ser chefe e ser novo." Para mim, ouvir aquilo foi importante. Eles falavam: "Não preciso ter cabelo branco até chegar aonde quero." Ali, tinha gente muito nova e muito boa.

Tive, ainda, a chance de trabalhar em uma empresa norte-americana, com pessoas muito mais velhas, que me ensinaram outro ritmo de vida e, depois, trabalhei com um francês, com uma maneira de trabalho completamente diferente da qual estava acostumada.

A diversidade cultural me ajudou, mas sempre tive cuidado para entender como poderia aprender com aquele chefe com quem me relacionava. Gostando ou não dele, se está acima de mim, algo ele tem para me ensinar. Então, a melhor atitude não é questioná-lo, mas aprender com ele.

Na Câmara Americana, comecei como trainee e depois fui trabalhar na área de eventos, na qual cuidava do operacional. Naquele momento, tinha muito contato com o presidente do Conselho e com o presidente da AMCHAM, na época, Sérgio Haberfeld, um superempreendedor, bem mais velho, com mais de 70 anos, e tive o cuidado de estabelecer um relacionamento consistente com ele; construí uma relação de amizade e, até hoje, ele me ajuda muito. Em vários momentos da minha carreira eu o chamo para conversar. Pergunto se ele acha que está na hora de eu mudar de emprego, quais correções são necessárias em minha carreira.

Para mim, a Câmara foi uma grande escola. Lá, aprendi a importância da manutenção do network, e acho que sei cultivar muito bem esses relacionamentos. Eu tenho muita atenção para os momentos especiais, datas comemorativas dos meus clientes. Se há algum momento especial para eles, me faço presente.

Outro líder que me inspirou muito foi Mário Mello, por oito anos, meu chefe no PayPal. Ele me ensinou que, mesmo sendo mulher, não precisava parar em um cargo de gerência. A maternidade poderia ser um impulso na minha carreira, não uma âncora. Ele me falava: "A maternidade, para você, vai ser um MBA em quatro meses, e gratuito." Aquilo me fez acreditar que poderia continuar crescendo na carreira. Ele me promoveu a diretora-geral da companhia no Brasil durante a minha segunda licença-maternidade. De fato, ele me ensinou muito e me mostrou como conciliar a vida sendo mulher e executiva.

Além desses dois mentores que citei, Sérgio e Mário, e dos meus chefes e ex-chefes, há alguns anos eu tenho uma coach que me ajuda muito. Para mim, é importante dialogar com alguém de fora do meu universo, com um olhar experiente.

6 **Quais são os fatores que você considera fundamentais para exercer a liderança em seu negócio e na sua posição?**

Ter a "dor de dono". Ao longo de nossa carreira, aprendemos diversas competências. Aprendemos a falar em público, a fazer uma apresentação, a utilizar o Excel, a entregar números, mas a "dor de dono" — tratar uma empresa, principalmente uma multinacional, como se aquilo fosse a sua chance de empreender —, para mim, é uma atitude que diferencia muito as pessoas. É o que você faz com paixão, não só com razão. Então, procuro por essa característica quando vou fazer alguma contratação. Principalmente, entre pessoas das novas gerações, os millenials, as gerações Y e Z. Eu valorizo muito essa paixão.

7 Quais são as características que você mais valoriza em seus colaboradores?

Para mim, é muito importante ter esse ownership, essa "dor de dono", mencionada na resposta anterior. Quando olho para as pessoas, gosto de ver que elas se ajudam, que colaboram entre si. Cada vez fica mais difícil se destacar trabalhando sozinho. Por isso, gosto de pessoas com comprometimento e que se ajudem. Tem espaço para todo mundo. Não precisamos ter uma estrela. Há sempre quem toca o piano e outro que o carrega; ambos têm a mesma importância.

Muitas vezes, esperamos que todo mundo vá vender e brilhe. Aqui no PayPal, aprendi que as pessoas também brilham nos bastidores. Aquele profissional cuidando da conta, atendendo ao telefone, é extremamente importante.

Há vários anos, o PayPal ganha o prêmio do Reclame Aqui [em sete anos, a empresa ganhou por cinco vezes]. Isso ocorre porque temos profissionais comprometidos com o atendimento ao cliente, tratando-o de forma individual, com carinho, com cuidado. A responsabilidade por fazer o trabalho acontecer não é só de quem está vendendo na ponta. É muito importante saber valorizar os profissionais no back office, valorizar a equipe.

8 Como conciliar o crescimento exponencial dos negócios digitais com o crescimento da carreira, que muitas vezes não andam juntos e podem gerar frustração?

Esta é uma pergunta bem difícil. Para as novas gerações, ter resiliência é algo complicado, principalmente quando lidamos com esse sucesso exponencial. É muito comum você enxergar frustrações por motivos extremamente fúteis. "Vou mudar de emprego, porque não sento na janela. Vou mudar de emprego, porque quero que a marca da cerveja na geladeira seja essa ou aquela." Os valores estão muito invertidos.

Temos de ensinar resiliência para essa geração. Podemos aproveitar o fato de eles falarem muito sobre o poder da meditação, da yoga, e tentar trazer isso para o ambiente de trabalho. *Para, respira e recomeça*. Erramos inúmeras vezes para podermos acertar alguma. A resiliência é o ponto. Ela é muito importante e pouco discutida. Ao longo da minha carreira, precisei muito da resiliência (e ainda preciso).

Por muitos anos, quando tomava uma "porrada", eu a repassava. Em reuniões, acabava expondo minhas frustrações ou expondo funcionários, um colega de equipe. Essas atitudes não demonstram maturidade; eu cometia esse erro. Quando há algum desentendimento ou frustração, é preciso preservar as pessoas, conversar depois. Foi preciso respirar muito para amadurecer.

Outro comportamento que revi foi o hábito de "dormir em cima do assunto". Eu jamais fiz isso. Tenho pânico de e-mail. Não durmo com e-mail em minha caixa postal sem tê-lo lido, sem respondê-lo. Eu tenho essa disposição para resolver. Mas entendo, agora, que há tempo para tudo. Como diretora-geral, tenho tantas atividades que tive de compreender que algumas situações se resolvem sozinhas, ou mesmo que se *"dormir em cima"* de algum assunto, no dia seguinte, em duas, três, quatro semanas, vou enxergá-lo melhor. O imediatismo é um ponto a prestar muita atenção. Não se pode deixar a ansiedade tomar conta. Saber conviver com pendências ainda é um grande exercício para mim.

Quando tive a clareza de que me tornaria diretora-geral do PayPal Brasil, tive de correr atrás de cursos de educação executiva, alguns nos Estados Unidos, e um de meus momentos de "ah!" foi entender o quanto precisaria ser resiliente para conseguir dar o próximo passo em minha carreira. Nesse processo descobri algo aparentemente contraditório: *Em tudo que somos muito bons, também somos muito ruins*. Coloquei essa frase em vários cenários da minha vida e ela se encaixou perfeitamente.

Sou muito ágil quando recebo e-mails, quero respondê-los imediatamente. Quero marcar, tirar da frente. Quero resolver. Mas em algumas ocasiões, ao rever a decisão tomada, falo: "Se tivesse pensado dois minutos a mais no assunto, teria dado uma resposta muito melhor. Teria enxergado outras oportunidades." Por isso, é preciso ter muito cuidado em tudo que você é muito bom, porque essa característica positiva também pode ser sua fraqueza.

9 Como você acredita que será o futuro do trabalho e qual será o impacto em seu negócio, no mercado e nas carreiras?

A gente vem em uma inovação constante. Nossos meios de pagamentos, por exemplo, vão mudar mais nos próximos três anos do que se modificaram nos últimos 20 anos. É cada vez mais difícil imaginar como será nosso futuro, principalmente quando falamos de inteligência artificial. As pessoas sentem muito medo pelas carreiras que vão deixar de existir. Motoristas, atendentes de call center imaginam que serão substituídos por máquinas. Ao mesmo tempo, não temos ideia das novas profissões que surgirão.

Para mim é impossível responder com alguma assertividade como vejo o futuro, mas acredito que ele mudará muito mais do que imaginamos; e as mudanças serão muito mais rápidas.

10 Com o conhecimento que você tem hoje, se pudesse dar um conselho para você no início da carreira, qual seria este conselho?

A paixão por minhas atividades profissionais, com certeza, foi a condição que mais me trouxe sucesso em minha carreira, por isso meu conselho seria: "Encontre algo que você tenha paixão."

Eu tenho uma vida de muito trabalho, mas sou apaixonada pelo que faço, não sinto que tenho uma rotina pesada (e sei conciliar bem minha vida profissional e pessoal). Quando estou trabalhando, transformo aquele momento em prazer. Quero passar esse sentimento para as minhas filhas. Quero que elas encontrem algo que gostem de fazer.

Todo o resto, como ganhar dinheiro, equilibrar a vida pessoal e profissional, se aprende depois.

Também me aconselharia a estudar mais. Hoje, percebo que poderia ter me esforçado um pouco mais em meus estudos. Se tivesse tomado essa atitude, teria tido uma vida mais fácil.

" *A influência da tecnologia na sociedade é tão disruptiva quanto imprevisível.*"

Fábio Mori

O engenheiro **Fábio**, uma pessoa de *processos* e *controles*, viu a Engenharia ir embora de sua vida ainda como trainee, quando ficou encantado ao ser apresentado ao "negócio da internet", ao participar do processo seletivo do Submarino. "Naquela época, o e-commerce ainda não era uma realidade, mas a internet sim." De lá para cá, superou o pouco conhecimento técnico para se transformar em um dos mais ativos empreendedores do e-commerce brasileiro, sendo reconhecido por significativas premiações do setor, como o Prêmio E-Commerce Brasil e o Prêmio ABComm de Inovação Digital. "Eu sei fazer as perguntas certas e, cada vez mais, aprimoro minha capacidade de ouvir o outro." Aliás, para ele, essas duas características são fundamentais no ambiente corporativo. Fábio estava como membro do Conselho de Administração da Westwing Brasil, quando, em julho de 2018, concedeu a seguinte entrevista.

1) Qual o papel da formação acadêmica em sua trajetória profissional?

A importância da formação acadêmica para mim é muito grande, porém mais no sentido da vivência do que no conteúdo em si. Sou formado como engenheiro de produção, pela Universidade Federal de São Carlos (UFSCar), mas nunca exerci a Engenharia a não ser no meu estágio, e foi o tempo suficiente para entender que não queria aquilo.

Fui para uma formação técnica de engenheiro, porque sempre fui muito bom em exatas e raciocínio; essas características sempre foram minhas fortalezas. E se tem algo que a Engenharia me deu foi a capacidade de enxergar as coisas com amplitude e raciocinar de forma muito rápida para interpretar os fatos, principalmente ampliando minha visão para enxergar as consequências dos atos tomados. Isso é algo muito comum entre os engenheiros, enxergar a engenharia das coisas, enxergar o fato de que qualquer interferência influencia todo o ecossistema. Sobretudo, enxergar processos de controles como algo fundamental na vida.

> **Minha formação acadêmica me faz pensar em termos de processos e controles.**

Em minha vida profissional sempre tive processos e controles como algo decisivo, e essa característica é fundamental para trabalhar no comércio eletrônico. Algumas pessoas podem até ver algum glamour no e-commerce, afinal o setor está ligado à internet, mas, na prática, estamos falando de uma operação de varejo. "É um entra porco e sai linguiça de um monte de cor", porque varejo (físico ou virtual) é isso. E todos os dias temos de resolver muitos problemas. Se não tiver estabelecido controles de processos e análise de indicadores suficientes, o profissional não consegue entender o que está acontecendo e fica sem ação preventiva ou paliativa.

Sem processos de controle e análise de indicadores, até você entender onde está o problema, a empresa já perdeu muito dinheiro e acumulou muitos problemas com os clientes. Por isso, a maior contribuição da minha formação acadêmica para a minha vida profissional, sem sombra de dúvidas, foi desenvolver minha capacidade de estabelecer *processos de controle e análises*.

2 Em que momento da sua carreira você percebeu a oportunidade dos negócios digitais e por que isso fazia sentido para você?

Eu era um candidato profissional ao papel de trainee. Participava de seleções pela manhã, à tarde e à noite. Então, em 2005, entrei no mercado digital como trainee do Submarino. Naquele momento, a internet já era uma realidade, o e-commerce ainda não. Mas aquele foi o período (2004–2005) em que se transacionou, pela primeira vez, no cartão de crédito em integração com os bancos. Ou seja, em termos de comércio eletrônico, começávamos a experimentar compras pela internet.

Durante meu processo seletivo para o Submarino, a apresentação do negócio *internet* me foi encantador, mas, ao ser selecionado, cai na área comercial; e, para quem é "compras", há pouca diferença entre os varejos tradicional e online, apesar de ter sido naquela época o início das compras baseadas em análise de dados.

Ali, entrei em um grupo que já manejava informações de dados, de comportamento, como era o cliente antes de olhar, exclusivamente, para a indústria. Então, minha entrada no digital aconteceu no Submarino, pela área de compras, de forma ainda tímida. Minha grande virada definitiva para o mundo digital foi quando segui carreira expandido minhas atividades profissionais para além do comercial.

3 Quais foram os principais desafios que você enfrentou durante sua trajetória profissional e como conseguiu superá-los?

Meu primeiro desafio profissional foi o de confiança, não só técnica, mas culturalmente também. Cresci no interior de São Paulo, então, quando cheguei à capital e entrei na indústria, mal sabia como me comportar à mesa em um restaurante. Passei a ter relações diferentes das que tinha até então, mas levei muito pouco tempo para reverter essa situação. Rapidamente, aprendi a interagir melhor socialmente.

Após equilibrar um pouco mais as questões comportamentais, enfrentei os desafios técnicos.

Tive todos os possíveis desafios existentes, porque não entendia a cadeia de consumo da indústria distribuidora do atacado e varejo. Já em relação à tecnologia em si, ninguém entendia nada mesmo, porque era algo novo. Aliás, continua sendo novo para todo mundo, por isso temos de nos reciclar constantemente.

Hoje em dia, está ficando quase impossível manter o nível de atualização sobre as tecnologias. Elas são tantas que, sozinho, ninguém dá conta de todas elas. É preciso ter, ao seu lado, pessoas que compartilhem objetivos comuns, para dividir informação sobre o que está acontecendo e as tendências.

> Se você não contar com a ajuda das pessoas para se atualizar sobre tecnologia, você é incapaz de correr atrás de todas as novidades sozinho.

Mas apesar de os desafios tecnológicos serem constantes, para mim, o principal deles é sair de uma posição executora para uma posição de *management*, porque são atividades completamente diferentes; e é o momento no qual é necessário tornar-se gestor de pessoas.

> Gerir pessoas é o maior de todos os desafios em uma organização.

Não estou falando especificamente na gestão das equipes de trabalho. Com toda certeza um desafio, mesmo assim, o considero menor. Quando menciono a gestão como uma questão, estou pensando no estabelecimento das alianças laterais e superiores que ocorrem nas corporações.

Comandar uma equipe de trabalho é uma evolução. Primeiro, é preciso fazer um processo seletivo bem feito, no qual, até certo ponto, o gestor começa a conhecer algumas características das pessoas e garantir perfis profissionais adequados às funções pretendidas.

Após o profissional ter sido escolhido, vem o momento de alinhá-lo aos valores da equipe. Nesta fase é preciso, antes de tudo, ter clareza. Os colaboradores têm de saber sobre o que acontece na empresa. É preciso garantir-lhes os canais de comunicação e o fluxo da informação para alinhá-los a respeito das situações vividas na corporação.

O gestor também precisa entender que quem trabalha com ele não é máquina, mas seres humanos com questões pessoais. Precisamos estabelecer boas relações; contudo, ao pensarmos nas boas relações laterais e superiores, é diferente.

Em qualquer organização não importa se você é bom. Gerar bons resultados não é suficiente, porque suas conquistas podem ser minadas por falta de aliança, e, mesmo que essa falta de aliança lateral e superior não o prejudique, ela pode não lhe trazer oportunidades de evolução, porque, normalmente, as oportunidades de evolução são oferecidas para aliados; ou porque seu chefe mandou; ou porque é bom para o seu negócio, quando se é empreendedor.

Para mim, as questões relacionadas ao gerenciamento de pessoas representam o grande desafio organizacional. Desafios técnicos você supera pelo estudo. Faz um curso, contrata uma consultoria. Agora, fazer o management da empresa funcionar a seu favor é o maior desafio de todos, sem dúvidas.

4 **Como você vê o papel da cultura organizacional para a transformação digital? Cite aspectos positivos e negativos da cultura sobre a performance.**

A cultura organizacional dita o ritmo da empresa, dita tudo: o perfil dos profissionais, como eles trabalham, o nível de entrega. Se você chega em uma corporação e não se encaixa comportamentalmente, você não sobrevive.

Eu tive muita sorte de ter participado de organizações que estavam aptas a receber formatos diferentes de trabalho, porque ouço muitas histórias de gente que tenta mudar o modus operandis de suas empresas e não consegue atingir seus objetivos. É preciso lembrar: ninguém vive ilhado, e departamento não é uma ilha. O modo funcional das pessoas, da gestão de áreas, influencia o modo funcional das outras áreas.

Quando penso em um legado que deixei para as empresas pelas quais passei, vejo que o mais legal é perceber as mudanças realizadas depois de ter ido embora. "A minha área funcionava de um jeito, passou a funcionar de outro, influenciou áreas laterais. Algumas vezes, influenciou até o board, o CEO, e a empresa teve outro funcionamento."

Se pudesse dar algum conselho para quem está começando, meu conselho seria:

> É muito importante entender a cultura organizacional das empresas, principalmente no varejo, um ambiente muito imediatista.

Nesse setor, a gente acorda vendo o resultado (minuto a minuto) da captação, performance, faturamento, aprovação de pedido, entre tantos outros indicadores. Isso gera angústia, ainda mais com as características das novas gerações. Por isso, é fundamental entender a cultura organizacional da empresa onde você está ou para onde você quer ir.

5 Quais foram as lideranças inspiradoras em sua carreira e como foi seu relacionamento com seus mentores?

Tenho algumas lideranças inspiradoras e as considero complementares. O Marcelo Ribeiro me ensinou muito a conduzir minha fome de vencer com o funcionamento do varejo. Ele é meu amigo até hoje. Tenho um carinho muito grande por ele.

Outra liderança importante foi o Fábio Bonfá, que também me conduziu por um tempo. Com ele, tive a experiência de aprender o funcionamento do mundo corporativo como um todo. Outro amigo que guardo muito carinho (e me inspira) é Flávio Dias. Ele me ensinou o que é ser um executivo dentro de uma megacorporação. Ele tem uma capacidade de liderança muito acima da média. A habilidade de Flávio em lidar com as relações internas da empresa é impressionante, e sempre mantendo uma postura de liderança respeitável. Com certeza, esses três líderes são os meus grandes formadores corporativos.

Agora, tenho uma grande inspiração empresarial que é Fernando Alterio, fundador e CEO da Time For Fun. Ele criou um império. Possui a quarta maior empresa de entretenimento do mundo. Nunca vi em outra pessoa a habilidade para negócio que ele demonstra. A capacidade de raciocínio dele é incrível, assim como a maneira como estabelece as relações profissionais.

6 Quais são os fatores que você considera fundamentais para exercer a liderança em seu negócio e na sua posição?

Como liderança, é preciso saber influenciar as pessoas. À época de minha transição de diretor de marketplace para diretor de marketing de vendas do Walmart, solicitei à empresa um coach; com isso, tive a oportunidade de conhecer uma das minhas inspirações profissionais, Marcos Reitano. Naquela fase, tinha conflitos em relação à gestão da área operacional, e Marcos me falou: "O gestor precisa gerar encantamento nas pessoas de todos os níveis para fazer as coisas acontecerem." Esse pensamento se tornou um legado dele para mim.

Como líder, você pode impor às pessoas como elas trabalharão, mas você também pode se manter aberto a ouvi-las e tornar seu projeto apaixonante para quem está em cargos superiores ao seu na companhia. As pessoas precisam perceber os benefícios de sua iniciativa para a vida delas e o quanto suas atividades podem gerar bons resultados à empresa como um todo.

==Precisamos criar aliados e aprender a comunicar nossas atividades às instâncias superiores.==

Fazer *reports*, aliás, foi outro dos meus aprendizados com Marcos. Ele me falava: "Quando se entra em uma organização, é preciso conseguir influenciar o objetivo comum da empresa, porque isso vai gerar conforto para todos e as atividades vão fluir." Para mim, essa reflexão é um aprendizado muito valioso.

Ao ingressar em uma empresa com suas diretrizes já constituídas e metas definidas para cada executivo (e cada um deles baseando o comando de suas áreas por esses propósitos comuns), o desafio é fazer o seu trabalho influenciar o desenho do objetivo da corporação. Ao conquistar tal influência, você elimina possíveis conflitos, porque todo mundo estará alinhado, e seu dia a dia no trabalho fluirá.

7 Quais são as características que você mais valoriza em seus colaboradores?

Para mim é intolerável quando o colaborador não se importa com os acontecimentos ao seu redor. É preciso se importar! É muito ruim perceber o descaso do profissional tanto para os resultados negativos quanto para os positivos do negócio. As pessoas precisam vibrar nos momentos bons para comemorar as conquistas e vibrar nos momentos ruins para reagir às situações e transformá-las. Esse é um ponto fundamental.

Os colaboradores precisam abraçar *missões*, não *tarefas*. Essa é mais uma característica fundamental. Quem só abraça tarefa contribui menos, porque realiza sua tarefa e acabou. Normalmente, quem só trabalha por tarefa para nos primeiros obstáculos, pois os consideram intransponíveis.

==Quem para nas dificuldades e não tenta transpô-las não deve ter expectativa de crescimento.==

Muitas vezes, diversos colaboradores reclamam o tempo todo, e, quando você se aproxima para entender a reclamação, percebe a desistência dele perante suas atividades, simplesmente por ter enfrentado alguma dificuldade na execução. Em vez de resolver os problemas, ele decidiu só reclamar — nem sequer tentou estabelecer alianças para encontrar saídas. Também valorizo muito quem entende a situação na qual está envolvido e reconhece a importância de quem está ao seu redor.

==O profissional precisa ser um hub de influência para realizar o seu trabalho e integrar as pessoas.==

8 **Como conciliar o crescimento exponencial dos negócios digitais com o crescimento da carreira, que muitas vezes não andam juntos e podem gerar frustração?**

Para não gerar frustração com o desenvolvimento de sua carreira, o profissional precisa entender o contexto de trabalho no qual está inserido, o perfil da empresa para a qual trabalha ou deseja ir. Para quem está no começo de sua carreira, esse entendimento é mais difícil, porque essas pessoas ainda não têm maturidade para compreender os ciclos naturais de tempo das atividades em cada empresa. Mas é muito importante desenvolver essa percepção o quanto antes.

O importante é: ao trabalhar em algum lugar, qualquer lugar, entenda como as coisas funcionam por lá. Observe quem está na corporação há mais tempo, levante o histórico de promoção das pessoas, analise as etapas necessárias para a progressão. Questione-se: "Este é um lugar de muita segurança? Segurança é o que quero em minha carreira?" Geralmente, o crescimento em lugares com mais estabilidade é mais lento. "Será que preciso assumir mais riscos? Prefiro ambientes de risco aos de segurança? Quero ir para uma empresa em que possa ser mandado embora por não atingir duas metas? Ao mesmo tempo, caso bata essas duas metas, já estarei promovido no mês seguinte? Quero arriscar?" Além de se informar objetivamente sobre os ambientes de trabalho, as pessoas precisam confiar em seu feeling.

Outra atitude muito importante para evitar frustrações é encontrar um chefe que você admire. Se puder escolher seu chefe, que seja alguém com valores semelhantes aos seus.

> As pessoas não se divorciam da empresa, elas se divorciam da liderança.

9 **Como você acredita que será o futuro do trabalho e qual será o impacto em seu negócio, no mercado e nas carreiras?**

O futuro já é agora, e precisamos tomar muito cuidado com o complexo de vira-latas que algumas pessoas desenvolvem diante da tecnologia.

Eu não sei se a tecnologia vai tomar conta de tudo. Com certeza, ela será muito presente em nossas vidas, mas as pessoas continuarão a ser necessárias. A tecnologia não será suficiente para resolver tudo. Veja, por exemplo, o aumento do trabalho para quem é motorista. A Uber veio e fez esse segmento crescer. Então, *a tecnologia vai acabar com empregos?* Eu não sei.

Então alguém pode dizer: "Depois, virão os carros autônomos, acabando com os empregos para motoristas." Realmente, não sei se isso acontecerá. Aliás, não sei se o carro autônomo funcionará tão bem quanto as pessoas querem, ou se acontecerá uma revolta mundial contra esse modelo de veículo. Pode acontecer qualquer coisa.

> **A influência da tecnologia na sociedade é tão disruptiva quanto imprevisível.**

As pessoas têm de se ligar nas tendências e novidades, porque a inovação tecnológica está presente em qualquer trabalho. Se você vai à banca de jornal, a tecnologia está presente como meio de pagamento. Se você vai ao restaurante, a tecnologia está lá para ajudar a climatização do ambiente, a monitorar a temperatura da comida, a realizar o supply chain.

Em qualquer função é possível ter contato com tecnologia e, sim, ela virá para renovar os processos de funcionamento no trabalho e mudar comportamentos. Agora, já se nasce com a internet na mão. Quem é de gerações passadas precisa se adaptar, aprender a como utilizar as ferramentas tecnológicas, caso contrário, poderá ser, sim, descartado, não porque a sua função tenha deixado de existir, mas porque a pessoa não soube se adaptar às novas ferramentas.

⑩ Com o conhecimento que você tem hoje, se pudesse dar um conselho para você no início da carreira, qual seria este conselho?

Com certeza, eu me diria para ouvir mais. *Ouça mais do que fale.* Quando se é jovem, no começo de carreira, você está deixando para trás uma fase de sua vida de muita teoria recebida nos ambientes de formação educacional. Por isso, como estagiário, você ainda tem pouca prática, mas muita vontade de fazer. Naturalmente, você começa a dar umas tropeçadas, pela vontade de agir, e não se permite ouvir.

> No mundo corporativo, ouvir é fundamental.

Outro conselho importante seria: *Faça as perguntas corretas*. Aliás, essa questão de fazer as perguntas certas aprendi vendo uma entrevista de Flávio Dias. Quando questionado sobre o seu maior valor profissional, ele respondeu: "Eu sei fazer as perguntas corretas."

Fazer a pergunta certa é entender seu interlocutor, saber quais são os anseios dele, o que deseja. É saber colocar questões da maneira adequada, com linguagem apropriada, se comunicar de forma clara, não ofendendo ninguém, não acuando. Fazer com que as pessoas confiem em você, engajá-las, incentivando-as a realizar o melhor trabalho possível.

Com o passar dos anos, dedico cada vez mais tempo para entender meus interlocutores e suas demandas, mas esse comportamento não precisa ser exclusivo de uma fase de nossas vidas profissionais — ele pode ser iniciado ainda quando somos estagiários. Desde o começo de nossas carreiras, é preciso dedicar tempo às pessoas, porque você precisa conhecê-las, entendê-las.

" A gestão de equipes profissionais não é uma corrida de 100 metros rasos. É uma maratona. É uma prova de fundo. É preciso ter capacidade de engajamento."

André Petenussi

André faz um alerta para quem está começando no mercado digital: "A construção da carreira é responsabilidade do indivíduo, não da empresa." E mais, para essa nova geração em que a ansiedade é uma característica exacerbada, ele lembra que o crescimento dos negócios nunca estará 100% alinhado ao desenvolvimento profissional. "A partir desse entendimento, temos de saber como devemos nos relacionar com nossas expectativas e escolher uma empresa que melhor se adéque aos nossos objetivos." Não é nada recomendado para a construção do seu caminho no trabalho trocar de empresa como quem troca de roupa. Como o turnover no mercado digital é gigante, é preciso ter histórias consistentes de projetos realizados para contar. André — "Pete", para os amigos — concedeu esta entrevista no final de 2018. Desde fevereiro de 2019, ele ocupa o cargo de chief technology officer (CTO) na Localiza.

1) Qual o papel da formação acadêmica em sua trajetória profissional?

Meu perfil é de executor, de realizador. Essa característica me afastou da academia. Sou engenheiro eletricista, formado pela Universidade Católica de Santos, e desde a minha formação me desgrudei da academia para ganhar experiência do ponto de vista de realização.

Durante a universidade, trabalhava em São Paulo em uma fintech. De lá, sai para o Submarino e depois segui naturalmente para outras empresas. Todo o meu aprendizado foi por experimentação. Do ponto de vista de gestão, se aprende muito com a mão na massa. O caminho profissional vai sendo encontrado por tentativa e erro.

O exercício da liderança em tecnologia é bem particular. Entre os melhores profissionais técnicos com os quais trabalhei na vida, 60% deles não tinham faculdade. Eles eram pessoas extremamente autodidatas e só valorizavam a gestão de uma liderança com conhecimento técnico. Grande parte dos profissionais muito talentosos não valorizam academia. Então, o fato de ter me afastado do ensino superior e focado o conhecimento prático, aprendendo ao fazer, me facilitou demais a gestão dos times técnicos.

Hoje, como diretor-executivo, preciso reavaliar essa postura. Preciso me atualizar em atividades que somente a prática não capacita. Tenho de investir mais tempo na minha formação acadêmica, apesar de sempre ter sido o cara do pragmatismo, do *learning by doing*.

2) Em que momento da sua carreira você percebeu a oportunidade dos negócios digitais e por que isso fazia sentido para você?

Tive a percepção de oportunidade dos negócios digitais antes do início da minha carreira. Sou da geração que teve a sorte de o pai comprar um computador quando éramos muito pequenos.

O primeiro real que ganhei na vida foi construindo softwares para pequenos negócios na cidade onde nasci, Santos. Ou seja, quando entrei nesse mercado de trabalho, antes da popularização da internet, já havia uma demanda muito reprimida pela criação de sistemas para esse negócio.

Ao falarmos de digital, talvez o *turning point* tenha sido a adoção do celular, mas antes disso o mercado digital já existia, como quando o Submarino vendia conveniência de varejo pelo desktop. Obviamente, todo esse mercado teve um crescimento exponencial com o surgimento do smartphone.

Como minha carreira começou bem na curva de adoção de tecnologia em larga escala por diversos negócios, nunca tive a seguinte percepção: "Ops! Trabalho em um modelo antigo de negócio e preciso me adaptar ao modelo novo." Isso nunca aconteceu comigo — essa ruptura de estar em um *office*, como nos modelos de escritório dos anos de 1980 e, de repente, ter de me adaptar a uma dinâmica de trabalho mais parecida com a que vivemos. De fato, nunca passei por essa situação.

3 Quais foram os principais desafios que você enfrentou durante sua trajetória profissional e como conseguiu superá-los?

Esta pergunta permite uma resposta bem abrangente, mas acredito que o meu principal desafio, e o entendo como pertinente a todos os demais profissionais no mercado, é o de como ser suficientemente flexível para me adaptar às diversas fases da carreira.

Muitas vezes, quando estamos envolvidos com a rotina de nossas atividades profissionais, ficamos com nossa visibilidade limitada, não sabemos aonde nossa carreira vai chegar. Eu, por exemplo, passei por um grande desafio ao entrar no Submarino no começo dos anos 2000.

Naquela época, cheguei à empresa como coordenador para fazer a gestão de um time grande. Ali, os desafios eram vários, iam de *catch-up* tecnológico, passando pela necessidade de expansão, até a gestão de pessoas e do negócio em si.

Depois veio a fusão com a B2W e fomos transferidos para a cidade do Rio de Janeiro, onde passamos a ter outra dinâmica de trabalho. Era uma cultura diferente e tive de me adaptar em termos políticos e de relacionamento.

Tecnologicamente, me inseri em uma empresa maior, com um modelo de trabalho diferente. No Submarino tinha time próprio; na B2W trabalhávamos com terceirizada. Depois de um período fui para o Walmart, e nessa transferência o desafio foi trabalhar em uma empresa ainda maior, com presença global e com questões, para mim, completamente novas, como *report* e *compliance* de segurança.

Quando deixei essa multinacional e fui para uma startup, vivi outro momento de desafio. Naquele contexto, era preciso ser mais ágil. Necessitava ser mais direto, mais pragmático. Tive de evoluir em minhas interações e, sobretudo, precisei saber conviver com pouco dinheiro. Era muito esforço para liderar os times, mas eu tinha uma grande vontade de fazer as coisas acontecerem.

A pior coisa que pode acontecer para um profissional é ele perder a consciência de seu trabalho. Quando ele percebe: "Putz! Não estou conseguindo identificar o que deveria fazer e qual é o atributo que preciso evoluir para entregar solução para o desafio no qual estou envolvido." Precisamos ser flexíveis e fluidos para conseguirmos nos moldar às demandas.

> Cada fase profissional tem uma demanda e exige das pessoas alguma particularidade de seu comportamento. O grande desafio é como se manter flexível e consciente nessas situações.

4 Como você vê o papel da cultura organizacional para a transformação digital? Cite aspectos positivos e negativos da cultura sobre a performance.

Quando falamos de cultura digital, grande parte do mercado entende mal esse conceito. Para muitas empresas, fazer transformação digital é criar uma cultura digital. É pôr, em um ambiente, um sofá vermelho, cercado por um monte de pufes e deixar a galera trabalhar de bermuda. Isso não é cultura digital. Isso é maquiagem de cultura digital. É querer criar *press release* para o mercado. Se mostrar *cool* e tentar atrair talento porque se mostra *cool*. O resultado dessa prática é de muito curto prazo. A empresa vai atrair talentos, mas vai perdê-los com a mesma facilidade que os conquistou.

> **O grande desafio para se criar uma verdadeira cultura digital é desierarquizar estruturas corporativas.**

Muitas empresas ainda adoram um sofazinho e um pufe, mas, quando o diretor caminha pelos corredores, ele critica os gestores ao ver seus liderados sentados nesses pufes no meio da tarde.

> **A estratégia de cultura digital não pode ser reducionista. Seu foco não pode ser apenas a criação de press release para gerar notícia.**

Existem diversos negócios que são tratados da forma mais tradicional do mundo e são negócios rentáveis, importantes e com relevância, com gente querendo trabalhar neles, mas, de uma hora para outra, todo mundo acha que tem de ser digital. "Ah, eu fabrico parafuso e, poxa, tenho de ser digital?" Não precisa. Há uma ideia errada de que todas as empresas precisam evoluir para o digital.

As empresas precisam de uma estratégia de cultura digital focada no resultado e nos benefícios para o negócio. Quando vejo a desierarquização das empresas como grande problema é porque há muita demanda pela transformação digital, mas pouco *willing* do seu corpo executivo para, de fato, comprar essa transformação.

Como é possível verificarmos a cada ano, por meio de pesquisas, o interesse e preocupação de importantes CEOs no Brasil pela transformação digital de suas corporações, mas eles continuarem não conseguindo resolver essa questão? A resposta é simples.

Várias corporações desejam fazer uma transformação digital, mas não estão comprometidas com os impactos, com o *change management*, dessa mudança.

Um e-commerce pode construir um modelo de precificação para 80% dos produtos que vende. Essa ação é digital. Há modelos matemáticos desenvolvidos para fazê-lo acontecer. Hoje, contamos com algoritmos para realizar esse trabalho, sofisticando o negócio e diminuindo o *overhead*. Mas aí surge um dilema: quantos profissionais da área comercial estão prontos para aceitar que grande parte do trabalho deles (que é precificar) será feito por algoritmos? Se não houver um forte apoio dos líderes, será difícil implementar essa mudança.

Muitas empresas dizem: "Queremos fazer a transformação digital", mas quando surgem as questões que, de fato, vão alterar o *status quo*, tornam-se vacilantes. Poucas corporações estão preparadas para a dinâmica de se transformar em digital, de criar uma cultura digital, em que a tecnologia esteja inserida como protagonista, influenciando o seu jeito de atuar, evoluindo a forma de se trabalhar. No Brasil, ainda estamos engatinhando nessas questões.

Pessoas inseridas no modelo de empresas digitais precisam de autonomia para decidir, mas autonomia não é delegar sem acompanhar. É preciso conceder autonomia para que as pessoas possam, efetivamente, contribuir para criar uma estrutura mais achatada, mais *flat*, responsabilizando e dando *empowerment* para as pessoas que pensam fora do convencional, para a geração que nasceu em uma cultura digitalizada.

> O ganho é exponencial quando é criado uma cultura realmente digital, achatada e com autonomia na qual as decisões são descentralizadas.

5 **Quais foram as lideranças inspiradoras em sua carreira e como foi seu relacionamento com seus mentores?**

Desde o começo da minha carreira, sempre gostei de ter mentores de ambientes externos aos problemas da empresa na qual estava inserido. Apesar de várias organizações fomentarem a mentoria interna, eu prefiro ter, como mentor, pessoas que estejam em outras dinâmicas de trabalho. Sobre mentoria, também é importante sabermos diferenciá-las.

Às vezes, admiramos algumas pessoas e nos espelhamos nelas pela maneira como executam suas atividades profissionais. Em outros casos, a admiração ocorre pela forma como a pessoa gerenciou sua carreira. Tive a sorte de trabalhar com profissionais muito bons. Em nosso mercado sempre houve pessoas muito inspiradoras, mas faço esta separação:

"Este cara aqui tem uma carreira fantástica e tem importantes sacadas para me auxiliar em como gerencio minha carreira"; "Este outro cara é uma pessoa que me inspira pela maneira como executa suas atividades, como gerencia o time". Posso citar duas importantes influências dentro desses perfis — Fernando Nawa e André Shinoraha, o Shino.

Na época em que trabalhei no Submarino, Fernando era gerente. Depois, mesmo tendo saído da empresa, continuei trabalhando muito com ele. Sempre o escutava em questões de como executar mais adequadamente minhas atividades, como fazer para melhorar o gerenciamento dos times, como atingir melhores objetivos.

Já Shino, eu o tenho como mentor em como gerir minha carreira, até porque ele não é de tecnologia. Ele me auxiliou demais na compreensão do que quero para a minha carreira profissional e como conciliar esse desejo com minha vida familiar, com meus objetivos pessoais de vida.

6 Quais são os fatores que você considera fundamentais para exercer a liderança em seu negócio e na sua posição?

Ética, caráter e transparência no dia a dia são valores dos quais não podemos abrir mão e por serem tão básicos nem deveriam ser citados. Mas como temos alto turnover no mercado é sempre bom lembrar a importância deles.

Para a gestão das equipes, quando o líder consegue se mostrar ético e transparente por atitudes, não por palavras, é possível estabelecer uma importante relação de confiança. Particularmente, conquisto a confiança das pessoas que trabalham comigo por meu perfil de transparência, por compartilhar objetivos e conquistas. Meu conhecimento técnico também me facilita, mas sou um cara bom para criar relacionamentos amistosos nos ambientes de trabalho. Sou bastante informal. Consigo demonstrar, sem cobranças desnecessárias, quais são os desafios e objetivos da empresa.

Dá para termos uma jornada de trabalho de 14 horas ao dia sem ser algo pesado. Podemos atingir bons resultados em ambientes profissionais mantendo o estresse sob controle.

> A gestão de equipes profissionais não é uma corrida de 100 metros rasos. É uma maratona. É uma prova de fundo. É preciso ter capacidade de engajamento.

Outro aspecto importante da gestão é entender todos os "1 milhão e 555 mil tipos de pessoas" que existem em seus diferentes estágios da carreira, em seus diferentes momentos de vida pessoal, com suas diferentes dinâmicas. O trabalho do gestor é identificar a motivação de cada uma e engajar a todos em um objetivo maior.

7) Quais são as características que você mais valoriza em seus colaboradores?

Sem dúvida, a transparência e a capacidade de colaboração. No mercado de tecnologia ainda tem muito desenvolvedor acreditando que o seu trabalho é arte. Esse sentimento egoico surge por eles se perceberem realizando uma tarefa exclusiva, apenas feita por uma pequena parcela da população e, ao mesmo tempo, tendo uma grande quantidade de empresas e de capital precisando desse trabalho. Isso tende a criar um sentimento egoico. Esse sentimento se soma, em muitos casos, às pessoas de difícil relacionamento.

No mercado, há vários talentos que não foram formados em uma universidade; assim, eles não aprenderam a dividir, não têm histórico de fortes relacionamentos sociais. Já tive profissional que trabalhava, literalmente, com uma toalha entre a cabeça e o monitor para criar a sensação de isolamento ao longo do dia.

Pessoas muito fora da curva têm diferentes dinâmicas de relacionamento. Como líder, é preciso fazê-las compreender que, apesar de serem ótimas trabalhando sozinhas, elas têm de colaborar, interagir para o objetivo da empresa.

Já desliguei excelentes profissionais por não conseguirem colaborar. Eles não entendiam que o trabalho deles começava em uma ponta e que terminaria em outra ponta, em outro time, e talvez aquele time precisasse de uma maior interação para fazer o trabalho da equipe acontecer.

A colaboração é fundamental. É muito difícil quando a pessoa não tem aspectos colaborativos para o trabalho. Quando não entende que a experiência de outros somada a deles produz um produto muito melhor.

Atualmente, meus liderados são gestores, e há uma característica que considero muito importante para eles desempenharem a função e está relacionada ao cuidado das pessoas. Cuidar de gente não do ponto de vista paternalista, passando a mão na cabeça, mas como conseguimos aproveitar o melhor de suas capacidades. Como podemos incentivar sua evolução profissional.

Às vezes, nos esquecemos de desempenhar nossa função social em formar pessoas, capacitá-las tanto do ponto de vista profissional quanto para a sociedade. Em tecnologia temos muitos profissionais estagiando conosco com 19, 20, 21 anos de idade — eles ainda estão na faculdade; encontrarão em nosso mercado o primeiro emprego. Por isso, temos responsabilidade social na formação deles.

8 Como conciliar o crescimento exponencial dos negócios digitais com o crescimento da carreira, que muitas vezes não andam juntos e podem gerar frustração?

O crescimento dos negócios e o crescimento da carreira são aspectos que nunca vão estar 100% alinhados. Temos de entender qual é o principal objetivo de nossas carreiras e, a partir desse entendimento, saber como devemos nos relacionar com ele e escolher uma empresa para atingir esse objetivo, e nunca esquecer:

> "A construção da carreira é responsabilidade do indivíduo, não da empresa."

No mercado de tecnologia a oferta de emprego é maior do que a demanda, por isso o turnover é gigante. Os profissionais se empregam por quatro, cinco meses e vão embora. Quando eles adotam essa prática com frequência, deixam de criar cases que são fundamentais. Os trabalhos realizados são o principal legado para as empresas e a maneira como o profissional acumula suas experiências, bagagem para seguir para outros desafios.

Vemos muitos desenvolvedores em qualquer nível da carreira (sênior, júnior ou pleno) em ciclos muito curtos de trabalho. Eles estão voltados para a evolução de sua trajetória profissional focando o financeiro ou a denominação do cargo. Poucos procuram criar referências, *cases*.

Em um determinado momento, fizemos um projeto importantíssimo para a Netshoes, uma plataforma própria de venda. A execução desse projeto durou pouco mais de um ano. Nesse período, muita gente passou por ele e quando perguntávamos por que a pessoa estava saindo, ouvíamos respostas como: "Adoro o projeto. Adoro a empresa, mas vou deixá-lo porque vou ganhar 500 reais a mais em outro trabalho. Porque aqui vocês me chamam de desenvolvedor pleno e, para onde vou, vão me chamar de desenvolvedor sênior."

Ao tomar decisões como essas, esse profissional perde uma oportunidade gigante. Deixou de participar do maior projeto da história da Netshoes, no qual fizemos um violento *catch-up* tecnológico, em que transformamos a empresa que saiu de uma plataforma de vendas terceirizada para uma plataforma proprietária, habilitando diversos negócios. Esse tipo de experiência é tangível para um entrevistador em um processo seletivo. Isso gera valor.

O mercado precisa se adaptar à desproporção de oferta e demanda de trabalho para os profissionais do mercado estarem aptos a gerenciar melhor suas carreiras. Eles precisam entender o que agregam à empresa com seu trabalho e como isso impacta em seus currículos. Esse valor integrado só funciona com o tempo; e o tempo é um fator, muitas vezes, esquecido nessas relações.

9 Como você acredita que será o futuro do trabalho e qual será o impacto em seu negócio, no mercado e nas carreiras?

Tendo a ser muito pragmático, por isso acredito que qualquer exercício de previsão para o futuro é somente um exercício. Você escreve algo sobre isso aqui, neste livro, e, em 20 anos, você vai ler e se envergonhar do que escreveu. Tudo é muito dinâmico para fazermos qualquer previsão. Mesmo pensando dessa forma, é possível falar sobre alguns aspectos que já estão acontecendo e, em breve, ganharão escala — por exemplo, o aumento da dinâmica da colaboração não presencial nos ambientes de trabalho. Para algumas empresas, isso já é uma realidade. Os funcionários dessas organizações têm uma dinâmica diária de relacionamento *across the globe*.

O desenvolvedor brasileiro é muito reconhecido lá fora devido à sua flexibilidade, por conta de seu pensamento mais inovador. Eu mesmo já perdi vários profissionais para o mercado na Holanda, Austrália, Estados Unidos. O relacionamento a distância, não presencial, no trabalho é uma realidade que ganhará escala no futuro.

Por sua vez, essa não presencialidade será refletida por devices cada vez menores e mais práticos para se trabalhar; assim, nossa comunicação será reformulada. Haverá a criação de ativos colaborativos a distância.

Acredito também que haverá uma dinâmica muito grande do mercado de trabalho do ponto de vista empresarial.

O futuro será dividido entre os donos dos ativos e o negócio de quem vende experiências utilizando esses ativos, alugando esses ativos. Não à toa já temos o Airbnb, sistema de oferta de hospedagem que não tem um quarto sequer, e outros negócios nessa mesma linha. Com certeza, essa dinâmica vai crescer.

==O consumo das pessoas será muito diferente. O mercado mudará o consumo e os negócios terão de se adaptar.==

A programação é outro aspecto importante do futuro. Do ponto de vista empresarial, as pessoas terão de ter algum domínio sobre programação no trabalho. Essa condição é meio inevitável. Hoje, já temos diversas escolas com disciplinas para capacitar em robótica e programação no ensino fundamental.

==No futuro, não vejo alguém ocupando uma posição relevante de gestão, indiferentemente de onde seja, no marketing, comercial, logística, operação, sem algum domínio de programação.==

Nesse contexto, talvez, a área de tecnologia suma. Talvez não precisemos mais de pessoas codificando, criando sistemas, porque isso não será mais um conhecimento restrito a uma parcela da população. Pode ser que essa condição descentralize esse saber, e é até positivo no ponto de vista do colaborativo.

10 Com o conhecimento que você tem hoje, se pudesse dar um conselho para você no início da carreira, qual seria este conselho?

Comece antes. Eu comecei a programar com 13 anos de idade, mas por muito tempo valorizei demais o fato de ser um desenvolvedor e dei pouca importância à parte de como seria possível criar negócios usando todo o desenvolvimento produzido. Poderia ter começado a trabalhar com 18 anos de idade, em vez de só ter entrado em uma empresa como o Submarino por volta dos 24 anos idade.

Outro conselho que me daria seria em relação à minha ansiedade: saiba controlá-la. Durante grande parte de minha carreira fui bastante ansioso. Queria criar resultados, me relacionar com as pessoas, profissionalmente e socialmente, e minha ansiedade me gerou mais problemas do que benefícios. Então, me diria: "Se tranquiliza, porque *hard work* e vontade de fazer resolvem grande parcela das situações."

A carreira é parte de um conjunto muito maior em nossas vidas. Além de profissionais, somos cidadãos. Não adianta de nada querer ser o melhor no mercado e não ser alguém bom para os seus amigos, parentes. Alguém bacana no seu condomínio, no bairro, na sua cidade, na sociedade. É preciso balancear as coisas.

Minha ansiedade acelerou muito minha carreira, me colocou em movimento, mas dava para ter tido um equilíbrio maior.

Talvez, meu principal conselho anos atrás, seria: "Balanceie melhor sua vida. Você está em uma maratona, não em uma corrida de um único sprint."

" *No Brasil, nosso mercado digital ainda é muito carente de profissionais com experiência. Por isso, não é difícil se movimentar em nosso segmento, encontrar oportunidades. A necessidade existe.*"

Felipe Pavoni

Felipe é assertivo quando fala sobre o mercado digital. "É um caminho sem volta e as empresas não podem subestimar o comércio eletrônico." Mas, apesar de sua certeza, ele reconhece como um superdesafio mudar a estrutura de uma companhia do varejo tradicional. Para ele, apesar de todas as evidências de mudança no comportamento da sociedade, muitas empresas ainda não estão maduras. Ele foca o desejo do cliente como uma das maneiras para conseguir fazer uma transformação digital nos negócios. "Do contrário, a empresa será 'atropelada'." Com quase duas décadas de trabalhos realizados no setor digital, Felipe concedeu a entrevista a seguir, em 2018, quando estava como diretor de e-commerce da rede de livrarias Saraiva.

1 **Qual o papel da formação acadêmica em sua trajetória profissional?**

Caí no mercado digital meio de paraquedas. Eu me formei em comunicação social e fui trabalhar com gestão de conteúdo para internet. Dali, minha carreira acabou seguindo para o mercado de varejo, para o comércio eletrônico, que lá atrás, quando fiz meu primeiro estágio em uma startup, ninguém entendia muito bem o que era. Ou seja, minha formação acadêmica foi um "gatilho" para entrar no mercado de trabalho. Ela me impulsionou para onde estou hoje, apesar de, efetivamente, não ter me gerado insumos ou embasamentos para minhas atuais atividades profissionais. Também é preciso entender que se hoje a gente tem pouca literatura sobre o mercado, imagine por volta de 2003. Mesmo assim, depois de minha graduação, dei continuidade aos meus estudos, fiz especializações, mas, na prática, meu maior aprendizado foi on the job, com meu network.

2 **Em que momento da sua carreira você percebeu a oportunidade dos negócios digitais e por que isso fazia sentido para você?**

Entendi as oportunidades de crescimento dos negócios digitais desde o começo de meu primeiro estágio na E-bit. Para mim era uma percepção muito clara. Nessa época, eu e meus colegas olhávamos para os mercados à frente do nosso, mais maduros nesse setor, e percebíamos nossas potencialidades e crescimento desse segmento. Contudo, não tínhamos muita certeza de como esse crescimento aconteceria, o tamanho que tomaria, mas estávamos muito seguros de sua evolução, afinal, o víamos como um mercado sem crise, sem riscos.

Os *valuations* eram superacelerados e os níveis de investimento, muito altos. Tínhamos certeza, "navegávamos em outro oceano". Nossas oportunidades eram diferentes quando nos comparávamos a outros setores da economia e essa percepção era generalizada, fosse no varejo, fosse entre os produtos digitais. Digo isso, também, por minha experiência no Terra. Trabalhei um tempo para eles e via os aportes chegarem. Sem dúvida, havia muitas oportunidades. E mais, apesar de os desafios serem muitos, não eram desanimadores.

3 **Quais foram os principais desafios que você enfrentou durante sua trajetória profissional e como conseguiu superá-los?**

Mudar a estrutura de uma empresa do varejo tradicional com modelo de operação em loja física é um superdesafio. Muitas empresas ainda não estão maduras para essa mudança. Apesar de saberem sobre a necessidade de evoluir, essa transformação não faz parte da cultura delas. Quando isso acontece, surgem muitas barreiras a serem superadas na gestão organizacional entre seus pares na companhia e esse movimento gera muitas dúvidas. Com certeza, esse é um dos maiores desafios em minha trajetória profissional. *Mas o que fazer para superar essa condição?*

É preciso começar a pensar com a cabeça do cliente, mostrar o que está acontecendo no mercado em vez de proteger estruturas da companhia. É preciso demonstrar o sentido dessas atitudes, do contrário a empresa será atropelada. Várias companhias deixaram o e-commerce de lado, dando oportunidade para outras corporações nascerem, crescerem e virarem gigantes. Ao estarmos inseridos em uma corporação, que possui vários negócios, esse é um desafio.

==Não se pode subestimar o comércio eletrônico. Não se pode subestimar o comportamento digital, ele é um caminho sem volta.==

4 **Como você vê o papel da cultura organizacional para a transformação digital? Cite aspectos positivos e negativos da cultura sobre a performance.**

A transformação digital não começa pela tecnologia. A tecnologia se compra, se desenvolve. Para a transformação digital acontecer é preciso estar 100% focado nas pessoas. O desejo da transformação tem de permear toda a companhia. Tem de estar em todos os níveis da organização; se não for assim, nada acontece. Essa transformação não é o processo, responsabilidade de uma única pessoa. De nada adianta se nomear o cara de *digital transformation* — nada vai acontecer. A companhia inteira precisa viver essa mudança.

O fato de ainda termos muitas pessoas, conduzidas pelo medo do novo, tentando proteger seu negócio é um aspecto negativo da cultura organizacional. Muitos profissionais temem o futuro, têm receio de perdas, em vez de olhar o cenário como oportunidade para crescimento e, inclusive, de geração de outros negócios.

Por outro lado, focando os aspectos positivos de sua pergunta, quando as companhias conseguem assimilar dentro de sua cultura organizacional as transformações, o nível de engajamento cresce. Obtém-se um impacto de resultados positivos muito óbvios, trazendo perenidade para a corporação.

5 Quais foram as lideranças inspiradoras em sua carreira e como foi seu relacionamento com seus mentores?

Tive algumas lideranças inspiradoras em alguns momentos de minha carreira e todas elas tiveram um importante papel para mim. Desde o início de minha trajetória como estagiário na E-bit, startup criada quando esse mercado ainda não existia. Os caras que montaram aquilo e dirigiram a companhia eram visionários, viam oportunidades onde ainda não tinha nada. Ter tido o privilégio de beber naquela fonte, de entender a visão de mundo deles, observar a geração de oportunidade criada pelas ações deles, foi um superaprendizado.

Outros aprendizados aconteceram quando fui trabalhar em companhias com outras atividades além do mundo online, e encontrei naqueles espaços lideranças que já entendiam a necessidade de virar a chave, apesar de toda a história da companhia de 40, 50, 100 anos. Eles compreendiam a necessidade de mudar e refletiam: "Sempre fiz desse jeito, mas o digital é um caminho sem volta. Preciso me transformar."

Houve, também, várias lideranças inspiradoras no sentido de falar: "'Meu', as coisas não são feitas dessa maneira." Assim, aprendi a fazer diferente.

O meu relacionamento com todas essas lideranças me ajudou a construir minha carreira profissional. Eles me trouxeram até onde estou. Ao longo desse caminho, sempre olhei muito para a maneira que todos eles viam as oportunidades. Estava atento ao que eles faziam e me espelhei neles para buscar coisas parecidas.

6 Quais são os fatores que você considera fundamentais para exercer a liderança em seu negócio e na sua posição?

Liderar como exemplo é fundamental, principalmente hoje em dia, com equipes de trabalho muito grandes e jovens. O líder precisa mostrar ação, pôr a mão na massa, estar junto de seus times para gerar engajamento. Nas atuais estruturas das companhias, não existe mais aquele líder que só manda fazer e depois cobra o resultado.

> É fundamental para o líder estar junto de suas equipes e fazer o trabalho acontecer.

Nosso mercado atrai muitos jovens, e eles precisam desse exemplo de liderança participativa. Isso é essencial para a existência de um novo modelo de gestão e liderança.

No ambiente do comércio eletrônico somos meio viciados em acompanhar os resultados dos indicadores e da performance. Queremos ter a informação em nossas mãos a todo o momento. Nós procuramos saber muito no detalhe, não só a primeira e última linha do negócio. Sabemos tudo que está ali no meio, o que potencializa o trabalho, o que derruba os resultados. Temos esse vício de acompanhar tudo, de conseguir testar e identificar as causas e efeitos. Isso é uma diferença do papel dessa liderança em comparação à liderança das companhias mais tradicionais. Em setores produtivos mais tradicionais, as lideranças não têm tanto essa característica.

7 Quais são as características que você mais valoriza em seus colaboradores?

Com certeza, a capacidade do profissional de se entender e se colocar como dono do negócio do qual ele faz parte. Passei a valorizar essa característica inspirado pelo convívio que tive com um dos líderes ao longo de minha carreira. Ele costumava brincar comigo, quando ia apresentar algum orçamento, algum projeto. Nessas ocasiões, ele me perguntava:

"Se fosse a Felipepavoni.com, você colocaria o seu dinheiro ali? Pense sempre nessa questão antes de apresentar um projeto, apresentar um orçamento", reforçava. Por isso, valorizo o profissional com esse pensamento, quem fala para si: "Eu tenho de ter amor ao dinheiro da companhia porque esse dinheiro é meu." Valorizo para caramba esse comportamento. Afinal, a empresa paga você, no final do dia. Eu não tenho "amor" aos fornecedores. Eu tenho "amor" ao dinheiro da companhia que paga meu salário, paga meu bônus. Valorizo muito essa condição.

Dentro de uma escala de valorização de capacidades profissionais, uma das que menos valorizo é a capacidade técnica, porque o técnico a gente ensina. Costumo dizer: "Prefiro pegar um cara que não conheça nada de AdWords para trabalhar com AdWords se ele tiver a capacidade de raciocínio lógico, entender de números, entregar relatórios, ter a informação na mão." Essas características são mais importantes do que ter alguém muito técnico. Alguém que saiba como tudo funciona, mas não tenha o perfil de acompanhar o trabalho em seus detalhes.

8 Como conciliar o crescimento exponencial dos negócios digitais com o crescimento da carreira, que muitas vezes não andam juntos e podem gerar frustração?

Esta é uma questão muito difícil quando se há um mercado *pure play* (dedicado a um segmento econômico); o crescimento de carreira, as estruturas de cargos, são bem diferentes das companhias fora desse modelo de mercado. Nesse sentido sofremos muito porque, ao contratarmos um jovem em potencial, ele acha que em seis meses já estará apto a se transformar em coordenador. Em um ano, terá condições para ser gerente e assim vai. Por isso, as lideranças precisam trabalhar com transparência, envolver a todos, sempre contar onde se está, qual o projeto em execução, quais são as oportunidades, os planos futuros, falar os porquês dos porquês.

> Quando a liderança não explica o desenvolvimento das atividades, não joga claro, perde-se o total engajamento dos profissionais.

Mas quando o líder tem outra atitude — revela à sua equipe quais são os planos da companhia, quais são as diferenças entre os mercados (digital e tradicional) — é possível ser bem-sucedido no ato de liderar, de engajar as pessoas. Contudo, dentro desse contexto, há uma questão importante: *os ciclos no mercado de trabalho do comércio eletrônico são diferentes. São menores.* Não há mais ciclos de trabalho de 15, 20 anos, como havia tempos atrás nas empresas. Atualmente, quem está nesse mercado motiva-se por projetos com ciclos de pouca duração, muitas vezes, de 2, 3 anos. Assim, se o líder não oferecer a esse profissional outros ciclos de atividades, essa pessoa facilmente vai procurar o mercado em busca de recolocação. Essa é uma prática natural em nosso modelo de negócio. Por isso, acompanhamos o intenso turnover de profissionais que, apesar de serem valorizados nas companhias onde estão, estão insatisfeitos com suas atividades. Afinal, o desafio profissional para essa pessoa já não serve mais. Para ela, seu período de trabalho ali está fechado. Ela quer pular para outro projeto. Como líder, nosso desafio é conseguir oferecer, dentro da companhia, outros ciclos de atividades para essa pessoa. É preciso se reinventar.

> No final do dia, a questão é se reinventar. Cada vez mais, os profissionais não querem continuar desempenhando as mesmas atividades, tendo o mesmo papel nas companhias.

Com esse comportamento, a cultura organizacional das empresas torna-se fundamental para reter talentos. É preciso oferecer essa reinvenção a quem a procura. As lideranças precisam enxergar a necessidade dessa renovação.

9 Como você acredita que será o futuro do trabalho e qual será o impacto em seu negócio, no mercado e nas carreiras?

Nossa maneira de nos organizar no trabalho mudará muito. Haverá muito mais trabalho em home office. A tecnologia será cada vez mais presente. O envolvimento operacional das pessoas nas tarefas vai diminuir consideravelmente. Diversos serviços serão automatizados. Trabalharemos com inteligência artificial. Nesse contexto, os trabalhos operacionais acabam diminuindo significativamente; sendo assim, será necessário desenvolver talentos para olhar mais para a gestão estratégica, para onde o negócio vai caminhar. Seremos menos braçais e mais intelectuais. Teremos de pensar mais para realizar as atividades. Aquele profissional executor perderá espaço pelo barateamento da tecnologia, quando isso acontecer o braço será substituído pela tecnologia. Nesse instante, precisaremos de profissionais mais habilitados a refletir, encontrar oportunidades a partir da análise de dados, de estatísticas, de informação de maneira geral.

10 Com o conhecimento que você tem hoje, se pudesse dar um conselho para você no início da carreira, qual seria este conselho?

Meu conselho seria: "Não vai ser fácil, mas você está no caminho certo." Às vezes, desconfiamos do que estamos fazendo, não é mesmo?! E refletimos: "Como eu estou em um negócio que não sei se vai parar em pé." É um caminho difícil, dúvidas aparecerão, mas é um caminho certo. Até hoje, não vivi nenhuma crise no mercado do e-commerce.

> No Brasil, nosso mercado digital ainda é muito carente de profissionais com experiência. Por isso, não é difícil se movimentar em nosso segmento, encontrar oportunidades. A necessidade existe.

Estamos em um ambiente meio atípico. Passamos imunes às crises. O Brasil tem milhões de desempregados, mas em nosso mercado essa não é a realidade. Conseguimos encontrar vagas de emprego, nos recolocamos com facilidade, damos saltos financeiros, mas esse cenário não era previsível quando esse mercado começou a surgir e tomar forma. Estamos evoluindo.

" A forma como o líder se comunica e influencia as pessoas é o segredo de qualquer empresa."

Flávio Dias

Flávio Dias sabe o que é "esmurrar pedra" para quebrar paradigmas do varejo tradicional. "Quando o digital ainda não estava tão impregnado em tudo o que fazíamos, acabávamos sendo muito mais um evangelista, um lobo solitário, dentro das organizações." Ele fala isso com a experiência de quem ocupou importantes cargos de liderança na área digital, entre os maiores varejistas do Brasil e do mundo, caso da Via Varejo e Walmart. Ao longo de sua trajetória profissional, seu maior desafio sempre foi construir modelos de inovação diferenciados para ser aplicados em ambientes corporativos mais tradicionais, e para isso precisou persistir, insistir. "Não esmorecer ao enfrentar as dificuldades sempre foi um desafio." Quando concedeu a seguinte entrevista para este livro, Flávio estava como chief executive officer (CEO) na Via Varejo, no processo de transformação digital do grupo.

1 **Qual o papel da formação acadêmica em sua trajetória profissional?**

Em qualquer profissão de sua escolha a formação acadêmica lhe dá base funcional para o exercício da sua profissão. Nesse sentido, costumo dividir em duas fases a minha formação acadêmica, a primeira durante a graduação; e a segunda nos cursos de pós-graduação.

Eu me formei em Engenharia Industrial de Produção. Nessa formação, aprendi muito sobre Termodinâmica, Mecânica dos Fluidos, Cálculos 1, 2, 3, 4 e 5, conhecimento esse pouco ou quase nada funcional à carreira profissional que decidi seguir. Eu não aplico quase nada daquele saber em minha vida profissional. Naturalmente, precisei complementar minha formação na pós-graduação, com estudos, mestrado, mais voltados às minhas atividades profissionais.

O período de minha pós-graduação me deu muita base funcional, mas, de qualquer forma, minha graduação foi extremamente importante para a minha formação como pessoa. Inclusive, os relacionamentos humanos estabelecidos naquele período, até hoje, me abrem portas e janelas no mercado profissional.

==É muito importante termos um bom networking.==

Toda a interação social vivida, intensamente, durante os anos de estudo, molda nossa personalidade para enfrentarmos as situações que aparecerão ao longo de nossas vidas. Valorizo todas as oportunidades que tive e, até hoje, busco aproveitar todas as minhas oportunidades, principalmente as interações com pessoas. Aprendemos demais quando estamos cercados por quem é diferente da gente, com capacidades diferentes das nossas. Os ambientes acadêmicos nos proporcionam esse tipo de interação. Eles catalisam essas interações e isso é fundamental.

2 **Em que momento da sua carreira você percebeu a oportunidade dos negócios digitais e por que isso fazia sentido para você?**

Ainda como estagiário, percebi as oportunidades dos negócios digitais, mas essa percepção também teve uma grande dose de sorte. Eu praticamente "trombei" com o digital quando fui aprovado pela seleção de estágio da Philips, em 1998.

Ao passar pelo processo seletivo, escolhi estagiar entre as áreas de comercial e marketing, desenvolvendo atividades para os distribuidores de informática, para as modalidades de venda programada, venda de consórcio, loja para funcionários.

Basicamente, tudo o que não era venda para o grande varejo caía na área de minha escolha, e por sorte, naquela época, começavam a surgir as primeiras operações de comércio eletrônico.

Aquela área foi eleita para receber e encubar o atendimento das contas. Eram contas muito pequenas, davam muito trabalho e ninguém queria pegá-las, mas a Philips, por meio daquela área, se posicionou na vanguarda. A empresa queria se transformar no melhor parceiro possível para atender ao esforço digital dos seus clientes. Então, decidi estudar o assunto, queria me apoderar daquele tema novo e meu trabalho começou a ser valorizado. Dentro da empresa, comecei a participar do fomento do mundo digital dentro do Brasil. Estou falando do início de década de 2000.

Participava de eventos, dava palestras, me tornei membro da câmera E-net; na época ela tinha bastante representatividade no desenvolvimento do comércio eletrônico no Brasil. Fui crescendo muito rápido e acabei mudando de lado do balcão quando aceitei o convite de Frederico Trajano para liderar a área de comércio eletrônico do Magazine Luiza. Daí em diante tive excelentes experiências de conduzir e implementar grandes operações de e-commerce.

3 Quais foram os principais desafios que você enfrentou durante sua trajetória profissional e como conseguiu superá-los?

Já tive vários desafios, mas grande parte deles está relacionada ao fato de parecer muito jovem para desempenhar minhas funções, para lidar com o tamanho da responsabilidade de minhas atividades. Sempre precisei mostrar aos meus interlocutores, sobretudo no início de minha carreira, que tinha condições de, junto com um time de pessoas capacitadas, liderar grandes movimentos no negócio.

É um obstáculo chegar em uma empresa do porte do Walmart (maior rede varejista do mundo) e desafiar o modelo de negócio deles. Sentar à mesa de reunião com executivos com 25 anos de experiência no varejo e expor um modelo de negócio diferente do que estavam acostumados a fazer.

- *Como executar um novo desenho de negócio na organização?*
- *Como fazer para demonstrar que, sim, era possível fazer novos acordos e contratos comerciais na estratégia do marketing?*

É muito difícil convencer executivos que já produzem resultados muito interessantes dentro de um modelo mental, de um modelo de negócio tradicional, mas quando convencidos, é preciso persistência na execução das operações. Nem sempre se consegue acertar de primeira. No aparecimento dos primeiros reveses, já tem a turma do "Eu disse que não ia funcionar". Nessas circunstâncias é preciso se manter firme e assegurar: "Vamos continuar tentando. Vamos nos adaptar. Vamos fazer outro caminho." E, no final das contas, mostrar que não é o caso de ter razão, mas de se ter uma estratégia distinta da tradicional, que considera conceitos não necessariamente dominados por todos e trabalhar em um ambiente de constante mudança. Esse sempre foi e continua sendo um desafio, mas, agora, muito mais de todos nós.

> Quando o digital ainda não estava tão impregnado em tudo o que fazíamos, acabávamos sendo muito mais um evangelista, um lobo solitário que tinha que ficar dando murro na pedra para poder conseguir quebrar os paradigmas.

Com a rapidez da evolução e das transformações do mundo, do comportamento do cliente, da adoção de tecnologia, do avanço do mobile e de tudo que vemos acontecer, os executivos mais tradicionais perceberam que o ambiente do trabalho mudou drasticamente. Agora, a mudança faz parte da rotina, a adaptabilidade passa a ser uma das características mais importantes.

Nossos principais desafios (do comércio eletrônico) sempre foram construir modelos de inovação diferenciados para rodar em ambientes mais fechados, com pessoas mais conservadoras, que não estavam preparados para receber esses modelos de negócio. Meus desafios sempre estiveram relacionados a essa condição e a não esmorecer ao enfrentar as dificuldades.

Construir solução para essas situações passa por uma ação conjunta entre as pessoas. É preciso se cercar de profissionais com vontade de ousar, abertos a grandes propósitos. Não importa o desafio enfrentado quando ao seu lado estão as pessoas certas. Quando você sabe trabalhar em conjunto com elas, tirar o melhor de cada uma, aprender com cada uma.

4. Como você vê o papel da cultura organizacional para a transformação digital? Cite aspectos positivos e negativos da cultura sobre a performance.

A transformação digital está relacionada, em 99% dos casos, às pessoas e à cultura; 1% é tecnologia. Só conseguimos transformar se as pessoas acreditarem e demonstrarem interesse para tal objetivo. Afinal, a cultura organizacional se expressa pelas atitudes cotidianas.

Hoje é preciso construir um ambiente profissional, no qual os colaboradores acreditem primeiro na visão do que está sendo construído. Eles precisam ter clareza, entendimento e demonstrar apoio à direção pretendida do negócio.

Outro aspecto importante é estabelecer um ambiente no qual as pessoas se sintam livres para expor suas opiniões e, de fato, serem ouvidas, criando circunstâncias para o trabalho ocorrer da melhor maneira possível. Elas têm de ter autonomia dentro das suas equipes para conseguir elaborar as soluções, as hipóteses, sem se sentir cerceadas ou punidas caso cometam algum erro.

É preciso também ser obcecado pelo cliente. Compreender o impacto das ações nos clientes. Também é necessário estar muito aberto a um ambiente de altíssima volatilidade, de muitas mudanças. Por isso, é fundamental correr atrás de novos aprendizados e ter uma dose muito grande de inconformismo, saber que dá sempre para fazer melhor.

> **Você nunca deixa de aprender, e você sempre pode fazer melhor do que fez antes.**

É importante considerar a *comunicação*, a *capacitação* e o *incentivo* como três pilares fundamentais para a transformação digital. Uma cultura não é criada, ou alterada, se não houver líderes muito competentes na maneira como se comunicam, desde a comunicação do seu propósito à comunicação do que está acontecendo na empresa, para manter as pessoas alinhadas aos seus objetivos.

No pilar de *capacitação*, é muito importante criar oportunidades para os profissionais se desenvolverem, dando-lhes acesso aos mais variados conteúdos para a ampliação de seu conhecimento, específico e genérico.

E em relação ao terceiro pilar, o *incentivo*, é preciso lembrar, de alguma forma, que as pessoas são movidas a incentivos, e a maneira como as recompensas são criadas — os mais variados reconhecimentos (não só o financeiro) — faz muita diferença para a transformação das empresas.

5 Quais foram as lideranças inspiradoras em sua carreira e como foi seu relacionamento com seus mentores?

Na minha carreira, tive muita gente que fez a diferença para mim. Serei injusto nesta resposta por não lembrar o nome de vários profissionais que para mim foram importantes, mas quero citar algumas lideranças muito inspiradoras.

Frederico Trajano, do Magazine Luiza, é uma delas. Ele me deu oportunidade de mudar minha carreira. Fred me colocou para ser líder de uma equipe gigantesca de colaboradores quando tinha pouca experiência com gestão de pessoas. Eu era acostumado a liderar times muito pequenos, nos quais era muito mais um coordenador de esforços. Ele me deu a oportunidade de liderar grandes equipes de trabalho e esteve junto comigo nos meus momentos difíceis. Por isso, ele é muito importante para mim. Era crítico quando tinha de ser e me apoiava quando necessário.

Outro nome é o de Carlos Fernando. Ele foi a pessoa que me deu a chance de trabalhar no Walmart. Apostou em mim, me ajudou a quebrar as resistências organizacionais em relação ao comércio eletrônico dentro e fora do Brasil. O fato de ele ter uma personalidade muito diferente da minha foi fundamental para eu me aprimorar como profissional, principalmente em meu estilo de gestão.

Carlos Fernando é muito duro na cobrança, muito rígido na entrega, e eu tinha muitas dificuldades em ser semelhante a ele nesses aspectos. Com muito respeito e sabedoria, ele me ensinou a importância de ter pulso firme quando necessário.

Preciso citar também Henrique Meirelles, outra liderança inspiradora. Ele me deu a oportunidade de liderar um grande projeto no setor financeiro, área na qual nunca havia trabalhado, quando me convidou para fazer parte da equipe do Banco Original.

Henrique me ajudou muito a entender como é fundamental, ao ser um líder, o desenvolvimento de habilidades políticas. Ele me preparou para lidar com diferentes forças de poder, desde os sócios do negócio até as autoridades públicas como as do Banco Central. Para mim, a experiência dele foi fundamental. Sua sobriedade foi decisiva para aprender a ter cautela na entrega rápida de meu trabalho. Ele costumava usar uma expressão que logo assimilei para a minha vida. Ele falava assim: "Devagar, que eu estou com pressa. Flávio, vou lhe ensinar uma coisa. Vamos devagar porque eu estou com pressa." Colocar em prática essa expressão me ajudou muito nas conquistas obtidas pelo Banco Original.

Mais recentemente, desenvolvi grande admiração por Ronaldo Iabrudi e Peter Estermann, que me trouxeram para os desafios da Cnova e Via Varejo. Eles apostaram em mim para liderar um dos maiores varejos do Brasil e sempre estiveram ao meu lado nas situações mais complicadas.

Quando aceitei o convite deles, pela primeira vez, tive a oportunidade de liderar empresas com capital aberto. Eles me ensinaram muito como deveria me relacionar com os Conselhos, com os acionistas, com os investidores. Para mim, a confiança deles tem um valor imensurável e me gera um comprometimento, uma vontade de fazer dar certo, uma energia, uma motivação única. De verdade, nada me motiva mais do que retribuir a eles a confiança que depositaram em mim.

6 **Quais são os fatores que você considera fundamentais para exercer a liderança em seu negócio e na sua posição?**

Alguns fatores são essenciais, mas entre eles acredito na existência de dois pilares. As lideranças precisam se importar, de forma autêntica, com a motivação de seus liderados; e precisam apontar os caminhos, os rumos do negócio.

O líder tem de valorizar muito as pessoas que trabalham com ele. Tudo ao se redor, todo o sucesso alcançado, depende do trabalho de dezenas, centenas, milhares de pessoas. Sendo assim, é preciso saber como atrair seus funcionários, cativá-los, motivá-los e recompensá-los adequadamente.

> A forma como o líder se comunica e influencia as pessoas é o segredo de qualquer empresa.

O líder precisa apontar a direção da corporação. Ele tem de ser um grande promotor da construção da visão dos negócios, situar as pessoas sobre o caminho da empresa. As lideranças têm de esclarecer o rumo dos negócios e motivar as pessoas a alcançá-lo. A visão de futuro do negócio é bastante importante.

Os líderes precisam construir o ambiente, as circunstâncias para que as pessoas certas, com a visão correta do negócio, consigam aumentar sua produção. A cultura organizacional ajuda muito à elaboração dessa realidade. Ela permite às pessoas atuar em um ambiente de respeito, com liberdade e autonomia para fazer o trabalho delas acontecer, em meio a um sistema de reconhecimento financeiro e de incentivos.

Líderes ajudam suas equipes a ter muito claro qual o conjunto de comportamento e crenças que as une no trabalho. É papel da liderança cuidar de todo esse sistema e fazê-lo perdurar para tudo funcionar em prol das pessoas, dos clientes, dos resultados do negócio.

7 **Quais são as características que você mais valoriza em seus colaboradores?**

Tem várias, mas considero importantes a capacidade e a vontade de resolução de problemas complexos, principalmente quando a solução encontrada acontece em conjunto entre as pessoas. É fundamental trabalhar em equipe; para isso acontecer, antes de tudo, é preciso ter respeito, valorizar as diferenças, saber ouvir e influenciar sem utilizar o poder do crachá, de sua autoridade. É preciso motivar pela comunicação de argumentos e ideias. Também é importante lembrar outra questão, a vontade e capacidade de se adaptar às demandas.

O tempo todo, buscamos pessoas curiosas, com vontade de conhecer e trabalhar em um ambiente em constante mudança. Profissionais interessados em conhecimento, que aprendem ao se relacionar com outras pessoas, lendo livros, vendo variados conteúdos. Pessoas que, ao viajar, procuram entender a cultura do país visitado, ter noção sobre os acontecimentos internacionais e como essas situações podem ser incorporadas ao seu cotidiano profissional. Enfim, são pessoas "esponjas", observando e absorvendo diversas situações o tempo inteiro. Tem ainda a questão de serem pessoas inconformadas com o *status quo*, indignadas com algo incorreto ou que pode melhorar.

> Valorizo quem tem essa vontade contínua e inquietude de sempre desejar fazer diferente, melhor do que fez ontem, no mês passado, no ano passado.

8 **Como conciliar o crescimento exponencial dos negócios digitais com o crescimento da carreira, que muitas vezes não andam juntos e podem gerar frustração?**

Muitos jovens querem, desde muito cedo, ser gerente, diretor, presidente da empresa e a verdade é: a velocidade da progressão de carreira muitas vezes não está *pari passu* com o tamanho das expectativas deles.

Apesar de ter tido um crescimento muito rápido em minha carreira, nunca sentei à frente de meus gestores para falar: "Você tem de me promover, senão estou fora. Vou embora da empresa." As promoções acontecem de forma natural, como resultado do trabalho entregue e da forma como ele é entregue. Quando essa condição é clara, quando os líderes conseguem comunicar essa condição a quem está junto deles, as pessoas percebem um ambiente propício para conseguir construir e conquistar seus objetivos. É preciso conversar, explicar a importância dos títulos das funções, do dinheiro recebido. Sim, esses fatores são relevantes, mas não são fatos mais importantes do que outros. Em nossa vida profissional temos um contexto com diversas variantes. O trabalho em si tem uma grandiosidade e, quando é feito da forma correta, as posições, o retorno financeiro, o crescimento na carreira, virão naturalmente.

Não acredito em ninguém que transforme sua ambição por crescimento profissional, que é até algo bom, em instrumento para pressionar pela progressão na carreira. Não acredito em autopromoção. Todas as verdadeiras promoções acontecem quando já se está exercendo aquele novo papel. Quando já se está desempenhando em um nível no qual é desnecessário pedir promoção para alguém. A evolução da carreira acontece naturalmente.

9 Como você acredita que será o futuro do trabalho e qual será o impacto em seu negócio, no mercado e nas carreiras?

O trabalho, como vários aspectos da nossa vida, vai continuar mudando muito. O esforço braçal será cada vez menos exigido. Afinal, a tecnologia consegue suplantá-lo. Boa parte de nossas decisões será auxiliada, em alguns casos completamente realizadas, pelos algoritmos ou inteligência artificial. Outro aspecto importante é a cultura da tomada de decisão com base nos dados.

Cada vez menos, teremos decisões puramente instintivas, baseadas em *feeling* ou com a justificativa de que "Foi sempre assim, então, vamos continuar fazendo da mesma maneira".

==Vamos ver o crescimento da corrida pela construção de ambientes que funcionem com base em dados.==

Nesse sentido, os profissionais capazes de construir esses ambientes ganharão importância e destaque no mercado profissional. As atividades de se montar infraestrutura, estratégia de como obter os dados, analisá-los, o trabalho para garantir a privacidade do uso desses dados serão muito valorizados. Precisaremos de profissionais para criar modelos para direcionar o funcionamento dos algoritmos, capazes de produzir *outputs* das informações obtidas para melhorar o desempenho do negócio, a experiência do cliente.

As empresas terão de estar mais próximas dos seus clientes. Elas vão ter de colocá-los, de fato, no centro das decisões, na maneira como tudo acontece na organização. A dinâmica competitiva aumenta a expectativa do cliente em relação a entrega de produtos e serviços. Portanto, quem não trabalhar dentro dessa realidade acabará se tornando obsoleto. A tecnologia e a inovação precisam ser valorizadas e usadas de forma criativa na empresa como um todo.

No futuro, a importância do trabalho multifuncional crescerá. Cada vez mais, as equipes colaborativas, com elevado grau de autonomia, serão mais importantes. Quando muito bem orientadas, elas vão produzir em ciclos de atividades mais curtos, tomando decisões, realizando testes, implementando novos modelos de ação para contemplar um objetivo maior da companhia.

A dinâmica de trabalho vivida no passado em estruturas estanques, distribuídas em departamentos, em meio a forte hierarquia, com grande influência e preponderância da opinião dos presidentes, vice-presidentes, diretores e gerentes começa a desmoronar. Agora, vemos importância de, cada vez mais, termos organizações horizontais, focadas na colaboração de equipes multifuncionais. Essa condição muda completamente a dinâmica do trabalho e tende a ser acelerada daqui para frente.

10 Com o conhecimento que você tem hoje, se pudesse dar um conselho para você no início da carreira, qual seria este conselho?

Teria tantos conselhos para a me dar, mas, objetivamente, penso em dois. Do ponto de vista de liderança eu falaria, com mais ênfase, sobre a importância da valorização das pessoas: "Se importe com as pessoas. Trabalhe melhor em conjunto com as pessoas e consiga tirar delas o melhor que elas têm a oferecer. E seja menos egocêntrico, menos individualista, na construção das soluções."

Do ponto de vista funcional, me desafiaria a ter sido ainda mais disruptivo, mais provocador. Estar mais atento e empático às pessoas, sendo mais disruptivo, é uma combinação muito poderosa de características.

Desde o começo de minha carreira, ter sido um cara mais irrequieto, mais questionador, curioso, com vontade de fazer diferente, desafiando o *status quo*, trabalhando melhor em equipe, teria me ajudado a fazer coisas ainda mais legais, ainda mais diferentes, com impacto ainda maior e mais precoce do que consegui fazer.

" *O segredo da transformação digital está nas pessoas.*"

Adriano Di Bella

Há mais de duas décadas no varejo, **Adriano** está à frente de importantes ações para transformação do comércio tradicional em comércio eletrônico. Para ele, grande parte dos conflitos nas organizações em relação ao setor digital ocorre pela resistência à nova forma de negócio gerada com o avanço da tecnologia. Quando concedeu a entrevista a seguir, em junho de 2018, ele ocupava o cargo de diretor de digital e e-commerce da Tok Stok.

1 Qual o papel da formação acadêmica em sua trajetória profissional?

Sem dúvida nenhuma minha formação acadêmica foi muito importante e acho que devemos separar essa "história acadêmica". Os estudos têm uma importância na base, nos fundamentos, em como você vai construir seu conhecimento e como vai atrás das informações.

Meu principal ganho da primeira fase de minha formação foi o de sempre ter estudado em escolas que, em vez de me dar as respostas, me faziam fazer as perguntas corretas. Acredito que essa condição continua sendo o meu maior desafio, aliás, um desafio de todos nós: *Como fazer as perguntas corretas?*

> Ao fim do dia, o melhor produto é aquele que resolve um problema real, e a gente só tem um problema real quando conseguimos fazer as perguntas certas.

No digital ainda somos carentes em termos de formação, principalmente profissionalizante, com cursos em que possamos aprender a trabalhar esse novo mercado, essa nova forma de nos relacionarmos. Precisamos saber como operar com as novas tecnologias, enfim, há um gap no setor. Já foi pior. Quando começamos, há 25 anos, tínhamos bem menos opção de estudo do que atualmente, mas a ampliação da formação educacional ainda é um nicho para trabalharmos.

2 Em que momento da sua carreira você percebeu a oportunidade dos negócios digitais e por que isso fazia sentido para você?

Como todo mundo, comecei no varejo tradicional e fui para o Submarino em 2005. Antes de lá, entre outras empresas, tinha tido uma passagem pela Ambev, momento no qual conheci, em eventos do setor, André Shinohara, que na época estava no Submarino. Ao comentar com ele sobre meu desejo de trocar de desafio profissional, ele me deu uma oportunidade para entrar no Submarino, e lá eu comecei a entender que as coisas mudariam muito. O e-commerce tem características diferentes do varejo físico.

> **No varejo físico, quando você paga, o processo de compra acabou. No e-commerce, por sua vez, quando você paga é que o processo começa.**

Essa constatação foi uma das minhas primeiras grandes rupturas, entender como a ordem das coisas seria invertida. Também foi importante perceber que, antigamente, os mundos online e offline eram muito distantes. As alavancas de um e de outro eram completamente diferentes. Outro ponto, um exemplo tradicional, é o frete, que no varejo físico não existe, enquanto no e-commerce ele é quase um instrumento de venda.

O comércio eletrônico me fez sair "de um piloto automático, em que o trabalho só é baseado em feeling" para entrar, efetivamente, em um universo de medições, mensurações e análise de dados para tomar decisões assertivas. Sem dúvida, essa condição foi bastante desafiadora, porque nós não nascemos nativos digitais. A gente ainda é um pouquinho adaptado. Passamos por um processo de convencimento de como usar os dados a nosso favor, em vez de continuarmos a tomar decisões empiricamente. Não há nada melhor do que você comprovar, mensurar, não só para tomar decisão, mas para fazer avaliações posteriores também. Observar o desempenho das ações tomadas, se questionar.

Projetando um pouco o mundo, as mudanças não teriam como ter sido diferentes. Não teria como o varejo tradicional continuar da maneira que estava; havia muito desperdício, muita oportunidade e nada era medido.

> **Quando a internet começou, sabíamos que aquilo, de alguma maneira, alavancaria o varejo.**

3 Quais foram os principais desafios que você enfrentou durante sua trajetória profissional e como conseguiu superá-los?

Todos os desafios têm a ver 100% com a ruptura entre gerações, entre processos, entre maneiras de fazer as coisas.

Como no começo o e-commerce tinha uma participação muito pequena dentro das empresas, todos os seus profissionais tentavam separar sua operação do varejo físico. Hoje, vemos que esse não é o melhor caminho, porque são criadas anomalias dentro da empresa e dificulta muito a integração dos canais de venda.

> A maioria dos conflitos e das rupturas no mercado está relacionada a como fazer a organização e entender as novas maneiras para se fazer negócio.

O principal evento que mostra bem os conflitos entre as formas tradicionais do varejo e as maneiras online do varejo ocorreu, de maneira mais evidente, com o surgimento dos marketplaces. Os varejistas se perguntavam: "Como vou vender em meu concorrente?" Para eles, aquilo era muito estranho.

O momento de chegada do marketplace foi o ápice de como tínhamos de atuar. As dúvidas eram muitas. "Como assim? Até ontem aquele era meu concorrente, agora, eu vou lá vender. Ele vai me pagar comissão?" E o ser humano é engraçado, a gente sempre procura primeiro ver o lado ruim das circunstâncias, ao invés de tentar ver o lado bom. Se falava: "Ele é meu concorrente. Eu vou levar tráfego de venda para ele", mas em nenhum momento se pesava: "Espere aí, então eu vou trabalhar com menos estoque, porque eu vou aumentar minha possibilidade de venda. Então, meu giro vai ser maior. Posso ter mais capital de giro."

Nesse sentido, a maioria dos conflitos, dos percalços existentes, foi sempre encontrar maneiras para convencer as organizações da viabilidade do digital. Identificar a maneira correta para abordar determinado tema e nos mantermos em evolução.

4 **Como você vê o papel da cultura organizacional para a transformação digital? Cite aspectos positivos e negativos da cultura sobre a performance.**

Esta para mim esse é a grande pergunta. Ainda estamos engatinhando neste assunto, não temos todas as respostas para esse tema, mas, sem dúvida nenhuma, os grandes projetos de transformação digital, consequentemente o sucesso ou não deles, têm a ver com pessoas. Cada vez mais, a tecnologia está virando uma commodity, e há opções.

Há três anos, a gente não sabia como unificar os estoques de uma companhia. Hoje, sabemos e temos ferramentas para fazer isso, mas precisamos que as pessoas estejam adaptadas às novas formas a esses processos. Gosto de lembrar uma história engraçada, quando penso em nossa adaptação às tecnologias.

O Waze mede o nível de digitalização de seus usuários; e o que significa isso? A maioria das pessoas com mais idade discute com o aplicativo. Ao ter a rota de seu destino traçada, argumentam: "Não! espera aí. Não é possível que o Waze está me mandando ir por esse caminho. Está errado." A pessoa não acredita que um robô, um algoritmo, saberá melhor sobre o trânsito do que ela, sendo que o programa lhe dá o melhor caminho. Eventualmente, claro, pode haver diferença de uma rua ou outra, mas dificilmente você chegará em menos tempo a seu destino se seguir o seu trajeto, em vez das indicações do Waze.

De certa maneira, esse comportamento dimensiona como o processo de adaptação das pessoas às novas tecnologias pode ser repleto de resistência. São vários os exemplos na adequação da mentalidade do varejo tradicional para o comércio eletrônico. Estabelecer a unificação dos estoques é um deles.

O estoque é do cliente — não é nem da loja física, nem do site. O cliente é quem tem de escolher onde e como quer comprar, e algumas organizações têm dificuldade para assimilar essa condição. Por isso, o segredo para a transformação digital está nas pessoas.

Muitas vezes quando o e-commerce vai falar com a loja, ou bem ela acha que o e-commerce vai roubar a venda, (hoje em dia esse pensamento está diminuindo), ou não quer dividir seu estoque. Aí, é preciso lembrar: *o estoque não é do e-commerce, nem da loja, é do cliente.*

Discussões desse tipo só nos fazem perder oportunidades, porque ficamos discutindo para quem vai a venda, em vez de refletirmos sobre qual seria a melhor experiência para o cliente. Cada situação de venda tem um contexto e precisamos avaliá-lo, como nos lembra o Google, ao falar sobre a existência dos *micromomentos*. Com a cultura de dados, estamos cansados de ver que o melhor cliente é o que transaciona em qualquer dos mundos, seja digital ou físico.

Em nenhuma das empresas pelas quais passei o cliente multicanal comprava menos do que cinco vezes quando comparado ao cliente de um só canal. Por isso, precisamos nos perguntar:

> Como criamos uma estratégia em que o cliente fique livre para decidir onde ele quer comprar, de acordo com suas necessidades?

Ajudar as pessoas a se digitalizar é uma tarefa difícil, porque estamos mexendo com hábitos, com costumes. Eu mesmo, de vez em quando, discuto um pouquinho com o Waze. Às vezes, falo: "Mas será mesmo, Waze? Deixe eu ver as rotas."

Algo que prejudica a adaptação digital das pessoas é a maneira como as empresas são estruturadas, seguindo preceitos tradicionais de RH. Não podemos dividir a empresa em áreas, porque essas divisões acabam se tornando silos e criam muros, dando a impressão de que há várias empresas dentro de uma única organização.

Se a estrutura das empresas for dividida por produtos, criando células empoderadas, teríamos um incrível nível de velocidade dos negócios, mas essa condição é muito disruptiva.

Em vez de termos departamentos de marketing, comercial, entre outros, teríamos clientes, a área logada do site, o check-out. E, em cada uma dessas células, haveria diferentes especialistas capazes de tomar a decisão sobre aquele determinado produto. De forma recorrente, isso teria efeitos exponenciais, mas ainda engatinhamos sobre esse modelo de negócio no Brasil.

5. Quais foram as lideranças inspiradoras em sua carreira e como foi seu relacionamento com seus mentores?

Infelizmente, no começo de minha carreira, na Ambev, meu chefe direto não foi um bom gestor, mas a empresa me deu noção sobre a importância da perseverança. Naquela época, Carlos Brito (hoje quase dono do negócio) estava dois níveis acima da posição que exercia, então, em termos coletivos, consegui conviver bastante com ele e isso me ajudou a entender a importância da perseverança. Ali, também entendi que toda venda é programada. Há uma rotina, um planejamento. É preciso se preparar para vender. As coisas não acontecem por acaso.

Depois da experiência na Ambev, fui para o Submarino, quando trabalhei com André Shinohara. Sem dúvida, o Shino é uma referência. Aliás, não só para mim. Várias das pessoas que passaram pelo Submarino, até hoje, o têm como mentor. Com certeza, ele foi o chefe de muitos profissionais que estão no mercado.

Ainda no Submarino, outra de minhas referências é Marcelo Ribeiro. Marcelo tem um jeito de liderar voltado ao engajamento do time que é muito interessante. Em equipes de alta performance, não adianta ter só técnica se elas não estiverem engajadas. Fazer esse engajamento é muito difícil.

==O papel do líder é engajar cada vez mais.==

Outra liderança inspiradora, pela pessoa que é, por sua ética, pelo jeito de resolver as situações sem oprimir ninguém, é Marcelo Ubríaco. Outro líder inspirador é Eduardo Kyrillos, dono do Shop2gether. Ele me ensinou muito sobre perseverança, sobre a importância de acreditar em uma ideia e persistir para vê-la acontecer.

6 Quais são os fatores que você considera fundamentais para exercer a liderança em seu negócio e na sua posição?

Sem dúvida nenhuma, engajar e inspirar. O líder tem essa função de engajar suas equipes de trabalho e inspirá-las. Seus liderados precisam vê-lo como um "solucionador de problemas" e não, necessariamente, como aquele que aponta o dedo para o que está errado. Quando os problemas surgem, a gente tem de resolvê-los logo, depois vemos o porquê do erro e avaliamos medidas para não o cometermos novamente.

No exercício da liderança, é muito importante ser franco e conseguir identificar a melhor maneira de produção de cada um para gerar empatia. Assim, cria-se um círculo virtuoso de engajamento. As pessoas rendem muito mais quando estão engajadas.

7 Quais são as características que você mais valoriza em seus colaboradores?

Inconformismo, resiliência e capacidade de análise. Cada vez mais, é preciso ter habilidades para realizar análises utilizando dados. Vejo essa condição como aprendizado, inclusive, para mim. Eu também não nasci sabendo fazer essas análises. Preciso me forçar a fazê-las.

Há uma expressão (não me recordo exatamente quem a falou) em que se diz: "Não importa se é pato ou pata, eu quero o ovo." Esse desejo pelo "ovo", indiferentemente de onde tenha vindo, tem a ver com essa questão da resiliência, da perseverança, do inconformismo. É como se disséssemos: "Eu preciso do ovo, então, eu tenho de fazer minhas atividades de alguma maneira para consegui-lo e não importa se ele vai ser de pata, de pato, de galinha, de ganso."

Como líderes, temos de incutir essa vontade nas pessoas. O grande rebote dessa condição está ligado aos millenials, afinal eles se frustram por qualquer motivo. Por isso, precisamos tanto falar em resiliência. Além do mais, eles não entendem que certas situações só podem ser conquistadas com o tempo, pela experiência.

8 Como conciliar o crescimento exponencial dos negócios digitais com o crescimento da carreira, que muitas vezes não andam juntos e podem gerar frustração?

O processo de motivação profissional tem que ser contínuo, ainda mais quando temos de lidar com a pressa da geração dos millenials. Por isso, quando as empresas conseguirem estipular novos modelos de trabalho, eliminando as divisões internas por áreas, esses profissionais se sentirão mais "poderosos". De fato, eles terão um "poder maior" na tomada de decisão, porque a estrutura do negócio será menos hierárquica.

Nos tradicionais modelos de trabalho, os millenials tendem a se frustrar mais porque não participam das decisões. Eles não participam da elaboração daquela decisão. Sendo assim, criar novos ambiente de trabalho, em que as equipes estejam organizadas por produto, é interessante para o engajamento das gerações profissionais mais novas.

Para eles, a mistura de áreas dentro de uma mesma célula é incrível pela geração de oportunidade de atividade desse modelo. Por estar inserido em uma célula de trabalho, o profissional acaba por realizar um determinado processo que nunca imaginaria que fosse fazer. Dessa maneira, as empresas despertam os talentos escondidos nos contextos tradicionais de organizações.

Devemos compreender como conseguimos adequar as pessoas. Como deveríamos distribuí-las nas organizações para, daí sim, conseguirmos fazer as transformações necessárias e acompanharmos tudo mais que vem por aí nestes novos tempos.

Os millenials querem tudo pronto e se esquecem da necessidade dos processos para conseguirmos que as coisas fiquem prontas. Essa geração precisa entender que as coisas não acontecem por mágica. É preciso método e organização. Temos de nos ater aos detalhes, e eles não gostam dos detalhes. É preciso colocar a mão na massa, levantar os dados, estudar os comportamentos humanos, de venda, entre outros.

> As coisas não acontecem sozinhas por mais que a tecnologia exista e seja avançada.

9 Como você acredita que será o futuro do trabalho e qual será o impacto em seu negócio, no mercado e nas carreiras?

Os escritórios não vão mais existir. As pessoas estarão conectadas por meio de hubs. As empresas colocarão suas necessidades e os profissionais realizarão seus trabalhos. As pessoas trabalharão por tarefas, não mais por cargos.

Quando efetivamente tivermos essas mudanças, em que o trabalho nas organizações não for mais dividido por área, mas por produto, em um primeiro momento, teremos mais sinergia. Mas essa mudança não precisa ser feita de imediato. A organização não precisa ser inteiramente transformada de uma vez só. Ela pode ser construída aos poucos, por células. As empresas que melhor entenderem isso vão atrair os melhores profissionais. Por outro lado, as corporações que não entenderem vão sofrer, vão perder talento, porque ninguém mais vai querer o trabalho tradicional.

10 Com o conhecimento que você tem hoje, se pudesse dar um conselho para você no início da carreira, qual seria este conselho?

Se pudesse voltar no tempo, um dos conselhos que me daria seria para tentar entender melhor o porquê das coisas antes de formular uma opinião a respeito. No começo de minha carreira, eu não fazia muita questão de entender profundamente os fatos ocorridos. Ou elogiava ou criticava, e essa postura sem uma maior compreensão dos motivos que levaram aos acontecimentos é um pouco vazia. Então, eu diria para me esforçar a entender melhor tudo o que estivesse acontecendo em meu caminho e, também, diria para ser mais paciente e resiliente.

" A cultura organizacional é a chave para a transformação digital acontecer em uma empresa."

Christiane Bistaco

Quando questionada sobre o momento em que teria percebido a oportunidade dos negócios digitais em sua vida profissional, Christiane não hesita em responder: "Não percebi. Fui 'puxada' para o setor." Mas essa "puxada" não teria acontecido fortuitamente. Um antigo colega de trabalho, que havia migrado para uma empresa digital antes dela, reconheceu em alguma de suas características profissionais habilidades para o segmento. "Tenho muita agilidade para resolver as situações." E assim foi: por uma indicação de um amigo, ela começou a trabalhar no setor no qual está completamente integrada. Em sua trajetória profissional, ela se transformou em uma das lideranças do segmento digital com mais experiência na indústria de cosméticos. Quando foi entrevistada, em outubro de 2018, era a diretora de e-commerce da L'Oréal Brasil. No começo de 2019, assumiu a direção de e-commerce da Época Cosméticos, do grupo Magazine Luiza.

1. Qual o papel da formação acadêmica em sua trajetória profissional?

A formação acadêmica é essencial principalmente por ela ser um caminho para a estruturação do pensamento. Isso é fundamental, inclusive, é mais importante do que o conteúdo ensinado em sala de aula. No mercado de trabalho, independentemente de onde você esteja, se em uma grande empresa ou em uma *startup*, quando seu pensamento é estruturado, você faz toda a diferença.

Quando fui trabalhar na Beleza na Web, a empresa tinha pouca relevância, não éramos nem o sexto player no Brasil. Mas, depois que saí de lá, estávamos como o segundo player. Meu pensamento estruturado ajudou o negócio a crescer. Conseguia organizar processos que eram feitos apenas por *feeling*, no instinto. Pensar de forma estruturada é um grande benefício adquirido na academia. Outro ponto importante do ambiente acadêmico é a diversidade de opiniões. A todo tempo, suas ideias são desafiadas.

Tive uma formação acadêmica com muita exposição internacional. Fiz intercâmbio, estudei na França, no Texas, e um de meus superamigos do MBA, que fiz lá fora, era PhD em Aviação. Ele tinha doutorado em construção de aviões. Esse cara me fazia perguntas que eu nunca tinha imaginado. Os questionamentos dele me desafiavam. Eram um exercício, e esse desafio o faz olhar por outra perspectiva, o estimula a criar confiança ao ponto de você refletir: "Eu não vou saber responder todas as perguntas, mesmo assim, está tudo ok."

O ambiente acadêmico vai desafiá-lo com perguntas que, muitas vezes, você não tem a menor noção das respostas e isso é bom; assim, você é capaz de construir confiança. É fundamental ter confiança sobre aquilo que você sabe (e o que você não sabe também). É importante constatar: "Isso aqui eu não sei e está tudo bem. Vou buscar esse conhecimento com outras pessoas."

Para minha vida, a formação acadêmica sempre fez muita diferença.

2 **Em que momento da sua carreira você percebeu a oportunidade dos negócios digitais e por que isso fazia sentido para você?**

Eu não percebi muito. Na verdade, fui "puxada" para o setor por algumas de minhas características pessoais, como a agilidade para resolver situações.

Depois de quase dez anos, uma pessoa que havia trabalhado comigo, quando ainda era estagiária, me chamou para me juntar à empresa dele. Ele apostou em mim, inclusive contra a opinião dos investidores de sua startup. Quando eles questionavam: *"Mas essa menina não tem..."*, ele os interrompia para contradizê-los: "Ela tem as características que vão ser boas para o desenvolvimento digital. E ela quer aprender."

==Aprender é muito importante na área digital. As pessoas têm de estar sempre aprendendo, porque no digital tudo o que fazemos hoje daqui a seis meses não funcionará mais.==

Então, assim, como *follower*, entrei no negócio digital. Eu tinha um grupo de amigos do tempo da faculdade que estava trabalhando no setor. Ao vê-los ali constatava: "Os caras mais inovadores que conheço, os que mais sabem das coisas, estão trabalhando nesse mundo." Aquilo me fez perceber oportunidades. Ali, estava acontecendo algo. Todo mundo estava indo para o e-commerce, para o digital, e de repente me veio o convite para fazer parte desse universo. Não quis deixá-lo passar; talvez não tivesse outra chance.

3 **Quais foram os principais desafios que você enfrentou durante sua trajetória profissional e como você conseguiu superá-los?**

Meu principal desafio é o de adaptação. Ao longo de minha carreira, mudei muito de área. Isso, de alguma forma, me dá um misto de vergonha e orgulho. Já fui de banco, de farmacêutica, estou no setor de beleza. Nesse caminho, em alguns momentos, trabalhava mais com a parte financeira do negócio; em outros momentos, mais com o marketing. Agora, nas minhas atividades junto um pouco de cada uma dessas áreas. Então, meu desafio é o de me colocar a todo momento em novos papéis e lidar com as diferentes dinâmicas de cada um dos lugares onde trabalho.

Quando entrei para a Beleza na Web, por exemplo, fui contratada para ser diretora de comercial e de merchandising. Detalhe: em minha vida, nunca tinha desempenhado nenhuma dessas funções; e, no segundo dia de trabalho, já tive de fazer uma promoção. Fiz um esboço da ação e fui conversar com o CEO. "Então, olha, eu pensei nessa promoção aqui", e mostrava minhas ideias para ele. Depois de um tempo, ele me responde: "Legal! Fala para fazerem um banner e coloca no ar." E eu: "Mas ninguém vai aprovar?"

Eu tinha vindo de uma farmacêutica. Lá, as ações passavam pelo jurídico, pelas ações regulatórias, entre tantas outras instâncias. Era um processo longo de aprovação, e naquele momento, ali, na Beleza na Web, não tinha ninguém para aprovar. Era uma dinâmica muito mais rápida.

Por isso, ressalto a adaptação como o meu maior desafio. Sempre tive de me adaptar a diferentes indústrias, a atividades profissionais distintas, mas essa necessidade me ajudou muito. O momento de adaptação é de sofrimento, você chega a duvidar de sua capacidade e se questiona: "Será que tomei a decisão correta?", mas depois das incertezas você sai mais fortalecido desses processos.

4 **Como você vê o papel da cultura organizacional para a transformação digital? Cite aspectos positivos e negativos da cultura sobre a performance.**

==A cultura organizacional é a chave para a transformação digital acontecer em uma empresa. Ela é quase a base de tudo.==

Vivi uma experiência incrível nesse sentido na L'Oréal, uma empresa centenária, com processos superbem estabelecidos, que precisa se transformar e está falando abertamente sobre o assunto, e criando condições e posições para essa transformação acontecer. Eu, por exemplo, entrei na empresa em uma vaga de trabalho que não existia. E mais: a cultura da L'Oréal prima pela melhor execução em todas as suas áreas. Lá, tudo tem de ser certinho, perfeito, da publicidade aos seus processos administrativos internos; assim, como encaixar a cultura digital nesse contexto, quando uma de suas premissas é: "Feito é melhor que perfeito"? Quando há o incentivo a se falar dos problemas, dos erros? Essas características são um clash com essa cultura de excelência. *O que fazer, então?* Se transformar, como a L'Oréal vem fazendo.

Considerando essa maneira do digital, a empresa passou a ter como um dos pilares de sua cultura o incentivo a se falar sobre os erros cometidos. Apesar de seus funcionários não quererem errar, eles precisam entender que está tudo bem caso errem. Essa condição não deve ser exclusiva da L'Oréal. Demais multinacionais tradicionais que desejarem se adaptar à nova realidade de mercado têm de se transformar, têm de saber reconhecer os erros, porque se não o fizerem não vão conseguir se reinventar.

No mercado brasileiro, você já observa algumas marcas locais com uma melhor posição de marketshare do que marcas de grandes multinacionais. Isso acontece porque elas não têm tanto medo de errar. Eles conversam com seus consumidores nos ambientes digitais, não ficam perdendo tempo aprovando posts. Gente, aprovar post para quê? Não faz sentido a empresa aprovar stories no Instagram. E aí entra um *complicômetro*.

Às vezes, os ambientes de trabalho nas multinacionais são muito políticos. As pessoas não falam abertamente sobre os problemas de suas áreas. Na verdade, elas odeiam falar de problemas. Elas gostam de mostrar como está tudo bonito. Quando fazem suas apresentações são sempre positivas, não falam do que deu errado. Essa condição demonstra a importância da mudança de mindset. É difícil, mas é muito importante.

> **Se você não falar das coisas que deram errado, você nunca vai melhorar, você nunca vai progredir.**

Em uma ocasião, na Beleza na Web, eu cometi um grande erro. Em 15 minutos, vendi 200 produtos por 1 centavo. Eram 200 perfumes importados no valor unitário de R$200,00 e eu os vendi por R$0,01. Dessa experiência, tirei uma grande lição para a vida.

Era a diretora comercial e não deixava ninguém subir, de uma vez, todas as planilhas com as abas sobre preço. Eu não confiava nas pessoas. Aquele erro foi um aprendizado. Eu não podia desconfiar de colegas de trabalho como estava desconfiando. Mas na Beleza era assim: "Errou? Está tudo certo, mas conserte seu erro."

Falar sobre os erros abre espaço para nos corrigirmos. Isso aconteceu na L'Oréal. Em minhas apresentações, eu mostrava alguns erros que aconteciam em algum canal de venda do digital e abria a apresentação do caso para refletirmos. É preciso ter essa prática assimilada na cultura organizacional, porque ela é chave para as transformações digitais.

5 **Quais foram as lideranças inspiradoras em sua carreira e como foi seu relacionamento com seus mentores?**

Sobre lideranças inspiradoras e motivacionais, sempre me lembro de dois antigos chefes que, aliás, eram de indústrias completamente diferentes. Um é o CEO da *Beleza* na Web, para mim um profissional superinovador, e o outro é a pessoa que me levou para a indústria farmacêutica.

Apesar de serem de ambientes profissionais distintos, eles tinham duas características muito parecidas: assumiam riscos e tinham muita confiança nas pessoas com as quais trabalhavam.

Eles estavam mais preocupados em fazer o que consideravam certo do que com o cargo que ocupavam ou se o dinheiro entraria na conta. Eles assumiam riscos com um propósito.

Quando olho para trás, sei que, em algum momento, cometi erros, e aí entra a questão da confiança mencionada. Apesar dos meus erros, eles mantinham a confiança na entrega do meu trabalho. Eles confiavam e davam autonomia para toda a equipe — esse comportamento é essencial para a construção de um bom ambiente de trabalho.

6 **Quais são os fatores que você considera fundamentais para exercer a liderança em seu negócio e na sua posição?**

Acredito em líderes inspiradores, que cativam. É superimportante inspirar e cativar os profissionais. Para mim não existe essa história de one man show, alguém supermaravilhoso que virá para empresa mudar tudo. De fato, não acredito nisso.

Nas organizações, os grupos de trabalho inspiram uns aos outros. Todo mundo ali trabalhando junto, compartilhando expectativas e erros, é cativante e inspirador. Gosto também de lideranças que se arriscam nas decisões de seu negócio.

7 **Quais são as características que você mais valoriza em seus colaboradores?**

A capacidade analítica é uma das que valorizo. Eu sei que por se tratar do mundo digital falar sobre essa característica é meio chover no molhado. Mas, de fato, a capacidade analítica é fundamental porque lidamos com uma grande quantidade de informação de alta complexidade, e, quando essas questões se juntam com as variantes das empresas, o cenário fica mais complexo, e é muito importante, nessa conjuntura, ter essa capacidade bem desenvolvida para conseguir responder às demandas rápido e de forma precisa.

Outra característica importante é *accountability*. Os profissionais precisam chamar para si a responsabilidade, principalmente, em um mercado como o brasileiro, ainda muito imaturo, com tanto por ser construído. No digital, ainda temos poucas pessoas com verdadeira expertise.

E os funcionários, para mim, têm de saber trabalhar em equipe, não querer aparecer mais do que o trabalho em si. Não supervalorizar sua formação ou querer resolver tudo sozinho. Eu não quero em minhas equipes pessoas que queiram aparecer mais ou acima do resto do grupo.

8 **Como conciliar o crescimento exponencial dos negócios digitais com o crescimento da carreira, que muitas vezes não andam juntos e podem gerar frustração?**

Para mim essa frustração mencionada por você em sua pergunta é indevida. Principalmente, quando estamos falando sobre quem está começando na área. É preciso haver uma separação entre o conhecimento técnico e o ritmo de evolução que essa pessoa vai conseguir em sua carreira. Muitas vezes o profissional é um superexpert, mas essa condição não faz com que ele, necessariamente, progrida rápido. Para ser promovido também é preciso ter experiência, ter tempo de trabalho. Eu valorizo muito a experiência.

O tempo de trabalho gera senioridade, habilita a pessoa a cargos mais altos, a ter mais poder de decisão. Essa nova geração mal começou a trabalhar, mas, por ser tecnicamente habilidosa, quer ser rapidamente promovida, quer tomar decisões complexas. Por isso, essa frustração é indevida, de certa forma. É superimportante ter vivido, ter experiência.

9 Como você acredita que será o futuro do trabalho e qual será o impacto em seu negócio, no mercado e nas carreiras?

Esta é uma pergunta difícil. Muito tem-se dito, mas o que eu imagino é um mundo de freelancers. As novas gerações estão cada vez menos apegadas a trabalhar em multinacionais. Essa nova geração busca muito mais satisfação do que o status de trabalhar para uma determinada empresa. Com isso, nós teremos algumas questões de como vamos estabelecer a transferência de conhecimento entre profissionais superexperts, trabalhando como freelancer, para as organizações. Eu não sei muito bem como vamos conseguir fazer isso.

> Neste novo mundo, é essencial saber como vamos fazer transferir conhecimento.

10 Com o conhecimento que você tem hoje, se pudesse dar um conselho para você no início da carreira, qual seria este conselho?

Eu diria para sofrer menos com a minha característica de assumir riscos. Como mencionei, mudei bastante de emprego e deixava para trás situações muito seguras, nas quais tinha reconhecimento, e fui me arriscar em situações completamente incertas. Então, isso me fazia sofrer. Sofria muito com essas decisões e o processo de adaptação. Eu me sabotava em pensamento, duvidando de minha capacidade. Então, se pudesse voltar no tempo, eu diria: "Sofra menos. Se não der certo, não deu. Tente de novo. Está tudo bem."

" *Criar uma cultura organizacional é fundamental para empreender. O seu estabelecimento não pode ficar para depois."*

Tiê Lima

Tiê é empreendedor digital e fundador de um dos primeiros marketplaces de moda no Brasil, com foco na venda de peças usadas. Ele é cofundador do site Enjoei e sabe o quanto foi difícil no começo "vender" a ideia do Enjoei para as pessoas. "Foi um dos meus maiores desafios profissionais." Principalmente, quando tinha de atrair talentos. As pessoas precisavam acreditar em sua palavra, em suas previsões de evolução de sua iniciativa. "No mercado digital é muito importante engajar as pessoas." Para ele, as empresas precisam estar sempre em construção. Dessa maneira, as lideranças se mantêm mais conectadas com os rumos do negócio. Em outubro de 2018, ele concedeu a seguinte entrevista.

1. Qual o papel da formação acadêmica em sua trajetória profissional?

Não tenho uma formação acadêmica tradicional, então para mim essa pergunta é especialmente diferente. Na época de minha graduação, eu saí da faculdade porque queria trabalhar com e-commerce e não via, naquele momento, nenhuma formação específica que me desse conhecimento suficiente para aquilo que queria desenvolver. Tudo era disperso. Havia muitas coisas para se fazer, tantas áreas eram completamente novas que nenhuma formação acadêmica, naquele momento, supria minha vontade de, com 20 e poucos anos, trabalhar efetivamente com comércio eletrônico.

Meu caminho no e-commerce, na verdade, começou quando fiz uma compra na Americanas.com. Naquele instante, me deu vontade de trabalhar no segmento. Então, fui realizar meu desejo. Dentro dessa perspectiva, a faculdade estava até consumindo o tempo que dispunha para buscar conhecimento sobre o que queria trabalhar efetivamente, a criação e o desenvolvimento de produtos, na época meu principal *drive* e "pegada", quando falamos de comércio eletrônico. Hoje em dia minha visão mudou. A formação acadêmica não é impeditiva; ela, inclusive, pode deixar as pessoas um pouco mais prontas para o mercado de trabalho, mas tudo depende da pessoa.

De certa forma, no Enjoei, temos uma prática contraditória com minha trajetória. Para algumas áreas específicas vamos a faculdades buscar pessoas prestes a iniciar suas carreiras para formarmos uma base. No Enjoei, alguns profissionais ascendem muito rapidamente, principalmente aqueles com capacidade de rápido aprendizado. Para mim é muito mais importante quanto tempo a pessoa demora para aprender alguma coisa do que a faculdade que ela cursou.

Gosto de perguntar: "Qual foi a última coisa que você aprendeu? Quanto tempo você demorou para obter esse aprendizado e por que resolveu aprendê-lo?" Assim, entendo como as pessoas se motivam, por que decidiram aprender alguma coisa e como elas fazem para chegar lá.

> No comércio eletrônico é preciso aprender as tarefas muito rápido e o intervalo de tempo para esse aprendizado está cada vez mais curto.

Eventualmente, o que havia aprendido não vale mais nada, nem sequer é base para meu crescimento, pelo fato de aquele conhecimento ter simplesmente deixado de ser necessário para o segmento. Por isso, a capacidade de aprendizagem rápida é a característica mais valorizada no Enjoei.

Ao analisarmos o desempenho profissional de nossos colaboradores, vemos o desenvolvimento diário dessa pessoa. O que cotidianamente aprendeu, conversou ou ensinou. Temos diariamente uma reunião de vendas e, no final desse encontro, eu peço, de verdade: "Me ensine algo. O que você tem para me ensinar sobre o dia de ontem? O que você aprendeu?" Adoro fazer essas perguntas independentemente da situação. Se a venda foi ótima: "O que você aprendeu?" A pergunta também é válida se for a situação oposta, se a venda foi muito ruim: "O que você aprendeu?"

Todo dia precisamos aprender algo novo. Esse aprendizado, inclusive, deve estar acima do resultado obtido. Por isso, a faculdade pode até ser uma linha de corte para a contratação, mas não pode ser a única ou fator determinante. Quem não faz uma faculdade tem uma trilha muito mais difícil para seguir no mercado profissional, como foi meu caso. É um caminho bem mais sinuoso. A minha trajetória esteve mais baseada na entrega de meu trabalho, e em uma entrega cada vez mais rápida, bem como na demonstração de minha capacidade de aprendizagem. Para mim funcionou, foi um jeito muito interessante de crescimento.

② Em que momento da carreira você percebeu a oportunidade dos negócios digitais e por que isso fazia sentido para você?

Percebi o potencial dos negócios digitais quando, pela primeira vez, entrei para fazer compras na Americanas.com. Aquilo simplesmente me fascinou. Aquele processo de compra e venda era como se fosse mágica. Clicava-se no produto, inseria os dados de seu cartão e, depois de um tempo, aquele item chegaria para você. Até então, não tinha experienciado nada igual como consumidor. Essa descrição, hoje em dia, pode até soar meio boba, mas naquele momento, para mim, era simplesmente algo encantador. E havia pouquíssimas pessoas fazendo aquele trabalho.

Então, o que me motivou ingressar no comércio eletrônico foi entender o que estava por trás de toda aquela operação entre fazer o *click* utilizando um mouse e ver aquele produto desejado chegar até você. Queria aprender como tudo aquilo funcionava e, a partir dessa motivação, minha trajetória no segmento começou. Inicialmente, passei a monitorar a oferta de vagas para o Submarino. Achava que trabalharia lá e, de fato, consegui. Entrei no Submarino e, depois de um período, fui levado para a Americanas.com. A partir daí, segui as mudanças do mercado. Fui para o Shoptime algum tempo antes de a Americanas.com comprar a empresa. Depois, houve uma junção de empresas ao Submarino, surgindo daquela união a B2W.

Meu começo de carreira foi muito interessante. Como era tudo novo, tive oportunidades. Constantemente, era envolvido em diversas frentes do negócio. Participava de decisões comerciais, eventualmente de decisões de marketing, de decisão de UX era uma grande exploração. Todo dia eu aprendia algo e aquela possibilidade de aprendizagem me fascinou. Nenhum dia era igual ao outro. Existia uma dinâmica muito estimulante. Claro, algumas pessoas não entendiam aquele cotidiano dessa forma, mas eu, sim, e era motivado por aquele ambiente. Ainda hoje é assim, todo dia é uma nova descoberta e acho que será dessa forma para sempre. Todo dia vai ser diferente.

3) Quais foram os principais desafios que enfrentou durante sua trajetória profissional e como conseguiu superá-los?

Nós trabalhamos com vendas e, na minha carreira, a venda mais difícil que tive de fazer, até aqui, foi a venda da ideia do Enjoei. A partir desse movimento, entendi: "O que há de mais importante a se fazer é vender uma ideia." Vou falar rapidamente sobre a trajetória do Enjoei para exemplificar essa afirmação.

Nós éramos um blog e, como missão, tive de vender para o mercado a ideia de nossa transformação em marketplace. Levantar capital para iniciar o negócio foi o primeiro passo, e conseguimos o dinheiro. Depois dessa fase foi preciso trazer profissionais para a iniciativa. Naquele momento surgia uma nova dificuldade. As pessoas desconheciam o negócio proposto. Mal sabiam o que era marketplace. Na prática, elas não tinham a mínima ideia sobre o que falávamos, e tínhamos de convencer os profissionais a virem trabalhar conosco. Éramos diretos na abordagem: "Olha, eu tenho esse blog e gostaria muito que você viesse trabalhar comigo." Ao fazer os convites, entendemos a necessidade de clareza sobre o negócio e a importância de ser cativante nas abordagens.

> Em minha carreira, um dos meus maiores desafios foi transmitir a visão do Enjoei como negócio para atrair talentos. Principalmente porque no começo não tínhamos nada, fazíamos tudo do zero.

Por isso, respeito muito essa história de estar sempre muito "próximo do zero", essa condição o mantém ativo. Quando se está no começo, você está sempre muito atento — muito atento para vender sua ideia. Sua visão tem de estar sempre aguçada para você ser capaz de realizar a venda.

Por isso, quando você me pergunta: *Quais teriam sidos os principais desafios em minha carreira?* Não tenho dúvidas: *A venda da ideia do Enjoei é o meu principal desafio.* Claro, tive outros desafios antes do Enjoei, mas todos estavam ligados a como fazia para uma empresa vender mais, como ampliaria as vendas de um produto específico. A partir do Enjoei, além de ter de lidar com os desafios naturais de volume de venda, precisei vender a visão do Enjoei, e essa venda tem de acontecer a todo momento. Essa condição precisa estar muito clara. Não posso esquecê-la nunca. Isso é desafiador e é um ciclo crescente.

Primeiro, capitalizamos para criar o Enjoei. Depois, vendemos o potencial dele para atrair profissionais. Quando começamos a crescer, estipulamos metas de expansão e percebemos que o Enjoei pode ir muito além do que já conquistou; isso desperta o interesse do mercado, que se pergunta como atuaremos em dez anos, como conseguiremos abraçar mercados cada vez maiores. Por mais que, como audiência, figuremos entre os maiores sites de moda do Brasil (estamos próximos da Zattini, Dafiti, Renner), eu quero ter certeza de que atraímos as pessoas não só por nossa marca, mas pela conexão com nossos planos de atuação em médio e longo prazos. A venda desse sonho tem se tornado meu principal papel na empresa, e a considero um grande desafio.

4 Como você vê o papel da cultura organizacional para a transformação digital? Cite aspectos positivos e negativos da cultura sobre a performance.

As empresas são compostas de uma grande ambição e a soma de várias ambições individuais, das pessoas que trabalham nesses ambientes. Os líderes têm de reconhecer que as visões individuais presentes nas corporações precisam se assemelhar ao seu objetivo como líder. Isso se conquista com trabalho diário. A performance é o resultado do quanto você, como gestor, é capaz de transferir suas projeções empresariais para aquele profissional que também está construindo ideais para a vida dele. Quanto mais conectado se estiver, mais rápido o resultado vai chegar.

Mas também é necessário entender que o resultado do que está sendo planejado, eventualmente, toma direções diferentes. Ao se construir uma empresa do zero, o olhar do líder sobre as decisões não pode ser tão fixo. É preciso ajustar-se às mudanças e ter certeza de combiná-las com as pessoas que estão trabalhando com você. Elas precisam entender as mudanças e têm de estar habilitadas a fazê-las rapidamente, junto com o líder, para manter a performance da empresa conectada.

Por exemplo, se a empresa estiver em um momento no qual a escala é a questão mais importante para o negócio, é preciso "setar" a companhia para olhar para esse fato e explicar por que, naquele momento, aquela condição é a mais importante para levar a empresa adiante. Passados alguns anos daquela decisão, pode surgir a necessidade de um novo ajuste. De repente, é preciso aprimorar as questões de margem no negócio, a lucratividade e assim por diante.

> **Os profissionais envolvidos com o seu negócio têm de compreender as movimentações promovidas, se elas são temporárias e como afetarão a empresa nos próximos anos. Todos precisam ter a mesma vontade de atingir os objetivos estipulados, temporários ou não.**

Por isso, a performance está ligada a quanto esses profissionais vinculam-se a essas movimentações. Ao mesmo tempo, as lideranças têm de entender quais são as características pessoais de seus talentos e o contexto nos quais eles estão inseridos na empresa. Os profissionais dos times têm interesses distintos. Para alguém da área de tecnologia, por exemplo, estar conectado com todos os acontecimentos da empresa pode representar o que é há de mais importante para ele, enquanto isso, o cara de marketing pode estar mais interessado, especificamente, no crescimento acelerado da companhia. Seja qual for esses momentos, os profissionais precisam estar alinhados à visão do líder, entendendo qual a importância de cada período da companhia para a sua trajetória.

Os grandes desalinhamentos ocorrem quando, em uma trajetória de dez anos, o líder movimenta a corporação, mas seus colaboradores não sabem exatamente o significado das mudanças. Nesse instante, performance e talentos são perdidos. O jogo sempre precisa ser combinado e as lideranças têm de estar próximas de quem compõe a empresa. É fundamental manter alinhado os profissionais ao seu redor no trabalho. Eles precisam receber, a todo o momento, o máximo possível de informação. As mudanças pretendidas necessitam transparência e comunicação. As pessoas precisam entender como as lideranças veem o negócio no presente e como o projetam para o futuro.

5 **Quais foram as lideranças inspiradoras em sua carreira e como foi seu relacionamento com seus mentores?**

Na verdade, me inspiro em empresas. Eu admiro aquilo que é construído e, consequentemente, quem está por trás dessa construção. Mercado Livre e Amazon são duas empresas inspiradoras para mim. No caso dessas corporações, quem as fundou ainda está tocando o negócio, ou seja, tenho admiração por esse modelo de empreendedor, capaz de ganhar uma escala gigantesca de operação e manter, ano a ano, uma alta performance. Admiro a mentalidade de Jeff Bezos, da Amazon, e Marcos Galperin, do Mercado Livre, em assegurar o crescimento de suas corporações a despeito do tamanho já alcançado por elas.

6 **Quais são os fatores fundamentais para exercer a liderança em seu negócio e na sua posição?**

Sem dúvida, o contexto de sua atuação. Essa questão, com certeza, foi uma das que mais tive de aprender principalmente tendo saído do "zero". Quando se começa a empreender, a liderança tem outro significado, sobretudo se essa liderança tiver saído de um ambiente corporativo estruturado, com muita gente e solidez.

Ao empreender em seu negócio, a pessoa, inicialmente, passa a viver em um ambiente completamente adverso ao das grandes corporações. Para começar, só há ela como líder. Ela é a única referência. Mas esse estágio não deve perdurar. É preciso formar outras lideranças. *E como dar esse passo? Como construir essas novas lideranças?* A resposta a esses questionamentos não tem nada a ver com a escala do negócio.

==Dar espaço para o surgimento de novas lideranças é condição relevante para um negócio pequeno ou para um negócio grande. Uma empresa tem de estar sempre em construção, para as lideranças se manterem conectadas ao que está sendo construído.==

Para algumas empresas isso acontece naturalmente. Outras, contudo, têm certa dificuldade. Muitas delas, aliás, têm esse entrave por na verdade serem uma grande manutenção de marketing share. Elas apenas mantêm objetivos, muitas vezes, meramente individuais, desconectados com o objetivo principal da construção do negócio.

> **Um líder precisa saber se constituir como líder e depois saber se distribuir como líder.**

Eu reconheço não ser um exemplo disso, porque tive que construir minha liderança de maneira muito rápida. Eu não estava preparado para ser a única referência e depois construir outras referências. Para mim, isso foi um aprendizado muito grande. Nos primeiros anos do Enjoei, tenho certeza, essa dinâmica não estava muito bem estabelecida, ela foi se estabelecendo ao longo do tempo, na construção de nossa trajetória.

Ao conversar com você, hoje, tenho essa capacidade de análise, mas, se nossa conversa estivesse acontecendo há cinco anos, eu não daria essa resposta — eu não via o contexto desse jeito. Certamente, tudo era um pouco mais bagunçado. Ao longo dos anos a empresa evoluiu, e, como líder, é preciso evoluir muito rápido para acompanhar as mudanças.

7 Quais são as características que você mais valoriza em seus colaboradores?

A capacidade de aprender rapidamente. Costumo sempre comentar com os profissionais em início de carreira, inclusive estagiários: "O único jeito de você aprender a dirigir é botar o carro na rua e dirigir. Simples assim. É preciso superar o medo e começar a fazer." Esse pensamento é válido para todas as áreas no Enjoei. Se percebemos que nossos estagiários de marketing, por exemplo, estão com muita vontade de realizar atividades, muita fome de fazer a primeira coisa, precisamos traduzir essa disposição em confiança. A primeira etapa é a confiança. Ele precisa entender que a sua força de trabalho resultará em algo concreto, isso é fundamental; geramos assim aquele primeiro tijolinho de confiança na pessoa e a incentivamos a fazer mais. Estimulamos o aprendizado e a velocidade nesse aprendizado, para aumentar a confiança naquilo que está sendo feito e fazê-la acreditar que, um dia, ela será capaz de acordar, tomar decisões, e que essas decisões podem mudar o rumo do negócio.

Eu proponho um desafio. Imagine sempre o que aconteceria se você não estivesse na empresa em que está. E se pergunte toda semana:

> Se você tivesse de se excluir dessa empresa, em um ano, como ela seria diferente? O que mudaria na empresa se você não estivesse nela?

Esses questionamentos farão você ficar com muita vontade de aprender e pouco apaixonado pelo tamanho do muro a ser construído — você ficará mais focado na quantidade de tijolos que está colocando para formá-lo.

8 Como conciliar o crescimento exponencial dos negócios digitais com o crescimento da carreira, que muitas vezes não andam juntos e podem gerar frustração?

O que você sugere em sua pergunta, para mim, é algo completamente individual. As pessoas podem, sim, crescer de acordo com a velocidade do negócio no qual estão envolvidas, mas para isso acontecer elas precisam estar mais rápidas do que o negócio. Se estiverem na mesma velocidade, o negócio não gera "delta" nenhum para elas. Mas, se estiverem mais rápidas do que o negócio, vão crescer ainda mais rápido em suas carreiras.

As empresas precisam promover projetos para os profissionais. Criar espaços para a evolução deles ser mais rápida quando comparada aos desafios propostos. Claro, isso varia de área para área, mas, se a empresa estiver crescendo em uma velocidade adequada, o líder consegue estabelecer essa dinâmica dentro da corporação.

É preciso balancear expectativas, a sua cadeira (figurativamente falando) tem de estar sempre um pouco maior do que você. Você não pode nunca estar sentado em uma cadeira menor ou muito justinha. O significado dessa imagem tem a ver com sua entrega e com a sua posição dentro do negócio.

Se você é um analista, vai lá e senta na cadeira do gerente. Você não precisa desse nome para se sentar lá. Vai e senta na cadeira do coordenador. Comece a exercer o papel da função, apesar de você ainda não ser efetivamente reconhecido nela. Não espere os títulos para começar a fazer as atividades, porque, se você estiver andando mais rápido, isso estará sempre acontecendo. É preciso lidar com essa condição. E mais, as pessoas têm de saber lidar com suas frustrações.

Eu nunca fiz a função do meu cargo e espero esse comportamento das pessoas. Tome a atitude de um ou dois passos para cima. De alguma forma, as pessoas esperam por isso. A empresa não vai levá-las até lá, as pessoas têm de entender isso. Você é quem se leva, e a sua velocidade vai determinar essa caminhada.

9 Como será o futuro do trabalho e qual será o impacto em seu negócio, no mercado e nas carreiras?

No futuro, os negócios, ainda entregarão valores fundamentais para a sociedade. Esses ambientes ainda serão relevantes, mas o que estará dentro da empresa em termos de força de trabalho, organização administrativa e de operação será completamente diferente dos modelos praticados até hoje. Esse é o desafio à nossa frente.

A velocidade de crescimento da inteligência artificial é muito rápida, ela é exponencial, como sabemos, e infinitamente superior à nossa capacidade de adaptação a ela. Esse descompasso de adaptação pode gerar um problema sistêmico na sociedade. Nós já percebemos no dia a dia que, de fato, quando você começa a inserir algumas das novas tecnologias da informação em seu negócio, especialmente a inteligência artificial, há um ganho em escala incontestável. Então, como líder, é preciso rapidamente fazer as adaptações de certas atividades, sobretudo as feitas manualmente, para essa nova realidade. Ao mesmo tempo, é preciso lembrar que são as características humanas as responsáveis por trazer valor para esse mundo desconhecido à nossa frente. É preciso saber como ter velocidade para se adaptar as modificações por vir.

Apesar de a revolução tecnológica ainda parecer distante, estamos experimentando uma série de coisas que vão se traduzir em verdade daqui a algum tempo. No Enjoei, percebemos a rápida evolução das ferramentas de análise de imagem. Cada vez mais, as máquinas interpretam nuances de significados da imagem. Em determinado momento, apenas pela análise de imagem, a gente vai saber por quanto nosso produto será vendido e em quanto tempo. Quando essa tecnologia estiver funcionando plenamente, teremos a capacidade de fazer ajustes necessários instantaneamente. Isso não é uma hipótese de ficção científica. Já fiz experimentos nessa direção e os resultados obtidos foram muito positivos. A introdução dessa nova maneira de comercializar nossos produtos impacta na atividade de algumas pessoas.

Em termos de moda, talvez, teremos máquinas influenciando hoje o que as pessoas vão gostar amanhã. Será algo completamente diferente do que estamos acostumados e as pessoas terão se adaptar no mercado de trabalho. Minha preocupação reside nessa adaptação, porque as mudanças podem acontecer de maneira exponencial e traumática. As empresas já falam de *minimum wage*, porque as pessoas vão ter de receber algo, afinal.

Os exemplos desse novo tempo são cada vez mais frequentes. Estão por todos os lados. Recentemente, vi um filme que me fascinou ao mostrar o embate entre a capacidade de execução das máquinas e a força do cérebro humano.

Há um jogo de estratégia amplamente conhecido na Ásia, chamado no Ocidente de *Go*, considerado mais complexo que o xadrez, pelo potencial de suas combinações. Havia um entendimento de que seriam necessários muitos anos para um computador bater um supercampeão desse jogo, mas a inteligência artificial jogou por terra essa crença. Esse encontro foi filmando e transformado no documentário *AlphaGo*. Vale a pena assisti-lo.

Nesse filme, é interessante notar o sentimento antagônico gerado ao assistir à disputa entre o cérebro humano e a máquina. Parte de você torce para o computador não conseguir vencer, outra parte torce para que consiga. Isso acontece pela vontade que temos de querer construir máquinas superpoderosas; ao mesmo tempo, temos certo receio de que esses inventos superpoderosos se sobreponham àquilo que consideramos mais valioso: nossa capacidade criativa, nossa capacidade artística. Isso gera uma grande confusão.

No documentário fica evidente que o ser humano tenta ganhar o jogo logo no início. Ele quer estabelecer rapidamente a vitória. O que fez o computador ao perceber essa maneira de jogar de seu oponente?

Ele passou a fazer movimentos incompreensíveis. Quem o via jogar não entendia suas ações e se perguntava: "Como assim? Ele pirou. O ser humano encontrou um jeito de quebrar a inteligência artificial." Mas, com o passar de algumas jogadas, ficou evidente que os movimentos do computador eram propositais. Aquele seria o único jeito, ao analisar o modo de jogar de seu adversário, encontrado pelo computador para ganhar a partida. A estratégia usada foi fenomenal. Como seres humanos, não temos toda a capacidade de "sangue frio" das máquinas.

10 Com o conhecimento que você tem hoje, se pudesse dar um conselho para você mesmo no início da carreira, qual seria este conselho?

De verdade, eu considero o início da minha carreira quando comecei a empreender, ou seja, 2014. Então, o que diria para mim, naquele momento? "Continue dando valor para o produto que você está construindo, para o serviço que você está criando, e não subestime a importância de criar tão rápido quanto isso uma cultura de valor e uma cultura de crescimento de pessoas dentro de seu empreendimento." Por que faria essa ressalva? Muitas vezes quando se está construindo algo surgem certos desejos. Entre eles:

- *Eliminar coisas que parecem que vão atrasá-lo.*
- *Preconceitos arraigados de grandes corporações.*
- *A ideia de que o importante é o produto na rua.*
- *O negócio precisa surgir rápido.*
- *Posso adiar o estabelecimento da cultura organizacional.*
- *Definir e estabelecer a relação de liderança pode ficar para depois.*

Se pudesse, falaria para mim lá atrás: "Todos esses itens acima são importantes. Tente fazê-los acontecer desde o primeiro dia de criação do Enjoei."

Com certeza, isso faria uma grande diferença para a minha trajetória. Teria salvado tempo. Acho que demorei demais para levar alguns desses aspectos em consideração.

" *Meu objetivo de carreira, como líder, é engajar os profissionais em um propósito maior do que as suas atividades cotidianas."*

Simone Sancho

A primeira experiência de Simone com o mercado digital, de certa forma, a frustrou. Em sociedade, com um grupo de profissionais egressos da área financeira, setor no qual começou sua vida profissional, ela criou uma startup de fidelidade para montar um negócio digital. Mas a pouca experiência do grupo com a empreitada fez a iniciativa virar um negócio offline, e ela decidiu buscar outros desafios. Em 2014, saiu da sociedade e foi trabalhar na Sephora para realizar um projeto que tinha como objetivo conhecer o consumidor da empresa e integrar a experiência de compra deles. "Queríamos ser um omnichannel em uma época em que esse termo era incomum." Foi aí que ela deu a "grande guinada" em sua vida profissional para o digital. "Passei a entender o mercado e ainda hoje sua dinâmica me impressiona. Não quero mais sair do setor." Ao longo dos anos, Simone se destacou na empresa com suas ações e, quando concedeu a seguinte entrevista para este livro, em 2018, ela era digital marketing & CRM executive manager para América Latina da Sephora.

1 **Qual o papel da formação acadêmica em sua trajetória profissional?**

Minha formação acadêmica é bastante ampla. Sou graduada em Relações Internacionais e pós-graduada em Economia e Inteligência de Mercado. Essa trajetória foi decisiva para minha carreira. Saí da faculdade com uma visão muito boa de mercado, de mundo, mas tinha coisas para construir, na prática; foi quando busquei me especializar com as pós-graduações.

Já trabalhava no mercado financeiro quando senti necessidade de continuar meus estudos, então a pós-graduação em Economia me ajudou bastante. A partir dela as coisas começaram a casar. Comecei a entender, de fato, como tangibilizar a estratégia em negócios, como olhar indicadores. Depois, com a conclusão dos estudos em Inteligência de Mercado, percebi como transformar em *business* e aproveitar espaços.

O percurso de minha formação acadêmica me ajudou a olhar as coisas de maneira mais abrangente; a não focar uma área especificamente, mas compreender como é possível entregar o *business*, a partir da organização das áreas. Carrego essa característica de análise como um *asset*.

2 **Em que momento da sua carreira você percebeu a oportunidade dos negócios digitais e por que isso fazia sentido para você?**

Sempre fui entusiasta do mercado digital, mas não havia trabalhado nessa área até 2011, quando tive uma experiência, digamos assim, frustrada no setor. Criei uma startup de fidelidade, cujo objetivo era montar um negócio digital. Mas fiz sociedade com um grupo de empreendedores que não vinham da área digital. No fundo, era um monte de gente do mercado financeiro querendo fazer um negócio digital. Foi uma experiência muito bacana, aprendemos muito, mas, efetivamente, não sabíamos fazer um produto digital. Então, a startup virou um negócio offline. O produto funcionou bem, aliás, funciona até hoje, porém deixei a companhia em 2014 sem entender o mercado digital como um todo.

Naquele ano fui para a Sephora, com o desafio de criar um programa de fidelidade e integrar os canais de venda. O grande objetivo não era o programa de fidelidade em si, mas conhecer o consumidor e integrar a experiência de compra dele. Essa, então, foi a minha primeira iniciativa para integração de canais em uma perspectiva digital. Lá, meu objetivo era conseguir uma informação unificada do cliente. Queríamos ser omnichannel, em uma época na qual esse conceito era incomum.

Por isso, considero o ano de 2014 como minha guinada para os negócios digitais. A partir daquele momento, passei a entender o mercado, não só sobre a perspectiva de CRM (*customer relation management*), mas também como business, como venda, como todas as áreas que o compõem. Hoje, não sei se quero sair algum dia desse mercado. Ainda fico muito impressionada com esse setor, com suas oportunidades. Ele é muito dinâmico.

3 Quais foram os principais desafios que você enfrentou durante sua trajetória profissional e como conseguiu superá-los?

O fato de ter passado por diferentes indústrias me fez ter vários desafios. "Nasci" em um setor muito organizado, o setor financeiro, que me serviu como escola. Quando me tornei trainee do Unibanco, passei um ano estudando. Foi uma experiência incrível, porque trabalhava uma semana por mês e, no restante do tempo, o banco me colocava para fazer formações.

Como comecei trabalhando em um setor muito estruturado, meu primeiro desafio foi sair desse ambiente para ir para um setor menor. Fui para uma seguradora que estava passando por um momento de reestruturação, portanto, estava desestruturada. Esse foi o meu primeiro desafio.

"Como saio de uma coisa totalmente organizada para uma empresa em construção?" Foi um desafio de mindset e foi muito importante, porque me levou ao meu próximo desafio. Aquela virada me preparou para meu segundo desafio, o empreendedorismo.

Ao empreender, toda noite, você coloca sua cabeça no travesseiro e pensa: "Meu Deus, se isso não der certo, além de não ganhar dinheiro, perco todo o meu patrimônio." O empreendedorismo envolve diversos riscos, o trabalhista, o de negócio. Dá um grande nervoso passar de um negócio em que você não é responsável propriamente pelos "lucros e perdas" para um negócio em que, sim, você é o responsável pelos "lucros e perdas"; e, caso a perda seja grande, ela impacta diretamente em seu patrimônio pessoal. Até então, nunca tinha vivido um risco daqueles. Por isso, o considero como o meu segundo grande desafio de carreira, que me levou para o terceiro desafio: empreender e ter um grupo de sócios com interesses absolutamente divergentes.

Esses foram os três principais desafios em minha carreira, mas acrescentaria um quarto. Depois de tudo isso, meu desafio foi me adequar ao mercado de trabalho, voltando a atuar em uma empresa.

Todas essas experiências me fizeram desenvolver flexibilidade, diplomacia, capacidade para gerir crises e me deram bagagem para estar no mercado digital, que é muito dinâmico, "maluco", e muitas vezes carente de processos e organização.

4 **Como você vê o papel da cultura organizacional para a transformação digital? Cite aspectos positivos e negativos da cultura sobre a performance.**

A área digital tem o papel "evangelizador". Nosso maior desafio é desenvolver uma cultura digital em empresas tradicionais, aculturar as pessoas sobre o digital, porque as lideranças, que ainda estão no topo da gestão das companhias, cresceram antes dos avanços do digital. Eles não nasceram com iPad.

Os presidentes das empresas, os profissionais seniores, os vice-presidentes, os CEOs globais nasceram em outra era e não entendem o negócio pelo viés do digital. Daí a importância de aculturar essas pessoas e desenvolver, entre elas, a cultura digital.

Desde que assumi as minhas funções na Sephora, esse tem sido o meu maior desafio e, para isso, crio estratégias constantes para traduzirmos nossas atividades, engajarmos toda a companhia e mostrarmos como trabalhamos. É essa condição que me leva a falar sobre a importância de demonstrarmos nossa cultura de performance.

Na área digital essa questão é fabulosa, porque você realmente vê o caminho das compras. Sabemos exatamente quais foram os fatores decisivos para as compras, qual foi o *last click* — isso gera uma cultura de performance. O time de digital busca pelos resultados, hora a hora, ele é viciado em vender.

Talvez o grupo de digital dentro da Sephora seja o de maior orientação para a performance. Até a equipe de mídia social, que podia investir mais livremente, hoje, olha os resultados de suas ações, observando quanto as mídias sociais participaram do caminho de compras.

> Para a transformação da cultura organizacional, a aculturação da companhia, dos gestores, é fundamental. Esse é o nosso desafio.

5 Quais foram as lideranças inspiradoras em sua carreira e como foi seu relacionamento com seus mentores?

Minha primeira liderança inspiradora foi o *head* da Unicard, Carlos Formigari. Ele é um estatístico com ideias brilhantes de negócio e teve uma carreira exponencial no Unibanco, em decorrência de seus movimentos muito acertados. Trabalhamos juntos por muito tempo e viramos sócios na NetPoints.

A facilidade que ele tem para traduzir dados em ações de negócio sempre me inspirou muito. Vou dar um exemplo de algo incrível feito por ele na Unicard. Quando ele ainda geria a área de cartões, olhou a base do segmento e percebeu que as pessoas não utilizavam todo o limite do seu cartão, porque os lugares, antigamente, por conta das maquinhas, ou só aceitavam Visa ou só Mastercard. Ou seja, as pessoas tinham limite de crédito pela restrição dos estabelecimentos comerciais em aceitar as bandeiras dos cartões. Ele intuiu isso, fez uma pesquisa para comprovar esse fato e falou: "As pessoas não gastam mais no cartão porque a bandeira não tem aceitação." Então, ele propôs a seguinte ação para o *head* de crédito: "Olha, em vez de emitirmos mais plástico, quero emitir 'cartões gêmeos'. Quero emitir para o mesmo cidadão o Master e o Visa. Mas, fica tranquilo, nós não precisamos aumentar o crédito da pessoa, só precisamos compartilhá-lo." Esse projeto virou um case, foi o que mais adicionou à carteira de crédito do banco, e ele nasceu de uma pessoa curiosa analisando a base de dados.

Carlos foi na contramão. Enquanto todo mundo queria oferecer mais crédito, ele disse: "Não, o problema não é de oferta de crédito. Tem um monte de usuário com folga, sem usar os créditos. Vamos fazer eles consumirem o resto do limite. Por que eles não o consomem? Porque não têm a bandeira legal, vamos emitir dois 'cartões gêmeos'". Ele parou de ver o problema da forma como todo mundo via e foi buscar uma solução diferente, porque é uma pessoa curiosa, que olha os dados.

Outra liderança que me inspira é Flávia Bittencourt. Sou fã de carteirinha dela. Ela é uma líder absolutamente inspiradora. Tem uma visão estratégica muito grande aliada a uma imensa habilidade de arquitetar as coisas, de organizar, de colocar o "estrangeiro na página do Brasil".

Em reuniões com ela, as pessoas entram completamente pessimistas em relação ao ambiente dos negócios no país, mas, após se encontrarem com ela, saem se perguntando: "Por que não investir mais, não fazer mais por aqui?" Ela tem um "sambalelê", uma habilidade muito grande como influenciadora organizacional. Sabe mostrar os dados corretos, fazer a abordagem correta. Flávia sabe como contar uma história e envolver as pessoas.

Carlos e Flávia são duas lideranças inspiradoras. Ambos pensam fora da caixa, organizam histórias e conseguem mover pessoas.

6 **Quais são os fatores que você considera fundamentais para exercer a liderança em seu negócio e na sua posição?**

Meu objetivo de carreira, como líder, é engajar os profissionais em um propósito maior do que as suas atividades cotidianas. As pessoas não trabalham para um gestor, elas trabalham para um propósito mais amplo, elas "compram" visões. É muito pouco motivacional chegar para alguém e falar: "Faz essa planilha para mim." As pessoas se motivam com outra abordagem. "Olha só, estou com um projeto aqui, quero vender lá para fora, e a gente vai 'transformar o mundo', o negócio vai acontecer, mas, para isso dar certo, preciso dessa planilha."

Mostrar a visão do negócio e dizer o que você quer engaja muito mais do que, efetivamente, apenas pedir uma tarefa. Essa postura faz a diferença e é um aspecto fundamental para exercer a liderança.

Outra característica importante é a proximidade, tentar entender o que as pessoas estão fazendo e como é possível ajudá-las. Eu, por exemplo, não peço algo e fico olhando. Se vejo o cara ficar no escritório até tarde por algo que pedi, fico também. Sento do lado dele e falo: "Olha, sou uma 'toupeira', não vou ajudá-lo, mas você quer que eu pegue um café para você? Eu pego." Isso gera confiança, afinal, sou a líder e não a chefe.

O chefe pede e vai para a academia malhar. O chefe pede e você faz. Com o líder é diferente. O líder o acompanha, fica com você. Ainda mais com essa nova geração que trabalha por ideais. Ela não nasceu para viver sob hierarquia, ela trabalha por gostar daquilo que está sendo proposto.

Como líder, outra característica importante é saber reportar o trabalho das pessoas. Conseguir mostrar como as tarefas do trabalho foram executadas por todos, contar uma história consistente do *business* para que todos tenham visibilidade e sejam reconhecidos pelo que fizeram. Eu amarro todo o trabalho feito com os resultados. Conto uma história como se fosse a de um filme.

7 Quais são as características que você mais valoriza em seus colaboradores?

A primeira delas é ter comprometimento. É preciso estar muito comprometido e preocupado com o resultado. Não é fazer por fazer. Tenho um time muito comprometido com o negócio. Eles trabalham não porque "Simone pediu para fazer", mas respondem aos contextos, "porque a venda está 20% abaixo e isso não pode acontecer"; "porque as mídias não estão performando bem"; "porque o produto não está saindo". Valorizo demais o comprometimento e a iniciativa, a proatividade na execução das tarefas.

O segundo ponto é ser *data oriented*. Tenho um time muito criativo, ao mesmo tempo, tento trazê-lo para um lado mais de *data*. Não adianta ser muito criativo, vender milhões, se no fim do dia não entra quase nada de dinheiro no cofre.

A terceira característica é ser flexível, porque as coisas mudam o tempo inteiro. Se você tem alguém muito *by the book*, muito *straight*, você terá problemas no negócio digital. Esse, por exemplo, foi o problema que tive quando entrei no setor. Eu era muito organizada. Eu segurava as ações para fazer análises, para ver os resultados. Percebi que aquilo me atrasava. Se ficasse estudando tudo antes de colocar no ar, perderia um dia de vendas e a concorrência estaria sempre à minha frente. Percebi, então, que *precisava de uma dose de loucura*. O digital precisa de velocidade, e tive de aprender a tê-la. Por isso, valorizo pessoas flexíveis com capacidade para se adaptar às demandas.

8. Como conciliar o crescimento exponencial dos negócios digitais com o crescimento da carreira, que muitas vezes não andam juntos e podem gerar frustração?

Para cada passo dado em sua carreira, o próximo fica mais difícil, porque você caminha em direção às posições mais estratégicas. Então, sua evolução profissional é mais rápida quando comparada ao aparecimento de vagas mais adequadas em cargos de comando, de gerência, direção, presidência, colocações essas sempre mais escassas. Para os millenials, aceitar essa condição é muito difícil. Sou dessa geração e sei o quanto somos ansiosos.

Precisamos entender o momento das companhias. Nem sempre a empresa consegue oferecer a posição desejada pelo profissional. Nessas circunstâncias, a pessoa pode procurar outra oportunidade, mas também pode exercitar sua paciência.

Um profissional de performance se exige muito e, após fazer suas entregas, já está em busca do próximo desafio, mas as coisas não acontecem nessa medida, por isso surge a frustração. O exercício é conseguir lidar com esse sentimento. É preciso ser flexível. Sobre obstáculos e frustrações na carreira profissional, quero destacar também o quanto a mulher é atingida nessas situações.

Como mulher, enfrentamos diversos preconceitos, e, muitas vezes, esse preconceito atrasa ou impede nossa evolução. Este é um assunto muito difícil, mas não pode ser esquecido.

Não estou aqui falando de uma empresa especificamente, mas da discriminação no mercado de trabalho como um todo. São vários os exemplos, dos mais simples aos mais complexos. Com frequência, ouvimos perguntas sobre maternidade, se vamos querer ter filhos, se estamos em idade fértil. Lembro-me de, em um processo de contratação, quando a decisão final estava prestes a ser tomada entre dois candidatos, um homem e uma mulher, e a empresa baseou sua decisão pela condição de gênero. Ela contratou o homem porque a mulher poderia ter filhos a qualquer momento.

==A discriminação contra a mulher no mercado de trabalho, aos poucos, está diminuindo, mas ainda existe e é bastante frustrante. Espero que isso acabe o quanto antes.==

9 **Como você acredita que será o futuro do trabalho e qual será o impacto em seu negócio, no mercado e nas carreiras?**

O futuro do trabalho já está acontecendo, vem da área digital e passa pela flexibilidade do dia a dia, da hierarquia, por um mundo em que as pessoas estão conectadas ao celular, fazem suas tarefas e estão ligadas às redes sociais. Essa dinâmica me parece ser o futuro do mercado de trabalho. Por sua vez, as organizações ainda olham com maus olhos para pessoas com esse comportamento.

Certo dia, estava em um workshop de RH quando o facilitador da atividade falou: "Vocês têm de desligar o celular. Vocês têm de prestar atenção." Imagina, ele está fazendo um workshop só para os líderes da companhia, *como assim desligar o celular e prestar a atenção? Não poder abrir o notebook?* Isso me pareceu um pouco do que se falava quando era trainee em 2006.

Hoje, não me vejo pedindo para o meu time: "Gente, desliguem seus celulares, desliguem os notebooks", porque nosso comportamento mudou, a história mudou, e, se mudou, será que tenho de continuar com as mesmas práticas, dizendo "Fiquem atentos! Desliguem os celulares"? Precisamos nos atualizar e dizer: "Prestem atenção e mantenham tudo ligado aí, porque sei que vocês são multitasking."

Em 2016, recebia reclamações do tipo: "Esse garoto só vive em rede social. Toda vez que passo por ele, ele está no notebook, está no Facebook." E eu dizia: "No meu time, ele é a pessoa que mais entrega. Se ele passa dez minutos trabalhando e o restante do tempo no Facebook, I don't care." Se o cara, em apenas uma hora do dia, consegue me entregar tudo o que precisa e mostra ser eficiente, não serei eu quem vai ficar gerindo como ele opera o resto do tempo dele, se olha ou não alguma rede social.

Esse tipo de cultura é o futuro do trabalho, o futuro das organizações. Não preciso me preocupar se o cara está em casa, é performance, tenho de aceitar que ele é um *device*, que tudo está conectado. Às vezes, o cara está em uma rede social e aquilo não necessariamente o atrapalha. Ele até pode, ao estar em uma rede social, ver uma tendência e transformar aquela informação em ação para o negócio. Temos de evoluir e, para isso, precisamos nos exercitar diariamente. Às vezes, as organizações estão muito presas a dogmas, a paradigmas. O futuro é se adaptar.

10 Com o conhecimento que você tem hoje, se pudesse dar um conselho para você no início da carreira, qual seria este conselho?

Talvez pedisse para a jovem Simone ter um pouco mais de paciência, ser menos ansiosa e aceitar as coisas um pouco melhor. Eu sempre me cobrei para ter bons resultados em minhas atividades. Essa característica prejudicou minha saúde. Literalmente, me deu rugas. Por isso, se pudesse me dar um conselho, anos atrás, seria para encarar as coisas com mais leveza.

Toda a minha ansiedade, a vontade de acontecer, de me tornar gerente jovem, uma líder jovem, de ser a melhor em tudo que fazia, de fato, comprometeu minha saúde.

Como sempre fui muito focada em carreira, meu conselho seria para ter mais tranquilidade, para aproveitar melhor a jornada e não ficar focada no fim dela. Eu não aproveitei tanto a jornada por sempre estar muito focada em seu fim, em conseguir os cargos que desejava, os resultados, atingir a performance.

" Empresas com uma forte cultura têm mais alma, atraem mais talentos."

Leonardo Cid Ferreira

Em 1998, Leonardo era cliente da Amazon. Naquela época, ele estava no fim de seu ensino médio, na Suíça, e se considerava um *heavy user* do digital, mas ainda não entendia a extensão daquele universo. Um ano depois, em 1999, já como estudante universitário nos Estados Unidos, comprou seu primeiro computador pelo eBay. Sem nenhuma experiência, criou "no escuro" uma operação de varejo eletrônico e uma agência para oferecer serviços online, que foi vendida para a Accenture em 2015. Os anos se passaram e aquele garoto inexperiente se transformou em investidor e conselheiro de várias startups nas áreas de *direct to consumer products* e tecnologia. "O líder precisa acreditar em suas ações, do contrário, não conseguirá exercer sua liderança." Em outubro de 2018, quando concedeu a entrevista a seguir, Leo era mannaging director da Accenture Digital para a América Latina.

1 Qual o papel da formação acadêmica em sua trajetória profissional?

Minha formação acadêmica tem mais a ver com a troca entre as pessoas com quem convivi, e o aprendizado das minhas experiências de vida ao longo dos anos como estudante, do que com a literatura oferecida pelos cursos de minha formação em si.

Aos 15 anos de idade, saí do Brasil e fui estudar em um internato na Suíça. Lá, fiquei por 3 anos e depois fui para Boston, onde estudei na Bentley University, instituição com foco em Finanças e Economia. Eu queria ir para o mundo dos bancos. Grande parte dos alunos da Bentley, naquela época, ia para o J.P. Morgan, Morgan Stanley, entre outros. Aquele era o sonho.

As pessoas da minha geração, naquele período, sonhavam em sair da escola para trabalhar direto em um grande banco. Eu segui esse caminho. Trabalhei em banco por um ano e meio e só depois comecei a minha vida de empreendedor, já dentro do mundo digital.

Ter saído da casa dos meus pais, aos 15 anos de idade, para estudar em um internato, em um mundo desconhecido, me ajudou muito a tomar decisões e reconhecer riscos. Ali, estava sozinho, não tinha em quem me apoiar, mas tinha de tomar decisões, enfrentar as situações. Isso foi superbacana. Assim, como também foi superpositivo quando fui para Boston, nos Estados Unidos, estudar entre os 18 e 22 anos. Lá, escolhi fazer Administração de Empresas com foco em Finanças e tive de me impor para competir com os outros alunos. Mais uma vez, tive de lidar sozinho com aquela situação. Essa vivência me fez amadurecer.

Alguns anos depois, entre 2007 e 2009, fui para a Virgínia fazer MBA, no qual, basicamente, fiz estudos de casos. Esse foi um período de bastante aprendizado. Porém, se você me perguntar quais foram as empresas e os casos que eu aprendi, não saberei lhe dizer. Por outro lado, consigo apontar-lhe os cinco caras que mais me ajudaram a construir raciocínios dentro do meu objeto de estudo. Por isso, acredito, de fato, nessa troca, na importância que minha interação com as pessoas teve como contribuição para a minha vida profissional.

2) Em que momento da carreira você percebeu a oportunidade dos negócios digitais e por que isso fazia sentido para você?

Em um determinado momento de minha vida eu tive de me reinventar. De certa forma, comecei a empreender por necessidade, não por ter percebido as oportunidades dos negócios digitais.

Por inúmeras razões, fui condicionado a trabalhar no setor financeiro, mas o banco no qual trabalhava fechou e a partir daquele acontecimento tive de repensar minha vida. Decidi, então mudar de planos e fui empreender no que gostava.

Na minha época de escola, desde 1998, eu já era cliente da Amazon. Também era cliente do eBay, onde comprei o meu computador da faculdade, em 1999. Sempre fui um *heavy user* do digital, sem saber que aquilo era digital, porque, para mim, meu comportamento era natural.

Seguia no meu empreendedorismo e, cada vez mais, me atraia pelo caminho digital. Achava muito legal a possibilidade de vender online para qualquer pessoa no mundo.

Durante meu MBA, nos Estados Unidos, criei uma loja virtual e vendia produtos para Alemanha, Suécia, Peru, Chile. Lembro-me, inclusive, de uma venda para a Guatemala.

Quando o Facebook começou nos Estados Unidos, somente os e-mails .edu podiam ter contas, e eu tinha um desses. Por isso, comecei a criar comunidades e mandar para as "minhas lojinhas", uma espécie de marketplace. Usava as lojas digitais para vender o que eles tinham nas lojas físicas. Também usava o Amazon Web Services, chamado à época Amazon Web Store, onde era possível criar um front e o hosting era todo da Amazon. Era uma atividade fácil de fazer, mesmo com pouco conhecimento.

Para um cara que estava sem dinheiro, que estava se virando, era maravilhoso. Eu pegava o estoque da loja de alguém na Virginia, criava um Amazon Web Store, criava Apps no Google, vendia os produtos e ganhava um percentual de venda. Para um empreendedor isso é mágica, pois você não precisa colocar dinheiro, não precisa achar investidor. Não é preciso fazer nada disso.

Sempre fui um cara de vendas e, quando comecei a empreender, o que mais me fascinava era o fato de as vendas acontecerem também no digital. E por que eu gostava mais do digital? Porque tinha dados. Entendia o que estava acontecendo com as vendas. Entendia o retorno das propagandas no Google.

Ao empreender, criei uma agência focada em vendas e ela chegou a ter algo em torno de 53% do comércio eletrônico transacionando no mercado de mídia digital brasileiro. Aquilo era o normal para mim.

==Se soubesse que o digital seria o digital que é hoje, teria comprado ações da Amazon e da Apple lá atrás.==

3 Quais foram os principais desafios que você enfrentou durante sua trajetória profissional e como conseguiu superá-los?

A inexperiência foi meu principal desafio. Como era inexperiente, me sentia "navegando" em uma escuridão. Não sabia ao certo o que estava fazendo, mas entregava valor. Como consequência, criava uma empresa. Uma coisa é hoje você, Gabriel, me propor: "Léo, vamos abrir uma agência juntos?" Tanto eu quanto você sabemos mais ou menos o que devemos fazer para conseguirmos abrir essa empresa. Hoje, temos bagagem. Sabemos qual caminho seguir. Por isso, meu principal desafio foi a "escuridão", foi andar sozinho.

==Criei uma agência sem saber o que era uma agência.==

Quando criei uma agência, não sabia quem era a *WPP* [grupo britânico de publicidade]. Não sabia quem era a Publicis [grupo francês de publicidade]. Ou seja, eu não sabia quem eram meus competidores.

Por outro lado, aquele desconhecimento tinha um benefício. Não me comparava a ninguém. Buscava atender meu cliente no que precisassem de mim. Eu executava e criava. Por isso, melhorar meu atendimento era um desafio. Eu não tinha de me adaptar ao que os outros estavam fazendo, mas precisava aprender e criar o novo, a partir do que acreditava, baseado na demanda de meus clientes.

4 Como você vê o papel da cultura organizacional para a transformação digital? Cite aspectos positivos e negativos da cultura sobre a performance.

Gosto bastante de uma frase de Peter Drucker para responder essa pergunta: *Culture eats strategy for breakfast* ("A cultura faz da estratégia seu café da manhã", em tradução livre). Para mim, esse conceito faz todo o sentido, mas é difícil acreditar nessa afirmação até, de fato, ela ser vivida. Às vezes, as pessoas confundem cultura com as atividades realizadas no dia a dia, consequentemente, esse pensamento torna-se muito teórico.

Costumo visitar startups e grandes empresas. Às vezes, chego a algumas organizações e vejo os mais jovens jogando sinuca. Nessas situações alguns empreendedores ou executivos me falam: "Aqui nossa cultura é a de jogar sinuca." Ao ouvir tal afirmação, me pego pensando: "Isso não é cultura, isso é uma atividade feita por algumas pessoas e não tem muito a ver com a cultura da empresa como um todo."

Estou aprendendo, ao longo do tempo, a entender o papel da cultura dentro da performance de uma organização. Para mim, a cultura precisa ser absolutamente real. Ela surge com o passar dos anos. Não é simplesmente algo falado por todo mundo.

Nós estabelecemos a cultura, nós a determinamos. É preciso afirmar: "Eu quero ter 'isso' como cultura." E, na sequência, rituais são criados a partir dessa determinação e a pessoa passa a tomar as decisões estratégicas da cultura da sua empresa baseando-se em suas definições. Só dessa maneira será possível observar os resultados gerados pelas decisões tomadas; e essa condição não tem a ver com estratégia de negócio. A cultura é um pouco mais.

Sobre este tema, gosto de lembrar a Natura como exemplo. Eles têm uma cultura muito forte, enraizada. O estabelecimento da cultura na Natura foi proposital, planejado. Eles não testam os produtos nos animais por uma questão de marketing. De fato, eles abominam esse procedimento. É um comportamento ideológico. Eles acreditam no posicionamento que têm.

A Natura é uma empresa de grande impacto social e ambiental, e essa condição é tão importante quanto o lucro gerado pela empresa. Isso é cultura, definir quem você é: *"What do you stand for?"* Com esse questionamento verdadeiramente respondido, as decisões tomadas, cotidianamente, ocorrem de forma espontânea.

A Natura definiu sua cultura e a aplicou de maneira legal. Ou seja, em termos práticos, a cultura não é não testar produto em animal, essa é a consequência da cultura. Quando as empresas têm uma forte cultura, seja ela qual for, não tem certo e errado. Essas empresas têm mais alma, portanto vão atrair mais talentos. Isso faz uma enorme diferença.

> O segredo não é você olhar para o lado para tentar fazer igual, é melhorar por dentro. É um processo interno, uma força que vai fazer com que você transforme o negócio.

5) Quais foram as lideranças inspiradoras em sua carreira e como foi seu relacionamento com seus mentores?

Apesar de não os conhecer, têm dois caras inspiradores para mim. Um deles foi o Jeff Bezos, da Amazon. Ele não administra a empresa para o mercado financeiro e gosto muito dessa atitude. Ele fala: "Administro minha empresa baseado no meu consumidor, não no mercado financeiro." Ele está sendo verdadeiro sobre sua afirmação e, com essa postura, impacta o mundo, faz mudanças em escala global. Sempre me inspirei muito nele.

Outra inspiração é Steve Jobs. Dez anos antes de Jobs lançar o iPhone, eu acompanhei uma palestra dele para developers. Durante sua apresentação, alguém da plateia perguntou o que diferenciava os produtos da Apple de seus concorrentes. Ele respondeu: "The consumers" — o consumidor. E foi além:

> *"We start with the consumer. [We try to find] What incredible experiences can we give to the consumers and turn it back to technology. We do not sit down with the engineers to figure out what awesome technology we are going to do."*

> *Em tradução livre:*
> *"Nós começamos pelo consumidor. [Tentamos encontrar] quais são as experiências incríveis que podem ser oferecidas ao consumidor e depois aplicá-las à tecnologia. A gente não se senta com os engenheiros para descobrir qual incrível tecnologia vamos elaborar."*

Jobs expressou esse pensamento por volta de 1997 e hoje, no final da segunda década do século XXI, todas as palestras que eu ouço falam sobre customer experience. Ou seja, há 20 anos, Jobs havia enxergado o que, atualmente, é entendido como a maior descoberta do mundo.

Bezos e Jobs, por mais clichê que possa soar, me inspiraram. Principalmente, a fazer aquilo que acredito ser o correto, a despeito do comportamento do status quo.

Em relação aos mentores, nunca tive alguém específico. Sempre busquei pessoas para me aconselhar. Quando minhas questões são relacionadas à vida, recorro ao pastor Ed René Kivitz. Ele é pastor de uma Igreja Batista e, com ele, me aconselho sobre como ter uma vida holística. Sempre tento estar próximo dele para me inspirar.

Também tenho alguns mentores do mundo dos negócios, pessoas de meu relacionamento a quem busco conversar quando me aparecem dúvidas como: se devo vender minha empresa; se digo sim para um cliente; o que fazer diante de atitudes drásticas? Nessas encruzilhadas, tento buscá-los para me ajudar a construir o raciocínio que me levará a encontrar uma resposta.

==Nunca tentei achar em meus mentores respostas prontas. Sempre tentei achar neles a sabedoria para encontrar minhas respostas.==

Essa atitude me fez perceber: quando fui conversar com alguém para buscar respostas, em 100% das vezes, me dei mal. Por outro lado, quando tentei achar a lógica para construir meu raciocínio, em 100% das vezes, me dei muito bem.

6 **Quais são os fatores que você considera fundamentais para exercer a liderança em seu negócio e na sua posição?**

Não há regra para exercer a liderança, mas, em meu cotidiano, considero fundamental acreditar no que estou fazendo. Acreditar em "por que estou fazendo", não só "no que estou fazendo". O importante é: "Por que eu estou fazendo."

==O líder precisa acreditar em suas ações e nas ações da empresa. Do contrário, ele não consegue exercer a liderança.==

Para mim é fundamental ir ao cerne das situações e falar: "Eu vou tomar 'tal atitude', porque, ao tomá-la, chegarei mais próximo do meu objetivo."

Hoje, para exercer a liderança no meu negócio, no fim do dia, preciso falar muito mais "não" do que "sim". Essa postura, contudo, machuca muita gente ao longo do caminho. Ou seja, para falar "não", é preciso ter muita clareza dos objetivos.

Junto a essa postura de constantemente dizer "não", é preciso ter uma forte ética de trabalho, que tem a ver com a ética da vida. Essa condição lhe mostra quando você deve dizer "não" e quais são os seus limites. O indivíduo precisa estabelecer para si linhas éticas e não as ultrapassar, não mentindo ou fazendo fofoca. Não se deve passar para frente aquilo que não se ouviu ou algo que não trará valor para os fins do negócio.

Para o líder é, absolutamente essencial ter clareza de seus objetivos, saber aonde se quer chegar com os "nãos" necessários de serem ditos; e ter eticamente definidas quais são as linhas intransponíveis para atingir o objetivo do negócio.

7 **Quais são as características que você mais valoriza em seus colaboradores?**

A resiliência, até porque se eu não fosse resiliente, com certeza, não estaria aqui conversando com você. A resiliência é a resposta do que você precisa ter para ser bem-sucedido. No trabalho, é preciso testar para acertar. Testar e errar inúmeras vezes. Receber 50 nãos para 1 sim requer muita resiliência.

Atualmente, tudo é mais imediato, devido à cultura digital. Aperto um botão e me aparece um carro. Aperto outro botão e ouço minha playlist. Aperto mais um botão, e pago o café. Por esse comportamento imediatista, criamos uma geração que desiste muito rápido.

Essas pessoas pedem um carro no Uber, demorou sete minutos, elas já se irritam e mudam de aplicativo. É uma cultura com pouca resiliência. Por isso, entre meus colaboradores, admiro quem fala: "Vou fazer o que tem de ser feito. Quando vier um problema grande, vou picotá-lo, resolver um a um, e a soma das resoluções fará com que esse problema se resolva."

Valorizo também colaborador com o "espírito de dor". Para mim, essa característica é absolutamente fundamental, porque o colaborador demonstra autonomia ao tê-la. Ele não vai depender do outro para resolver os problemas. Ele não dependerá de ninguém. Obviamente, ele terá inter-relações com um monte de gente para solucionar as questões a ele apresentadas, mas profissionais com essa atitude veem os problemas como deles. Exemplifico. A partir do momento que te falar:

"Gabriel, você tem de escrever um livro." Cara, o problema é seu.
Você me responde: "Ah, o editor desistiu."
"Não importa!" e insisto: "Você quer o livro?" Se a resposta for: "Quero", então você vai ter de achar outro editor.
"Vá resolver o seu problema."
Eu faço isso com meus filhos. Quando minha filha fala:
"Papai, quero a chupeta."
Eu falo: "Ótimo, vai lá e busca a chupeta."
Aí, ela me responde: "Não! Quero a chupeta."
Eu digo: "Ótimo, você vai buscá-la."
E ela me diz: "Não! Ela está no berço."
Eu a questiono: "Você não alcança? Então, vamos pegar um banco para você alcançar. Filha, você é a dona da sua chupeta."

Este é o "espírito de dor". Ter essa ideia de que "o negócio é meu", independentemente do que for, faz uma tremenda diferença.

E, por fim, a ética. Para mim, a ética está relacionada a ter ambição e estipular limites de ação. Fazer o que é correto para os stakeholders. Não ter uma cabeça egoísta, mas também pensar no ambiente onde você está e no negócio.

Em síntese, *resiliência*, *espírito de dor* e *ética* fazem para mim um colaborador que chamo de *low-mentoring*; esse colaborador não gasta o meu tempo com picuinhas. Posso investir meu tempo nesse profissional para ele "voar".

8 Como conciliar o crescimento exponencial dos negócios digitais com o crescimento da carreira, que muitas vezes não andam juntos e podem gerar frustração?

Na vida não tem *short cuts* (atalhos). Michael Dell costuma falar: "A Dell demorou 15 anos para ser um 'sucesso da noite para o dia'."

Eu gosto de citar o exemplo da atuação de Sergey Brin e Larry Page no Google. Ambos, apesar de fundadores, foram ao mercado para contratar profissionais para o cargo de CEO, por considerarem que há pessoas mais bem preparadas do que eles para a função. Com essa atitude, eles tiveram a humildade e reconhecem o fato de existir no Google atividades mais adequadas para outros profissionais.

No Facebook, várias pessoas se perguntam se Mark Zuckerberg não é novo demais para ter o poder que tem. Mas Zuckerberg não está sozinho, ele tem pessoas perto dele. Sendo o líder do negócio, ele colocou gente ao seu lado para sustentá-lo, para não o deixar fazer nenhuma "besteira", para que não tropece e caia.

Aos 27 anos, uma pessoa não está preparada para ser CEO de uma multinacional. No meu caso, algumas vezes, contratei profissionais para ganhar mais do que eu na minha empresa. Eu precisava daquela pessoa naquela posição para o negócio. Essa atitude tem a ver com você não fazer *short cuts*.

As pessoas precisam passar por uma trajetória mínima. É preciso sofrer, criar resiliência. Quem hoje começa uma startup, aos 23 anos, pode ser o presidente da República, mas daqui a 20 anos. Hoje, ele ainda não está preparado, por mais que demonstre potencial para sê-lo. Neste sentido, há muitas pessoas jovens no mercado queimando a largada por não terem paciência para passar pelas etapas necessárias para chegar aonde precisam chegar. As empresas digitais são as que mais colocam essa circunstância à luz, porque, de fato, há pessoas muito novas à frente de negócios, gerando um grande impacto.

9 Como você acredita que será o futuro do trabalho e qual será o impacto em seu negócio, no mercado e nas carreiras?

Cada vez mais, o futuro do trabalho acontecerá em organizações com alma, com forças de trabalho mais líquidas, e cada vez menos haverá empresas orientadas por jornadas de trabalho das "9h às 18h".

Haverá profissionais excelentes fazendo duas a três atividades como trabalho. Ou seja, a renda desse profissional virá 33% de um lugar, 33% de outro e 33% de outro. Isso acontecerá porque as atividades serão mais líquidas, mais flat e menos hierárquicas. As pessoas terão de ter mais autonomia. A restrição de autonomia é um problema, você pega casos como o da Southwest Airlines, que, ao dar autonomia para o cara do guichê [na venda de passagens aéreas], ampliou sua performance de venda.

O mundo está indo para um lugar onde quem não der autonomia não terá bons desempenhos de performance. Mas isso não implica dizer que uma empresa tenha que ser totalmente democrática. As empresas têm de ter lideranças firmes, mas com autonomia, e para você conceder autonomia, obviamente, é preciso ter uma liderança muito objetiva.

O modelo de trabalho em que alguém manda e o outro obedece está desaparecendo. Agora, os líderes expõem suas expectativas, definem para os colaboradores quais são as metas a serem alcançadas e estes, por sua vez, com autonomia, realizam as atividades necessárias para atingir o objetivo determinado, trabalhando multidisciplinarmente, com quem desejar. A execução desse trabalho, inclusive, pode acontecer com profissionais que trabalhem fora da sua organização, por vezes concorrentes. O importante dessa dinâmica é entregar o resultado. Prova disso é a Best Buy vendendo televisores pela Amazon. O paradigma, então, será trabalhar o ecossistema com autonomia.

10 **Com o conhecimento que você tem hoje, se pudesse dar um conselho para você mesmo no início da carreira, qual seria este conselho?**

Eu me daria três conselhos. O primeiro seria tático: ter estudado exatas. A escola das exatas tem mais a ver comigo hoje e com o futuro do trabalho. O segundo e principal seria: "Léo, foque o *task and hand*." Ou seja, tenha foco, acima de tudo.

Eu me diria: "Agora, você vai abrir uma agência? Foque 100% da sua energia nessa iniciativa. Não saia abrindo outra frente, não saia fazendo outras atividades. Se, por acaso, você perceber que sua iniciativa vai dar errado, mude o rumo, faça os ajustes necessários. Se você sentir que não está entregando o resultado esperado do ponto de vista holístico, mude o rumo, mas não comece outra tarefa ou outra frente, que vai lhe demandar uma grande parte do teu tempo."

Durante minha vida, abri "n" empresas e fechei "n" empresas, por causa dessa ansiedade do empreendedor. Se eu tivesse pegado essa energia, que sem dúvida me gerou vários aprendizados, e tivesse focado as atividades que estava desempenhando naquele momento, teria sido muito mais bem-sucedido, do ponto de vista holístico; e teria sido menos disperso. Por isso, sem dúvida, meu conselho seria: "Cara, foque aquilo em que você crê em vez de ficar abrindo muitas frentes para que uma ou duas deem certo."

Tendo resiliência e foco em algo que você ame ou acredite, seu empreendimento dará certo. Mais cedo ou mais tarde vai dar certo, porque você se dedicou, porque você aprendeu. É preciso se doar de corpo e alma para o negócio.

Já o terceiro conselho seria: "Não dê ouvidos às fofocas. Não dê ouvidos a assuntos que não são importantes." Fofocas são distrações e é preciso estar focado no que é prioritário.

" Aprenda a fechar as contas em curto prazo para encontrar o caminho da rentabilidade. As contas precisam ser fechadas com a estrutura que se tem, seja ela qual for."

Daniel Nepomuceno

Caso **Daniel** estivesse começando agora sua carreira no mercado digital, ele tentaria aprender muito sobre como gerar receita a baixo custo. "Buscaria rentabilidade e entregar para as empresas receitas sustentáveis." Ele faz tal afirmação porque, depois de duas décadas de trabalhos prestados no e-commerce brasileiro, entendeu a importância de saber fechar as contas em curto prazo. Condição essa, por vezes, subestimada no segmento. "Eu me tornaria um especialista em canais de receita que são sustentáveis; me tornaria um especialista em SEO para aplicativos." Ele fala isso com o know-how de quem ajudou a transformação digital de um dos maiores varejistas do segmento de pet no Brasil, a Petz. Quando concedeu a seguinte entrevista, em 2019, Daniel era o head de e-commerce e omnichannel da empresa; alguns meses depois, assumiu novos desafios tornando-se diretor de e-commerce da Tenda Atacado.

1 **Qual o papel da formação acadêmica em sua trajetória profissional?**

Minha formação acadêmica foi fundamental. Por meio dela consigo embasar tudo o que vejo na prática. É muito importante adquirir um amplo conhecimento. Quanto mais conhecimento melhor. Quando falamos em formação acadêmica, falamos em conhecer Administração, Finanças etc. Dentro do e-commerce, quem domina finanças e matemática está alguns passos à frente de quem simplesmente só gosta de tecnologia.

Nosso mercado começou dentro da área de TI, por isso, em seu início, era muito comum encontrar gerentes de e-commerce que vieram da TI ou do marketing. Havia poucos profissionais que, de fato, entendiam sobre números. E, em nosso setor, é extremamente importante saber sobre números, calcular a margem de contribuição e compreender o que ela vai gerar ao longo do tempo. Ela possibilita saber onde se está e para onde o negócio vai.

Em minhas andanças pelo mundo corporativo, de consultoria, em sala de aula, eu também atuo como professor. Minha bandeira, ao falar sobre e-commerce, é ressaltar a necessidade de as pessoas, no mercado, entenderem sobre números. É bem comum encontrarmos quem não sabe calcular margens de contribuição e isso não é positivo para o trabalho.

No mercado, 90% dos profissionais com quem converso têm alguma dificuldade, por exemplo, para saber o que é custo variável e como devemos calcular a margem de contribuição. Isso não é produtivo. É preciso se capacitar, estudar para reverter essa condição.

No meu caso, minha formação acadêmica me facilitou entender melhor aquilo que me cerca cotidianamente e me deu ferramentas para interagir com esses contextos, para entender como fazer as conexões dos vários aspectos de minha vida. Sem dúvida, os estudos me ajudam na gestão do e-commerce e facilitam meu diálogo com os acionistas. Por isso, não tenho dúvidas, a formação acadêmica é fundamental.

2 Em que momento da sua carreira você percebeu a oportunidade dos negócios digitais e por que isso fazia sentido para você?

Desde adolescência, sempre trabalhei com internet. No final dos anos de 1990, li uma matéria na revista *Exame* sobre profissões do milênio. Web designer era uma das citadas. Naquele momento, pensei: "Nossa, o que isso? A galera que faz site? Ah, eu quero fazer site. Quero trabalhar com esse negócio." E de repente, quando vi, estava fazendo sites.

Quando era adolescente, era um desses "ratinhos de laboratório". Gostava de programar e, até os 20 e poucos anos, programei e fiz muitos sites. Os primeiros eram para amigos, depois para amigos de amigos, até que as indicações começaram a se expandir e, por volta dos 18 anos de idade, fui convidado para trabalhar como programador em uma empresa de e-commerce, a Escalena.

Lá, via nitidamente o crescimento das operações no setor e me perguntava: "O que a indústria quer na internet?" Pensava que o comércio eletrônico não bateria a prática de preços dos varejistas tradicionais. Havia medo de conflito, de canibalização etc. Até que começaram a chegar os primeiros e-mails marketing dos grandes players do mercado, como a Netshoes. Aquilo me chamou a atenção, mas o grande estalo aconteceu mesmo quando percebemos as operações do Submarino, o primeiro grande player o qual olhamos os números e começamos a entender que ali estava o futuro. Aquela certeza ficava mais forte quando víamos o trabalho da Amazon lá fora.

Uma das vantagens de se morar em países em desenvolvimento é que temos a possibilidade de acompanhar as atividades de mercado dos países desenvolvidos e antevermos o que acontecerá. É até engraçado fazer hoje essa afirmação, porque eu nunca me dei conta sobre o momento exato no qual o e-commerce "me pegou". Quando percebi, estava há anos trabalhando com internet e acompanhando a expansão desse mercado.

Em todo esse tempo nos acostumamos com o crescimento do e-commerce acima de dois dígitos. Só depois da Operação Lava-Jato, o mercado no Brasil passou por uma crise, deu uma caída; mesmo assim, continuamos crescendo.

Os negócios digitais ainda vão crescer por muitos anos.

Recentemente, vi dados de que no mundo a presença do e-commerce não chega a 10%. Ainda estamos por volta de 4% no Brasil. Isso significa que temos uma avenida de oportunidades. Um exemplo dessa condição é observado na transformação das lojas físicas do varejo em marketplace para o e-commerce. Vamos usar a capilaridade existente da rede de lojas físicas e o mercado digital terá uma penetração impressionante. O iFood, assim como o Rappi, demonstra isso. O futuro do negócio está em omnichannel, em marketplace de lojas físicas.

3 Quais foram os principais desafios que você enfrentou durante sua trajetória profissional e como conseguiu superá-los?

Provar a viabilidade do negócio sempre foi o grande desafio no e-commerce. No passado, precisávamos demonstrar a existência da demanda para o setor. As empresas duvidavam e tínhamos de mostrar a sinergia dos negócios com o mundo digital. Determinar a existência do público e a nossa capacidade de venda. Era preciso usar muita criatividade para fazermos as campanhas.

Naquele tempo, fazíamos ações no Facebook para testar a demanda dos produtos, a hipótese de valor, os resultados. Ainda não havia impulsionamento de posts e chegamos a obter, em algumas das primeiras iniciativas, 17% de taxa de conversão, vendas altíssimas.

Precisávamos fazer atividades para testar a aceitação e os canais de venda do negócio até que consegui criar uma grande campanha de ativação, gerando demanda e atraindo investidores, que, cada vez mais, ficavam animados com o *business*.

Nos últimos anos, o e-commerce tem como desafio provar que as contas fecham. Particularmente, tenho estudado bastante sobre esse assunto. Pesquiso maneiras para fazer cálculos e demonstrá-los em modelos financeiros para fundos de investimento, boards de executivos etc.

Conhecer bem os números e montar modelos financeiros consistentes são desafios do setor que geram muita confiança. As operações de omnichannel, inclusive, ajudam muito a demonstrar o fechamento das contas. No Brasil, alguns dos maiores varejistas têm operações em omnichannel, valem muito dinheiro e estão operando no azul. Esse é o maior sinal de que o mercado poderia dar. O *business* deve ganhar um patamar bem diferente.

4 Como você vê o papel da cultura organizacional para a transformação digital? Cite aspectos positivos e negativos da cultura sobre a performance.

Antigamente, por mais sedutor que fosse, por mais velocidade de crescimento que demonstrasse, o e-commerce tinha uma baixa representatividade nos resultados das empresas. O setor sempre apresentava um número inferior a 10% dos resultados das vendas. Para algumas áreas das companhias, só representávamos mais trabalho. Havia muita resistência. Os modelos de negócio estavam estabelecidos e, de repente, aparecia o e-commerce para alterar os processos, tirando as pessoas de suas zonas de conforto. Mas, de alguns anos para cá, essa situação mudou.

==A cada ano, o e-commerce ganha mais importância dentro das companhias.==

O comércio eletrônico passou a ter grande participação entre as empresas mais valorizadas nas bolsas de valores e os profissionais tradicionais, que não tinham muito contato com o digital, começaram a percebê-lo como o futuro dos negócios — e que não seria mais possível ficar desconectado dessa tendência. Então, eles demonstraram mais interesse pelo digital. Atualmente, é comum encontrar diretores de supply chain, de marketing querendo se especializar em digital, querendo ter experiência na área.

As culturas organizacionais passam por um grande shift. Os profissionais querem conhecer o funcionamento do e-commerce, querem estar mais próximos da área que é o futuro do negócio.

==As empresas que não estiverem de olho no digital, que não conseguirem migrar para o digital, perderão espaço.==

Há três anos, na companhia em que estou [Danieli concedeu esta entrevista quando era head de e-commerce e omnichannel da Petz] a área de e-commerce era o "patinho feio" na empresa, não chamava atenção, mas se tornou a maior "loja" da empresa, que possui uma rede de megalojas. Com isso, as pessoas começaram a olhar para a área de forma diferente. Estão prestando mais atenção ao setor.

5 **Quais foram as lideranças inspiradoras em sua carreira e como foi seu relacionamento com seus mentores?**

Tive poucas lideranças do mercado digital. Na minha trajetória profissional sempre tive muita autonomia. Na maioria das empresas em que trabalhei sempre ocupei o cargo mais alto na área digital. Eu tomava as decisões sozinho. Há poucos dias, inclusive, cheguei à conclusão de que nunca tive um superior direto que fosse muito fera na área digital. Todo o meu conhecimento foi adquirido fora dos meus ambientes de trabalho, na E-commerce Brasil (projeto mantido e apoiado pelas empresas mais influentes da área do comércio online no Brasil e no mundo, que reúne diversas iniciativas, entre congressos, portal de informação, newsletter, biblioteca etc.), conversando com pares. Nesse sentido, há muitos nomes que poderia citar como lideranças inspiradoras, mas, para não cometer nenhuma injustiça por não mencionar alguém, prefiro falar de forma geral, porque sempre busquei conhecimento com quem está trabalhando no mercado.

Steve Jobs, um profissional inspirador, costumava dizer que em toda a sua carreira ele sempre encontrou ajuda quando pediu. "Ninguém nunca se negou a me ajudar", dizia ele. E ele falava isso para dizer que "algumas pessoas não pegavam o telefone e ligavam para pedir ajuda". Essa atitude me inspira na vida. Eu pego o telefone e ligo. Eu peço ajuda. Muitas vezes, resolvemos as situações complicadas, pedindo ajuda, mas muita gente, simplesmente, nunca vai atrás dessa ajuda.

A cultura do mercado digital é de compartilhamento, precisamos compartilhar mais dados, mais informações. Precisamos compartilhar mais de tudo. Em nosso mercado, ainda sinto a falta de números. Algumas pessoas ainda têm medo de abrir seus dados, como, por exemplo:

qual a taxa média de conversão de determinado segmento? Qual é o ticket médio? Qual é a velocidade média de carregamento? Quais são os melhores meses de demanda? Se o mercado se unisse mais, seria muito interessante. Não necessariamente para abrir dados específicos de uma empresa, mas para refletir sobre o segmento como um todo.

A cultura de colaboração no digital é muito forte, por isso, entre todas as dicas de líderes e mentores que poderia dar, para mim, o pensamento de Jobs é o mais impactante: "Algumas pessoas, simplesmente, nunca pegam o telefone e ligam, não perguntam, não pedem ajuda."

==No dia em que você tiver humildade para pedir ajuda e admitir que tem gente que sabe muito mais do que você (e tem), você vai muito mais longe.==

6 **Quais são os fatores que você considera fundamentais para exercer a liderança em seu negócio e na sua posição?**

Diferentemente de negócios tradicionais, o negócio do digital tem muitas métricas. Essa é uma condição muito boa para eliminarmos o ego durante as discussões. Cortamos o "eu acho": "eu sei".

A mãe de todas as métricas no digital é o "Teste A/B". Em minha forma de trabalhar, procuro analisar todas as situações pelo "Teste A/B". Olhamos para a métrica, para a conversão funil, identificamos onde estão os problemas e agimos. Hoje, há diversos softwares para auxiliar nessa tarefa, facilitar a identificação dos problemas no funil. É por essa situação que sempre menciono a falta de dados no mercado. Não há parâmetros. Não há lugar para se consultar e checar um dado.

Para liderar uma equipe, primeiro, a gente tem que deixar os problemas muito claros e tirar o ego da mesa, usando métricas.

==Quando o problema está bem claro para todo mundo, todos cumprem as metas, todos vêm com ideias. E, para motivar equipes, é possível colocar o teste à frente de qualquer certeza.==

A melhor política de meritocracia é se ter a oportunidade de sugerir uma ideia para vencer um "Teste A/B". Quando isso acontece, a pessoa é reconhecida. Isso elimina completamente o senso de injustiça das relações profissionais.

7 **Quais são as características que você mais valoriza em seus colaboradores?**

O que mais valorizo entre meus colaboradores são as pessoas que têm um desejo genuíno de melhorar o negócio. Quando você percebe pessoas que estão, de fato, preocupadas com o negócio, em fazer o seu melhor independentemente de receberem o crédito por aquela ação. Valorizo bastante esse comprometimento.

A proatividade talvez tenha se transformado em uma palavra banalizada, mas o cerne dos grandes profissionais está na identificação dos problemas e na sugestão de resoluções para eles.

Como líder, quando você tem na equipe pessoas que estudam, que procuram se qualificar mais, ampliar seus conhecimentos, que têm disciplina para executar as tarefas você já ganhou metade do jogo.

> Os profissionais que estão realmente preocupados em resolver os problemas do negócio, independentemente da área de sua atuação, estão em outro nível.

8 **Como conciliar o crescimento exponencial dos negócios digitais com o crescimento da carreira, que muitas vezes não andam juntos e podem gerar frustração?**

Esse assunto é bem importante. A melhor maneira de fazer uma pessoa boa se motivar e continuar crescendo é dando mais responsabilidade para ela. Vale lembrar, profissionais bons precisam de grandes atividades.

Se, como líder, você tem uma pessoa se destacando em suas tarefas, cuidando muito bem de um canal de vendas, de mídia ou de qualquer atividade dentro da companhia, reconheça essa condição e ofereça mais atividades para ela. Coloque profissionais para que ela possa chefiar, supervisionar. Faça ela se desenvolver profissionalmente.

==À medida que as pessoas têm mais trabalho, elas sentem que estão aprendendo, sentem que estão crescendo e tiram um pouco da monotonia. Se não, é possível remunerar na mesma velocidade do crescimento da empresa. Trabalho não falta para ocupar esse profissional.==

Eu tive um exemplo dessa condição. Em dois anos de trabalho, uma analista teve um excelente desempenho ao utilizar o SEO (*search engine optimization*). Ela fez o canal ser um dos mais representativos de venda na empresa. E o que eu podia fazer por ela se, infelizmente, nunca conseguiria remunerá-la na mesma velocidade de crescimento do negócio? Dei mais canais para ela cuidar, ampliei o número de colaboradores sob a responsabilidade dela. De certa forma, isso acaba compensando, em parte, essa discrepância de crescimento de canal versus o crescimento de remuneração. Porque, assim, ela tem a chance de crescer profissionalmente.

9 **Como você acredita que será o futuro do trabalho e qual será o impacto em seu negócio, no mercado e nas carreiras?**

No futuro, tudo estará integrado. O e-commerce e as plataformas digitais estarão muito similares a um sistema de PDV (ponto de venda direta). Elas simplesmente serão lugares para se tirar um pedido. Todo mundo vai fazer serviços de retirada em loja, todo mundo vai ter entrega rápida.

==O mercado, como um todo, vai nessa direção de entrega rápida, cada vez mais rápida, e de estabelecimentos físicos integrados às plataformas digitais. O mundo vai evoluir para essa dinâmica.==

Tome a Uber como exemplo. A oferta de serviço dela está bem resolvida. Nas principais capitais do Brasil, quando você acessa o aplicativo e solicita o serviço, em menos de 10 minutos um carro chega para levá-lo ao seu destino. No futuro, não devemos levar muito mais tempo do que isso para fazer entregas. As empresas terão 10, 30 minutos para entregar uma encomenda. Já vemos isso acontecer no setor de alimentação, com o delivery de refeição. A comida é a primeira perna dessa história, o próximo passo é a entrega de produtos do supermercado, padaria, farmácia, commodities.

Um consumidor, quando entra em uma loja física para comprar ração, leva apenas dois minutos para realizar essa compra. Ele entra na loja, pega a ração, paga e vai embora. Seu tempo médio de permanência no estabelecimento comercial é de dois minutos. Ou seja, definitivamente, ele não queria estar ali. Essa informação gera oportunidade. Em algum momento esse cliente vai aprender a comprar pelo aplicativo, e, à medida que o negócio evoluir, conseguiremos entregar o produto comprado em um prazo curto de tempo.

Um dia, a cerveja no churrasco estará quase terminando; quando essa situação ocorrer, vamos solucioná-la por um aplicativo. Por meio de um app, conseguiremos comprar mais bebida, que será entregue em nossa casa antes de o churrasco terminar. A indústria caminha para essa direção.

Já em relação às carreiras, elas vão crescer à medida que os especialistas forem se formando, aprendendo a gerar uma melhor experiência para o usuário, criar melhores conteúdos, conversão etc. Sempre haverá especialistas de UX (*user experience*), de performance, de conteúdo, isso nunca vai morrer.

O modelo de ir até um escritório para trabalhar mudará muito, mas os escritórios não acabarão. As pessoas ainda precisam sentar juntas, conversar, analisar em conjunto os problemas para chegar a soluções, mas esse fato não impede o crescimento do home office. É possível construir equipes globalizadas, com profissionais em diversos países, e fazer o trabalho acontecer.

Para algumas atividades é preciso ter um conhecimento muito específico de um profissional que não está fisicamente próximo, mas essa condição já deixou de ser impeditivo, porque não é mais necessário tirar esse especialista de sua casa para que ele realize seu trabalho. Diversas atividades profissionais serão muito bem resolvidas por hangouts. Lembrando sempre que algumas atividades mais tradicionais manterão a necessidade da proximidade física encontrada nos escritórios.

10 Com o conhecimento que você tem hoje, se pudesse dar um conselho para você no início da carreira, qual seria este conselho?

Do ponto de vista de negócio, com certeza, eu diria: "Tenha sempre muita atenção com os contratos. Prefira stock options a ter participação em sociedades." Mas tenho muita dificuldade em responder essa pergunta. Realmente, não sei o que falaria para mim há dez anos. Não me arrependo de nenhuma decisão que tomei ao longo da minha carreira.

É engraçado porque sempre imaginei que alguém poderia me fazer esse questionamento algum dia, mas nunca me preparei para respondê-lo. Como você me fez refletir sobre esse tema, eu diria: "Aprenda a fechar conta em um curto prazo." Esse seria o melhor conselho para o jovem Daniel.

Antigamente, era muito fácil entrar no e-commerce, vender, e, se a conta não fechasse, tudo bem, porque ninguém fechava mesmo. Havia caminhos para se fechar as contas. Se tivesse aprendido esses caminhos mais cedo, teria chegado mais longe. Eu demorei mais tempo do que gostaria para aprendê-los.

Em uma ocasião conversei com o pessoal do Buscapé, eles tinham aquele negócio de "sua ideia vale um milhão"; e um dos executivos me disse o seguinte: "Todo mundo que chegou lá sabendo ganhar dinheiro, que fossem mil reais, 2 mil reais, ao mês, são startups que progrediram. Quem chegou apenas apresentando PPT não vingou."

Se você souber o caminho do dinheiro cedo, você só precisa se preocupar em fazer o negócio crescer, em ganhar escala. Agora, se você "não fecha a conta" e ganha escala, dez anos depois você enfrentará o mesmo problema. Em médio e longo prazo, qualquer valuation, qualquer modelo financeiro, fecha a conta. Agora, fechar a conta em curto prazo é difícil.

==Aprenda a fechar a conta em curto prazo para encontrar o caminho da rentabilidade. As contas precisam ser==

fechadas com a estrutura que se tem, seja ela qual for.

E além da importância de saber fechar a conta, hoje em dia, eu aconselho quem está entrando no mercado a se tornar um especialista em canais de receita que sejam sustentáveis. Torne-se especialista em SEO — cada vez mais as pessoas vão precisar disso. Torne-se especialista em SEO para aplicativos. Se estivesse entrando no e-commerce agora, aprenderia muito sobre como gerar receita a custo baixo. Buscaria rentabilidade, entregaria para as empresas receitas sustentáveis, em vez de performance a qualquer preço.

É muito fácil vender na internet, mas vender de maneira sustentável, vender deixando margem, é difícil.

" *O crescimento exponencial é uma dinâmica inerente às empresas digitais. Todos nós fazemos parte desse negócio apenas para facilitar esse crescimento. Somos operadores de um asset.*"

Dominique Oliver

Dominique escolheu viver no Brasil. Nascido na Suíça, onde estudou até a conclusão de seu ensino médio, ele deu prosseguimento à sua formação acadêmica entre Inglaterra e Estados Unidos. Com esse histórico escolar, seria fácil para ele criar raízes em algum país do hemisfério norte, mas preferiu morar no Brasil e tornou-se fundador e CEO da Amaro, a primeira marca *direct-to-consumer* de moda feminina no Brasil. "O líder tem de ter visão de mercado, pensar à frente." Em seu caso, orgulha-se por ser referência no negócio da moda e estruturar no segmento digital uma empresa reconhecida por oferecer experiências de consumo inéditas. "Be lean and don't get distracted", ou, em bom português: "Seja eficiente e tenha foco." A entrevista com Dominique foi realizada em outubro de 2018.

1 **Qual o papel da formação acadêmica em sua trajetória profissional?**

O papel da formação acadêmica em minha trajetória profissional tem muito a ver com o fato de ter estudado em quatro países. Nasci na Suíça, onde cursei até o ensino médio. Fiz meu período universitário entre os Estados Unidos e a Inglaterra e, por fim, comecei um MBA no Brasil, na Fundação Getúlio Vargas (FGV).

Minha experiência educacional em diferentes países me ensinou muito. Cada sistema educacional tem suas características e, ao estar envolvido neles, pude deduzir muito sobre a cultura e como as pessoas pensam em termos de *business*. Foi bem interessante ter tido a possibilidade de estudar onde estudei.

Durante a high school e ao longo de meu curso na faculdade, estive muito focado, em um nível bem profundo, em Lógica, mas não necessariamente na aplicação desse conhecimento, mas, sim, como estruturar-se para abordar problemas por intermédio desse aprendizado.

2 **Em que momento da sua carreira você percebeu a oportunidade dos negócios digitais e por que isso fazia sentido para você?**

Houve um momento muito claro na minha carreira, quando estagiei por três meses em um *summer internship*, no UBS Investment Bank, durante o segundo ou terceiro ano de minha faculdade. Lá, trabalhei no *trading floor*, e o banco estava em uma fase de transição. Havia muitos sistemas bem *legacy*, e percebi uma grande demanda por profissionais capazes de refazer todos os processos, usando software para guiar as mudanças de maneira mais eficiente.

Durante esse estágio, fiz vários projetos ligados a essas modificações; me aprofundei muito no trabalho com software, naquilo que era possível de ser feito *off-the-shelf*. Fiz um projeto sem consultoria, colocando a mão na massa, de maneira bem prática e ágil.

Naquele momento os líderes constatavam: "Meu Deus, a gente precisa mais desse *approach*. Precisamos ser mais ágeis." Desde essa experiência fiquei tomado pelo pensamento da relação entre softwares e o mundo. Acredito muito nessa relação. Toda essa experiência aconteceu por volta de 2006, o iPhone nem existia. Isso me fez perceber quanto os bancos são atrasados em relação a questões digitais, e hoje vejo o quão cruciais essas questões são, especialmente no funcionamento de uma empresa *direct-to-consumer* como a Amaro.

③ Quais foram os principais desafios que você enfrentou durante sua trajetória profissional e como conseguiu superá-los?

Para qualquer empreendedor, o principal desafio é a divergência entre sua visão e seu *business plan*. Como fazer sua visão se encaixar em seu plano de negócios e colocá-la em prática. Esse delta, essa diferença, acaba sendo fonte de muita insatisfação, de muito estresse. Muitas pessoas deixam de empreender por não conseguir solucioná-lo. É preciso ter resistência para conseguir viver com essa diferença ao longo dos anos.

Se você me perguntar se essa condição é mais relevante aqui no Brasil, diria que sim. Aqui, há outros fatores influenciando os negócios, coisas básicas, deixando tudo mais difícil. Por isso, esse delta é maior. Mas, é importante destacar, essas diferenças acontecem em qualquer país. Tenho vários amigos, em diversos lugares do mundo, sofrendo desafios semelhantes. A criação da primeira empresa é sempre mais difícil. Há de se ter um vasto aprendizado e observo como esse desafio é maior para muitos *first time founders*.

④ Como você vê o papel da cultura organizacional para a transformação digital? Cite aspectos positivos e negativos da cultura sobre a performance.

Vejo o papel de cultura organizacional no mundo digital ligado a uma causa. Se há uma causa, uma missão, unindo as pessoas, impulsionando-as para uma mesma direção, isso ajuda muito.

==Diferentemente do trabalho em lugares mais tradicionais, no mundo digital, há tantas complexidades e, ao mesmo tempo, uma constante inovação, levando as pessoas para direções inéditas, nunca antes vividas.==

Diante desse cenário, há incertezas. Por isso, quando há uma missão clara e definida as pessoas sentem-se mais confortáveis. A cultura organizacional pode criar esse ambiente de mais certeza e segurança. Os líderes devem agrupar as pessoas para que elas se sintam empoderadas, capazes de seguir em frente.

> **As melhores empresas no mundo têm uma missão inspiradora e deixam seus profissionais tranquilos, apesar de todos os desafios cotidianos.**

Todas as pessoas na empresa precisam acreditar na missão criada para o negócio. Elas precisam se identificar com as causas estipuladas, têm de acreditar. Caso contrário, se estabelece uma relação muito frágil, e, a qualquer sinal de mudança (como uma possível fusão, alterações no cenário econômico), o caminho de prosperidade do negócio pode ser prejudicado pelo fato de os profissionais passarem a desconfiar dos rumos serem tomados pela organização.

Quando há coerência entre a missão da empresa e seus atos, há uma relação forte com seus profissionais. Se os profissionais, por algum motivo, percebem que a coerência deixa de existir, as relações se fragilizam.

5 **Quais foram as lideranças inspiradoras em sua carreira e como foi seu relacionamento com seus mentores?**

Como fiz minha trajetória um pouco mais na área de *investment banking*, nunca achei, sinceramente, que tivesse tido lideranças incríveis. No entanto, com isso, aprendi que há várias maneiras para motivar os profissionais. Vejo muitas organizações trabalhando com uma formação menor entre as equipes, em *deal teams*, que são altamente eficientes e motivados, apesar de não terem toda a aura esperada de uma startup, com missão e tudo mais.

Ainda existem equipes de trabalho menores, altamente eficientes, apesar de não terem tanta visibilidade quanto outras iniciativas maiores no mercado, tão faladas pela mídia e adoradas, de forma geral, pelas pessoas.

Nesses ambientes menores, obtive alguns exemplos de managing directors seniors, com os quais aprendi a importância de remover aquilo que é desnecessário, em meetings, gerenciamentos administrativos, criação de relatórios. O foco era 100% no *deal*, no resultado.

Se você for uma empresa grande, a cultura de treinamento, de motivação das pessoas, de *off site* é muito boa. Mas é preciso ter em mente os custos dessas ações. Para se criar tudo isso é preciso investimento, há um custo muito alto. Em uma empresa grande esses são aspectos necessários. Sim, é preciso ter missão, mas, às vezes, em termos de gerenciamento, na Amaro, por exemplo, tiramos tudo aquilo que é desnecessário, conseguindo nos tornar mais ágeis.

==Be lean and don't get distracted.==

Ao longo de minha carreira, aprendi um pouco sobre esse modelo de liderança, com foco no resultado, não necessariamente inspirador, mas eficiente e lean.

6 Quais são os fatores que você considera fundamentais para exercer a liderança em seu negócio e na sua posição?

Em princípio, a visão. Como líder, é preciso ter uma visão para onde o mercado vai. O líder tem de pensar à frente de seus funcionários e fazê-los acreditar em seu ponto de vista, em suas projeções. No meu caso, é como se eles precisassem afirmar: "Esse cara entende para onde vai o e-commerce de moda e sabe por que esse caminho é o melhor." É preciso ser esse arquiteto, ser um agente para construímos algo, sempre explicitando os motivos dessa construção. Também é importante ser um líder participativo, "ser gente que faz." É preciso colocar a mão na massa na operação do negócio. As pessoas precisam ver seu comprometimento, sua paixão por aquilo que você está realizando. A época de diretores e VPs limitados à estratégia do negócio acabou. Atualmente, vejo muitos líderes, bem técnicos ligados aos detalhes, falando sobre áreas fim e correlatas ao *business*.

==Adoro ficar com minha equipe, na Amaro, dialogando sobre assuntos técnicos e criativos.==

As pessoas precisam saber que sei qualquer detalhe da empresa ou, no mínimo, se não souber o assunto imediatamente, em pelo menos meia hora tenho condições de me aprofundar no assunto e conversar com as pessoas sobre o que está acontecendo. Essa capacidade de ação gera reconhecimento. Confere uma autêntica autoridade.

7 Quais são as características que você mais valoriza em seus colaboradores?

Com certeza, *resiliência* e *determinação*. Em tecnologia digital, todas as operações de trabalho são sempre muito mais complexas, demoram mais para serem realizadas, por isso é necessário resiliência. Alguns profissionais são muito talentosos, muito inteligentes, mas não são determinados ou resilientes, e essas características fazem diferença no setor.

É muito legal trabalhar com pessoas que podem ir com você ao longo do caminho sem se questionar a todo momento, duvidando sempre, se perguntando se "estamos seguindo na direção certa". Admiro muito quem tem a capacidade de simplesmente ir. São esses os profissionais que queremos na Amaro.

Executamos um processo bem estruturado de seleção de candidatos, com objetivos muito claros. Desde as primeiras análises de comportamento, durante a entrevista de conhecimento técnico, nos estudos de casos, fazemos um teste de personalidade para filtrar os gênios e talentosos dos resilientes.

> De forma geral, os brasileiros são resilientes, porque o país demanda resiliência. Essa característica é positiva para se ser um bom empreendedor.

Mas é importante lembrar, a resiliência é uma característica individual, não necessariamente cultural. O desenvolvimento de uma personalidade resiliente depende da educação recebida. Será interessante observar, nos próximos anos, como essa característica vai ser expressada pelas próximas gerações. Percebo menos resiliência nas gerações Y e Z. Eles tentam terminar suas tarefas de forma mais rápida e constato uma facilidade maior em abandonar as tarefas designadas a eles. Se não deu certo, partem para a próxima.

8 **Como conciliar o crescimento exponencial dos negócios digitais com o crescimento da carreira, que muitas vezes não andam juntos e podem gerar frustração?**

Esse é um assunto superdifícil de explicar para pessoas com pouca experiência nesse modelo de crescimento. Há uma expectativa, por exemplo, relacionada ao crescimento da Amaro. Alguns funcionários podem se perguntar: "Se a empresa está dobrando o seu faturamento a cada ano, como o meu salário não está aumentando na mesma proporção?" Nesse momento, como líder, tenho de explicar muito bem as diferenças existentes nesses crescimentos.

Sempre falo para as pessoas: "Você é parte de uma *rocket ship* (uma nave espacial). Você está dentro dessa *rocket ship* que está indo para cima." Na prática, essa condição o habilitará, em poucos anos, a desempenhar algumas atividades que seriam impossíveis de serem feitas em uma empresa tradicional. É preciso olhar para nosso crescimento como uma opção que lhe abre muitas portas.

Quando isso acontece, o funcionário para de duvidar, para de subestimar os ganhos de seus benefícios. Fazer parte de uma empresa que está crescendo tão rapidamente tem muito valor para a carreira das pessoas. Isso é incrível. É preciso entender a dinâmica das empresas digitais. O crescimento exponencial é uma de suas metas. Essa compreensão é fundamental.

> Todos nós fazemos parte dos negócios digitais para facilitar o seu crescimento. Por isso, não deve haver linearidade entre o crescimento de usuários e o que você está fazendo. O profissional é operador de um *asset*.

Também é necessário compreender que, muitas vezes, o simples crescimento de usuários e de faturamento não indicam o sucesso da empresa. O *top line* não é onde o profissional deve ter linearidade com a sua carreira. Há muitas startups que não estão ganhando dinheiro depois de três, cinco, sete anos. Então o *proxy* para sua carreira não é o *top line*, tem outras coisas lá no *bottom line* que talvez sejam mais apropriadas para se analisar.

Os líderes, muitas vezes por medo, deixam de destacar a parte do *bottom line*, de profundidade. Temem mostrar às mídias, aos seus funcionários, quanto tempo e dinheiro foi necessário ser investido para se chegar ao nível onde o negócio faz sentido. Como empreendedor, talvez fosse mais pertinente mostrar, com menos preocupação, esse outro lado do seu desenvolvimento.

Ao longo do tempo, em vez de os investidores apenas comemorarem: "Olha, a gente está crescendo, crescendo e crescendo", junto com entusiasmados funcionários: "Uau, estamos bombando", o empreendedor deve falar: "Olha, a gente está crescendo, mas o bottom line está ruim." O líder tem de ser mais transparente, para o funcionário enxergar as várias maneiras de medir o crescimento da empresa. Por isso, na Amaro, todo mês fazemos uma reunião chamada *All-Hands*, de alinhamento, com todos os departamentos e *founders* da empresa. É importante que todos estejam sempre na mesma página.

9 Como você acredita que será o futuro do trabalho e qual será o impacto em seu negócio, no mercado e nas carreiras?

O futuro do trabalho muda bastante porque o design organizacional está mudando dramaticamente. Estão contados os dias das equipes funcionais, em que você tem as pessoas com os mesmos *skill set*, sempre nas mesmas equipes e as equipes sendo quase clientes uma das outras. Isso está acabando.

Hoje, as pessoas trabalham muito em *squads* (como na Amaro), em *mixed discipline teams,* em que se fica lado a lado com pessoas completamente diferentes, em termos profissionais e pessoais. Por exemplo, você é um engenheiro e fica ao lado de um profissional da área criativa. Essa condição muda completamente o entendimento do negócio, dá outro ritmo e dinâmica ao trabalho. Forma novas culturas. Outras práticas de interação são estabelecidas.

Na Amaro somos aproximadamente 200 funcionários no *headquarter*. A equipe de marketing, composta de 60 pessoas, trabalha em *squads*, e pretendemos fazer esse ajuste no restante dos departamentos.

Na formação desse novo contexto, vejo uma geração que precisa ser altamente adaptável e aceitar esse futuro. Aliás, muito mais interessante. Ele demanda maior capacidade intelectual, porque você não é mais um profissional com uma habilidade específica, aprendida durante sua graduação, prestes a desempenhar ao longo de sua carreira profissional, as mesmas funções.

Os profissionais passaram a interagir em projetos altamente interdisciplinares. Na melhor das hipóteses, isso motiva as pessoas. As carreiras crescem e há mais sentido no trabalho. No pior dos casos, essa condição acaba sendo extremamente cansativa, porque se está inserido em um ambiente no qual, a cada dia, há um novo desafio. Essa é a maior diferença. O novo design organizacional está mudando tudo.

10 Com o conhecimento que você tem hoje, se pudesse dar um conselho para você no início da carreira, qual seria este conselho?

Se prepare: "Vai demorar mais tempo, vai custar mais dinheiro e demandar mais esforço. Qualquer planejamento que você fizer, aumenta o buffer de 30% a 50%." Hoje, sempre falo para as pessoas: "Adorei seu plano, mas prevê em sua execução mais 50% de tempo, custo e esforço. Se você estiver ok com esse cenário, então, siga."

Geralmente, quando alguém me procura para falar que a execução de um projeto aconteceria em três anos, logo imagino que, provavelmente, essa pessoa terá um extra de outros cinco anos para concluir seu planejamento.

" O maior entrave da transformação digital é a cultura organizacional."

Maurício Bastos

Desde 2012, **Maurício** é um dos principais responsáveis pela transformação digital da Arezzo&Co, grupo varejista líder no setor de calçados, bolsas e acessórios femininos no Brasil. Nesses anos de trabalho para a organização ele tem procurado pessoas mais capacitadas do que ele para formar seus times — profissionais aptos a substituí-lo quando necessário. "É impossível impulsionar qualquer negócio sem times que vão fazer a alavanca subsequente, formando outras pessoas e criando uma grande espiral positiva no empreendimento." Sua forma de liderar tem dado certo. A área digital na companhia só cresce e ele é parte fundamental na consolidação dos planos da empresa para ampliar sua presença no e-commerce. "Temos clareza sobre a representatividade de nossa transformação digital e seu consequente impacto. Estamos convictos de que precisamos tomar atitudes de curto prazo, porque inovação também tem caráter incremental." Maurício concedeu sua entrevista, a seguir, em janeiro de 2019, ocupando o cargo de Chief Digital Officer (CDO) da Arezzo&Co.

1. Qual o papel da formação acadêmica em sua trajetória profissional?

Esta pergunta é muito boa, ainda mais no contexto do novo mercado de trabalho e das dificuldades vividas pela academia para acompanhar as transformações do mundo, apesar de a educação, hoje, ser um dos grandes segmentos em transformação, impulsionado pela tecnologia. Mas quando a gente volta alguns anos, por exemplo, para a época de minha graduação (estudei Comunicação Social com habilitação em Publicidade e Propaganda), eu não tive nenhuma disciplina que me capacitasse para o mundo digital, apesar de ser interessado pelo assunto naquele momento.

Tinha oito anos de idade quando tive meu primeiro contato "formal" com a internet. O ano era 1995 e meu pai me levou para um curso, lá em Porto Alegre, da Nutecnet (que posteriormente virou Zaz e, depois, Terra). O nome do curso era *Explorando a Internet*; basicamente ele falava sobre a existência da internet e mostrava algumas possibilidades para seu uso. Fui a única criança nas aulas, um grande contraste para os dias atuais, quando as crianças já nascem conectadas, como é o caso de minha filha, aos seis anos de idade. Mas em 1995 não era assim.

Gostei muito de ter feito o curso e me interessei por ter descoberto que a internet poderia me conectar com o mundo. Comecei a me envolver, aprender a programar, a colocar uma página no ar. Fascinou-me a possibilidade de ter contato com o mundo inteiro. De certo modo, me tornei "alienígena" em meu colégio por conseguir publicar páginas na internet, porque ninguém sabia muito bem usá-la, muito menos criar algum conteúdo para ela. No ensino superior a realidade também não foi tão diferente. Lembro-me, inclusive, de como o pen drive, que utilizava em algumas apresentações, era visto como novidade.

Entrei na faculdade em 2005, quando tudo sobre a internet era muito incipiente. Estudávamos disciplinas clássicas de Publicidade e Propaganda, muito pouco orientadas à questão do digital, que já enxergava como algo revolucionário. Então, como minhas aulas eram muito distantes das questões de tecnologia, acabei estudando muita coisa por fora.

De fato, a academia não me entregou conhecimentos ou me desenvolveu competências do mundo online. Entretanto, disciplinas mais estruturantes, como Marketing, foram muito importantes para minha formação e visão mais ampla de negócios.

❷ Em que momento da sua carreira você percebeu a oportunidade dos negócios digitais e por que isso fazia sentido para você?

Como falei na pergunta anterior, desde os 8 anos de idade eu comecei a ter experiências com atividades online, por isso costumo falar: "Nas minhas veias corre o sangue digital." Desde muito cedo me interessei por esse universo. Aos 11 anos, virava a noite, com amigos, tentando programar, montando páginas em html. Queria entender como tudo aquilo funcionava e foi assim desde sempre, mas nunca parei para refletir como transformaria todo meu interesse em uma carreira profissional.

Como no início dos anos 2000 ainda não havia formação digital na academia e também gostava de assuntos relacionados à criatividade, fiz vários testes vocacionais e optei por cursar Publicidade e Propaganda. Segui por esse caminho, por aspectos de criatividade, marketing e negócios. No aspecto criativo, me interessava, sobretudo, pela possibilidade de inovar. Aquilo me fascinava.

Ao procurar meu primeiro estágio, acabei entrando em uma produtora de vídeo, onde uma parte da área digital ficou sob minha responsabilidade. Depois daquela experiência, decidi experimentar outras atividades para, de certa forma, "fugir" do digital.

Procurei estágio em outra agência e falei: "Quero testar minhas possibilidades de trabalho para ver o que posso e sei fazer, porém não quero trabalhar com digital." Mas um dos sócios me contestou: "Sabia que na internet também tem planejamento, redação? Você pode experimentar tudo isso dentro do mundo online." Então, assim foi. Aos poucos, fui evoluindo, chegando de forma circunstancial ao e-commerce.

Minhas atividades foram me levando a outras atividades, até chegar à parte transacional, mas em nenhum momento desse caminho eu disse: "Quero trabalhar com e-commerce". No começo queria criatividade e gostava do mundo digital. Então, uma coisa abriu caminho para outra. Ao mesmo tempo, o mercado amadurecia e foi criando novos espaços nos quais fui me encaixando.

3 Quais foram os principais desafios que você enfrentou durante sua trajetória profissional e como conseguiu superá-los?

A minha jornada com o e-commerce começou em 2010, quando tive a oportunidade de participar de uma operação de compra coletiva. Não vejo aquelas atividades propriamente como e-commerce, mas, na minha carreira, representam um ponto de conexão essencial para o comércio eletrônico.

Tive oportunidade de estruturar aquela operação do zero. Foi um dos meus grandes aprendizados profissionais. Fiz algo acontecer a partir de uma ideia, mas o grande desafio daquela experiência foi a montagem da equipe de trabalho. Foi um obstáculo gigantesco, porque o time crescia rapidamente. Tínhamos dificuldade para encontrar talentos, afinal, pessoas talentosas não estão disponíveis a todo momento.

Outro desafio foi estruturar processos e rotinas de trabalho. Não tínhamos nada e precisávamos estabelecer um fluxo: como fazer a proposta de uma oferta? Qual o valor dessa oferta? Como isso é negociável? Quando publicá-la no site, como vai funcionar o dia a dia da operação? Eram muitas as perguntas e poucas as respostas.

Após conceber a rotina da operação, ela se torna uma cultura. Depois disso, fazer mudanças é muito difícil, qualquer tentativa acaba sendo questionada. As pessoas se acostumam a fazer suas atividades e isso nos leva a outro desafio no ambiente profissional, mais amplo e profundo: mexer com a mentalidade de trabalho das pessoas.

Mesmo em operações digitais, muita gente se prende a um determinado modelo mental de trabalho e evita experimentar algo diferente, porque o novo, apesar trazer oportunidades, também traz riscos.

Então, vivi uma série de desafios e aprendizados quando participei das operações de compra coletiva. Foi muito importante começar algo do zero, formar um time e liderar pessoas, quando não tinha nenhuma prática prévia de gestão daquela magnitude. Por fim, naquele momento, vivi outro desafio quando tivemos de encerrar as atividades daquela operação.

É muito difícil desligar as pessoas de seus empregos. É uma agenda muito pesada. Por tudo isso, quando montei o meu primeiro e-commerce, também do zero, já tinha uma larga experiência.

> Uma história anterior me permitiu contar uma nova história e não cometer os mesmos erros.

4 **Como você vê o papel da cultura organizacional para a transformação digital? Cite aspectos positivos e negativos da cultura sobre a performance.**

Quando comecei a trabalhar com e-commerce na Arezzo&Co, um dos meus desafios foi levar a operação digital para dentro do grupo, que operava com outros modelos mentais de negócio.

Ao iniciar as ações online, ficou muito claro o funcionamento da empresa em uma dinâmica na qual o e-commerce, de certa maneira, até atrapalhava. Para solucionar os entraves, foi necessário criar uma operação 360, independente. Na época, a base logística do grupo ficava no Rio Grande do Sul e o e-commerce precisaria ficar no Sudeste, onde está a base consumidora. Sendo assim, foi preciso ter outra logística. Isso nos levou a ter operações de *customer support*, de marketing digital, de performance, totalmente independentes. Aquele negócio funcionava por si.

Se fizéssemos um *spinoff* e o desplugássemos, ele rodaria como uma empresa completa, mas sempre buscávamos sinergia com a operação tradicional. Isso acabou criando uma subcultura alinhada aos valores da organização, mas, de fato, uma subcultura pelo modelo de trabalho implementado.

Internamente, nossa história deu muito certo. A maneira como nos estruturamos foi muito exitosa, mas, em um dado momento, precisávamos iniciar novos ciclos, fazer com que aquela cultura, surgida das operações de e-commerce, fosse ampliada e impactasse toda a empresa, porque ela já era a cultura do mundo.

> **Estamos dando passos muitos profundos para transformação digital do grupo Arezzo.**

Precisamos ser muito específicos em relação ao significado de nossos negócios. Temos clareza sobre a representatividade de nossa transformação digital e seu consequente impacto. Estamos convictos de que precisamos tomar atitudes de curto prazo, porque inovação também tem caráter incremental. Em nosso caso, traçamos três grandes pilares:

- *Digitalizar o negócio e suas operações.*
- *Integrar canais.*
- *Estabelecer novos negócios digitais, a partir de novas competências.*

Um dos maiores impedimentos da transformação digital não é a capacidade tecnológica ou financeira da empresa, tampouco seus talentos (que podem ser gargalos).

> **O maior entrave da transformação digital é a cultura organizacional.**

Para executivos no Brasil, de acordo com pesquisas de mercado da Gartner, a cultura organizacional é a maior "barreira", a "parede" para a transformação digital. Por isso, essa transformação só acontece se houver uma completa transformação cultural da empresa; e ela tem de ocorrer simultaneamente, de cima para baixo e de baixo para cima. Tendo isso como perspectiva, no processo de transformação da Arezzo&Co, criei alguns questionamentos para serem respondidos, internamente, pelas pessoas e os chamo de perguntas fundamentais. São elas:

- *Para onde nós vamos? Onde estou e para onde vou?*
- *"Por quê?", como propósito.* Por que preciso mudar do ponto A para o ponto B? *Em um determinado aspecto, a resposta a esse questionamento diz respeito às mudanças do mundo, porque o mundo mudou e precisamos atender às novas demandas. Por outro lado, é também porque*

> *"Joãozinho", que trabalha dentro de uma "área x", precisa "comprar essa mudança". Afinal, por que ele tem de fazer parte disso? Sem essa resposta, a mudança é impossível.*
>
> - *Como isso vai acontecer? Qual é o framework do trabalho? Qual o desenho e governança?*
> - *Por fim, quão rápido, quanto investimento e recurso vamos ter de aportar para a mudança acontecer?*

A cultura organizacional das empresas não muda em menos de cinco anos. Os grandes cases de transformação digital no Brasil e no mundo, na verdade, não começaram ontem.

Eu me recordo de quando, em uma de minhas passagens pela Singularity University, falaram sobre grandes inovações do Vale do Silício. Nenhuma delas surgiu da noite para o dia. A Amazon, por exemplo, foi fundada em 1994, com o nome de Cadabra. Ou seja, ela é uma empresa com mais de duas décadas de existência. Outro exemplo é a Netflix, criada, em 1997, para entregar CDs nas casas das pessoas. Para evoluir, os negócios passam por um processo.

5 Quais foram as lideranças inspiradoras em sua carreira e como foi seu relacionamento com seus mentores?

Ao longo da minha carreira, me inspirei em várias pessoas e tentei extrair delas algumas de suas características para montar um "quebra-cabeças". Sempre tentei fazer esse recorte de habilidades para internalizá-las.

De algum modo, percebi nossa tendência em identificar nossos *pontos fortes* e *fracos* e trabalharmos os *fracos*. Concordo com Marcus Buckingham e Donald O. Clifton, autores do livro *Descubra Seus Pontos Fortes*, quando escrevem: "Os pontos fracos têm de estar no menor nível possível para não prejudicar o desempenho de seus pontos fortes." Isso foi um aprendizado, tentar fortalecer, cada vez mais, os pontos fortes e contar com pessoas para complementar os demais pontos.

Sempre tive como referência grandes líderes com impacto de transformação mundial. Em termos de inovação, obviamente, um dos mais inspiradores é Steve Jobs. Outro é Tony Hsieh, da Zappos. Apesar de ser inspirado por grandes referências mundiais, identifico diversos dos meus gestores como lideranças extremamente significativas. Muitas pessoas que trabalharam e trabalham comigo me motivam. Elas influenciaram o desenvolvimento da minha carreira.

Para mim, não tem sentido trabalhar com líderes que não são inspiradores. Dentro da Arezzo&Co tenho várias referências e inspirações. Dentre elas, destaco minha grande admiração por David Python. Sua liderança une aspectos analíticos e criativos com uma precisa avaliação da condição humana. O resultado dessa união é uma liderança inspiradora e direcionadora, gerando engajamento nos times e resultados de alto impacto. Ele é um dos meus grandes mentores e uma decisiva influência em meu trabalho.

Além de Python, admiro muito Alexandre Birman, CEO da Arezzo&Co, fundador da marca Schutz, um dos principais acionistas do grupo, junto com o seu pai, Anderson Birman. Alexandre me inspira por sua grande vitalidade e visão empresarial. Ele é visionário e sabe delegar para fazer o negócio acontecer.

6 Quais são os fatores que você considera fundamentais para exercer a liderança em seu negócio e na sua posição?

Uma das questões mais importantes para exercer a liderança é a capacidade de formar times. É impossível alavancar qualquer negócio sem times que vão fazer a alavanca subsequente formando outras pessoas e criando uma grande espiral positiva. Eu, particularmente, procuro encontrar pessoas muito melhores do que eu para os meus times. Profissionais que possam ocupar todas as cadeiras ocupadas por mim. É importante formar pessoas e garantir um ambiente de trabalho estimulante.

É fundamental entender os perfis das pessoas em seu time. É preciso identificar quais são as suas características, quem consegue "tocar o bumbo" e dirigir uma operação mais madura ou quem tem perfil para construir o novo. Compreender as pessoas é desafiador e algo muito sutil. É uma *soft skill* que não se aprende na escola, mesmo com a evolução de cursos de e-commerce, ou em especializações. É muito difícil ensinar essa habilidade. Até se pode oferecer ferramentas de gestão, coaching, mentoring, mas essa é uma questão de sensibilidade.

Outra capacidade importante para exercer a liderança sem perder a coerência é lidar com múltiplos temas e dinâmicas de profundidades diferentes. O líder precisa garantir que as agendas andem na mesma direção.

Empresas que não conseguem efetivar ou concluir sua transformação cultural têm estruturas caminhando para lugares diferentes. Em algum momento é preciso abraçar o todo para garantir que todo mundo vá para o mesmo caminho. Quando se atinge a maturidade dessa transformação, naturalmente, as pessoas olham para a mesma direção e se abre espaço para a realização de trabalhos mais específicos.

7 Quais são as características que você mais valoriza em seus colaboradores?

Ter um alinhamento cultural é um ponto importante para responder esse seu questionamento, mas para isso é preciso saber, primeiro, qual é a sua cultura para fazer as contratações em acordo. Depois vêm as questões das competências técnicas. Para os cargos de liderança, não tenho dúvida, o profissional tem de saber gerir pessoas; essa habilidade é a mais importante para a máquina girar.

Ter disciplina é outro fator importantíssimo. A falta de disciplina impede a progressão das atividades, as tarefas não são concretizadas. A disciplina precisa estar presente em todos os aspectos de nossa vida para garantir a consistência dos trabalhos em longo prazo.

8 Como conciliar o crescimento exponencial dos negócios digitais com o crescimento da carreira, que muitas vezes não andam juntos e podem gerar frustração?

Isso é algo muito desafiador, um dos maiores desafios do setor, sobretudo tendo de lidar com a impaciência das gerações mais novas.

As jornadas e grandes concretizações profissionais não acontecem do dia para a noite. É preciso trabalhar duro e ficar muito atento às oportunidades; e, quando elas surgem, é preciso aproveitá-las.

Em um negócio exponencial as pessoas podem ter carreiras exponenciais, mas não existe garantia nenhuma. O *downside* dessas empresas é que não existirá aquele clássico plano de carreira. Você não dirá: "Agora, sou analista de e-commerce, depois serei coordenador; na sequência, gerente e, por fim, diretor." Não é possível fazer essa afirmação, porque tudo pode mudar a qualquer momento. Daqui a pouco, o e-commerce pode até deixar de existir como canal, estando totalmente integrado à organização.

Fato é que, em uma empresa estável, é possível ter clareza dos próximos passos, mas o potencial de mobilidade é muito mais baixo. É preciso ocupar os cargos por um período específico de tempo; é preciso ter uma variedade de cursos e requisitos para conseguir promoções. Por sua vez, negócios exponenciais permitem crescimento muito rápido, mas com maior nível de incerteza.

É necessário estabelecer um diálogo honesto com quem está ansiando por crescimento. Eu, particularmente, digo: "Olha, não sei qual é o próximo passo e a próxima posição que você pode ter, mas o negócio está crescendo. Se você seguir consistente, entregando resultados, muito provavelmente seu nome vai ser lembrado."

Costumo lembrar as pessoas da importância de se ter disciplina. Quem tem muita disciplina dá consistência ao trabalho. Dentro desse alinhamento, construímos as expectativas das pessoas.

Criar conexões genuínas é muito importante.

O CEO da Microsoft, Satya Nadella, um líder digital e profissional que me inspira muito (e fez uma grande transformação digital dentro de sua empresa), em seu livro *Aperte o F5: A transformação da Microsoft e a busca de um futuro melhor para todos*, reflete sobre uma equação pertinente: "Confiança é igual à consistência vezes o tempo."

Nós conquistamos confiança sendo consistentes durante muito tempo, não é algo que você constrói rapidamente. A pressa, muitas vezes, não permite que se construa uma história. Ficar curtos períodos em uma corporação, um ano, seis meses, é algo muito característico das novas gerações, mas com esse comportamento a pessoa não tem uma história para contar, tem apenas pequenos fragmentos.

Em 2010, participei de um evento de inovação em Nova York e um dos palestrantes fez uma provocação: "Todo mundo falando em pensar fora da caixa, mas, às vezes, a questão é achar uma boa caixa para pensar dentro dela." Para mim, a Arezzo&Co é uma boa caixa para pensar infinitas oportunidades em termos de novos negócios, desenvolvimento e realizações.

9 Como você acredita que será o futuro do trabalho e qual será o impacto em seu negócio, no mercado e nas carreiras?

Sobre esse tema minha única certeza é que não tenho capacidade de entender o que acontecerá. Como fala Ray Kurzweil, um dos principais futuristas da atualidade, nosso nível de transformação no século XXI, pautado pelo avanço tecnológico, equivale a vivermos 20 mil anos em um século. Ou seja, não dá para ter a menor ideia do futuro.

Para Kurzweil, estamos no momento do joelho da curva, que é aquele momento no qual vejo algo acontecendo, mas não sei o que acontecerá daqui para frente. Mesmo assim, fazendo um exercício de adivinhação, o trabalho repetitivo, sem valor agregado de criatividade, será substituído por máquinas. Tudo o que for pura e simples repetição tende a deixar de existir. Se for um trabalho sem algum valor intelectual adicional, esse trabalho tende a desaparecer.

Até que ponto as máquinas conseguirão ser criativas? No futuro, a criatividade deverá ser nossa principal habilidade. Tangibilizar a criação de obras de arte, de música, é algo muito profundo. É difícil entender se, algum dia, as máquinas terão essa capacidade. No mínimo, levarão algum tempo para conseguirem realizá-la.

Outro trabalho assegurado para o futuro é o de programador, até porque essa é uma atividade que também envolve muita criatividade. Alguém, talvez, tenha de trabalhar para programar a última máquina que substituirá os programadores.

No futuro, sempre existirá oportunidade para quem é *problem solver*, quem enxerga os problemas e os resolvem. Eu me enxergo um pouco dessa forma; me identifico, também, com uma palavra que ouvi Walter Longo usar, *nexialista*, alguém que cria nexo, que conecta as coisas. De algum modo, em minha carreira, pude conectar o mundo mais tradicional dos negócios com o mundo digital.

Quem consegue encontrar nexo entre as coisas, e consegue resolver problemas e ser criativo é protagonista, não espera as coisas acontecerem, nem se coloca como vítima das circunstâncias.

> No futuro, haverá muitas oportunidades; agora, o nome da função para identificar essas oportunidades tende a mudar a cada dia.

10 **Com o conhecimento que você tem hoje, se pudesse dar um conselho para você no início da carreira, qual seria este conselho?**

Nunca parei para pensar sobre isso, mas a seguinte frase responde um pouco como me sinto a respeito desse assunto: "Somente quem teve a audácia de explorar caminhos nunca antes explorados pode entender até onde seria possível chegar." Somente quem vai em busca do desconhecido pode, talvez, conseguir chegar e entender seus limites.

Não me daria um conselho pronto porque, dependendo desse conselho, poderia mudar tudo em minha vida. Se me aconselhasse a entender mais sobre pessoas ou ser mais precavido, certamente, não teria tido meus aprendizados. Talvez não fosse eu mesmo. Talvez estivesse tentando me ajudar e acabaria me estragando. Por isso, falaria: "Maurício, você não vai descobrir aonde quer chegar se não se arriscar, tentando chegar aos lugares mais altos que você vislumbrar à sua frente."

> Eu me vejo arriscando.

Não tenho a menor ideia do quão alto posso ir, mas sei que vou "escalar" para sempre, até meu limite. Eu sempre vou "escalar", procurar por um "cume", uma posição mais alta, porque, a cada dia, existem novas possibilidades e quero explorá-las. O sentimento de explorador me define bastante.

" *Os grandes líderes da nossa indústria estão abertos ao novo.*"

Vicente Rezende

Desde meados dos anos de 1990 atuando no mercado digital brasileiro, Vicente Rezende é um experiente executivo desse setor. Entre algumas de suas atividades, ele atuou em posições de liderança na B2W e Cnova, duas das mais significativas empresas do comércio digital brasileiro. Com toda a sua experiência, ele é admirador da criação de equipes de trabalho que contemple a maior diversidade possível de profissionais. "Em minha carreira, sempre que vi essa condição acontecer, e, algumas vezes consegui estabelecer essa mistura, o resultado foi muito bonito. Foi muito enriquecedor para todo mundo." Rezende concedeu a seguinte entrevista no segundo semestre de 2019, quando ocupava o cargo de chief marketing officer (CMO) da operação brasileira da L'Oréal, empresa líder no mercado global da beleza.

1 **Qual o papel da formação acadêmica em sua trajetória profissional?**

A minha educação tem um papel importante em minha trajetória profissional, mas não fundamental. Minha entrada nos negócios digitais aconteceu pela área técnica. Sou designer gráfico e aprendi sozinho a programar, atuando nos ambientes virtuais desde o seu surgimento no Brasil. Portanto, para mim, o trabalho aconteceu de maneira consequente.

Quando a internet se tornou comercial, imediatamente, encontrei uma colocação profissional em algumas produtoras. Faço parte da primeira geração desse setor em nosso país, mas, naquela época, ainda fazia faculdade. Por isso, mesmo antes de me formar, já tinha uma visão objetiva do mercado.

Aquele foi um período em que havia pouca gente trabalhando no digital; por outro lado, existia uma grande demanda para se fazer sites. As pessoas, mesmo sem saber exatamente para quê, queriam ter um site.

Por esse contexto, eu ainda muito novo com 20 e poucos anos, tornei-me responsável, no Brasil, por sites de multinacionais como os da Volkswagen e Microsoft; e de grandes empresas brasileiras à época, como a rede de supermercados Pão de Açúcar.

Assim, o fato de ter começado a trabalhar tão cedo acabou tendo mais importância para a minha formação profissional do que a universidade. Mas, também é importante lembrar, naqueles anos trabalhar com internet era algo completamente novo, e a academia nem sequer estava preparada para nos ensinar aquela linguagem que estávamos começando a falar, tampouco tinha condições, pelo ineditismo do setor, de entender as demandas do segmento digital.

Mas reforço, em termos de método de pesquisa, construção de network, conhecimento de pessoas, a faculdade foi superimportante.

2 Em que momento da sua carreira você percebeu a oportunidade dos negócios digitais e por que isso fazia sentido para você?

Eu tenho dificuldades para responder a esta pergunta, porque, pela minha história, eu não consigo definir precisamente um momento de virada em minha vida para o digital.

Antigamente, quem gostava de computador era chamado de "micreiro". Eu era esse tipo de pessoa. Desde sempre, tive a ambição de mesclar a tecnologia com algo visual, minhas áreas de interesse.

Minha primeira ambição foi a trabalhar com animação, *motion graphics*. Daí, surgiu algo que me chamou a atenção, fazer páginas para a internet. Para mim, aquilo combinava meus interesses. Achei a possibilidade de transformar códigos em imagem algo incrível. Não hesitei e caí de cabeça naquela oportunidade.

Mas retrocedendo um pouco mais em minha história, antes de a internet se popularizar, eu fazia CD-ROM. Antes de fazer CD-ROM, eu tentava trabalhar digitalmente com arte gráfica. Ou seja, como sempre trabalhei digitalmente, tenho dificuldade em precisar um ponto de mudança.

Talvez essa "mudança", mencionada em sua pergunta, tenha acontecido em minha adolescência, quando meu pai trouxe para nossa casa um computador. Para mim, aquela máquina se tornou um brinquedo. Fui aprendendo a usá-lo de maneira intuitiva, a partir de minha curiosidade.

==A curiosidade é uma ferramenta fundamental para o mercado digital.==

Então, não teve esse ponto de inflexão, não consigo datar e apontar: "Esse evento me fez ter a certeza de que eu tinha de 'mirar no digital'", porque eu sempre "mirei no digital". Além do mais, em 1994, 1995, eu via a possibilidade real de crescimento desse segmento. Ali, percebi a escala do negócio.

A partir daquela percepção, começaram a acontecer o que chamo de micromomentos que ajudaram a constituir nosso mercado e foram significativos para a composição de minha trajetória profissional. Um deles foi o dia em que entendi que poderia transportar grandes arquivos por FTP. Naquele instante, acabava a necessidade de algum suporte portátil para transportar arquivos.

Outro micromomento se dá quando as pessoas começam a acreditar na compra online e entender as particularidades dessas transações, tanto para quem vende quanto para quem compra. Afinal, o e-commerce não é um *copy and past* do varejo físico para vender online.

Para mim esses acontecimentos foram como ensinamentos. A partir deles entendi o poder de nosso negócio. O impacto do digital em nossas vidas é muito amplo. É absolutamente transformacional, de maneiras rigorosamente distintas, em qualquer âmbito de nossas vidas — do negócio de varejo ao comportamento político da população. E estamos à beira de viver outras revoluções. O 5G está por vir, assim como o aumento da presença e influência de soluções tecnológicas baseadas no comando de nossas vozes.

Por mais que a tecnologia móvel tenha grande importância e tenha alterado radicalmente nossos hábitos, ela é só uma interface como tantas outras existentes, muitas capazes de ser ainda mais revolucionárias no decorrer dos anos. Particularmente, quando me refiro a esse assunto gosto de utilizar a seguinte expressão: "A tecnologia móvel é um extensor do cérebro." Daí, me pergunto: "Por que o extensor do cérebro tem de estar apenas na mão?"

É bom lembrar, trabalhamos em um setor produtivo dinâmico. Tudo nele pode ser alterado em espaços temporais muito breves. Por isso, é tão importante nos mantermos curiosos. A curiosidade é nosso combustível. Precisamos ficar confortáveis em não saber. Ou melhor, temos de ter o conforto de saber: tudo vai mudar. Essa é a única certeza.

3 Quais foram os principais desafios que você enfrentou durante sua trajetória profissional e como conseguiu superá-los?

Ao longo de minha carreira, foram diversos os desafios, mas até hoje, invariavelmente, eles são a variação de um mesmo aspecto: convencer as pessoas do impacto do negócio digital. Essa condição se repete desde

1994, claro, em escalas diferentes, com prioridades distintas, mesmo assim ainda tenho de convencer as pessoas desse impacto.

Praticamente, executo um trabalho de evangelização digital. Atualmente, é mais simples fazer esse convencimento, mas ainda é um desafio. Porém, confesso, eu gosto de enfrentar esse desafio, afinal, para convencer as pessoas sobre a importância do negócio digital, tenho de me envolver com questões da cultura organizacional e de disputa do poder nas corporações. Essa condição amplia a dimensão desse convencimento e me atrai.

Sobre esse assunto, ainda é pertinente abordar: no mercado digital como um todo e no comércio eletrônico, em particular, é possível mensurar tudo o que acontece em tempo real. Esse fato acarreta interações muito peculiares; e, para mim, há duas maneiras para olharmos as mensurações:

- *como sucesso (ao se analisar o êxito das transações realizadas); ou*
- *como fracasso (ressaltando o desempenho fraco das atividades).*

Para mim, é muito rico olharmos essa mensuração pela ótica do fracasso e encontrarmos respostas para perguntas como:

Qual foi a taxa de conversão?
Quem não comprou no site?

Ao encontrar respostas para esses dois questionamentos, por exemplo, medimos o fracasso da operação. E temos cotidianamente a capacidade para realizar essa mensuração, ainda que nosso setor não a chame de *análise de fracasso*.

Otimizações são mensuração de fracasso. E trabalhamos com otimização em tempo real.

Mas as organizações, principalmente as mais tradicionais, não estão acostumadas a falar de fracasso. Por isso, ainda temos de superar o inerente clash cultural entre as empresas tradicionais e os negócios digitais.

4 **Como você vê o papel da cultura organizacional para a transformação digital? Cite aspectos positivos e negativos da cultura sobre a performance.**

Para um processo de transformação digital, a cultura organizacional é fundamental; e, é bom lembrar, o mundo digital exige que se conviva com o erro. Muitas vezes, as empresas da economia tradicional têm grande dificuldade em aceitar essa condição tão característica de nosso segmento. Afinal, o processo de melhoria contínua da operação é outro fator de destaque em nossa forma de ser.

O processo de transformação digital, para acontecer nos negócios, precisa ser transversal. Isso pressupõe o envolvimento de todas as pessoas na empresa, com impacto direto na cultura organizacional. Então, muito se fala: "O *top management* precisa estar engajado". Claro, o *top management* precisa estar envolvido, mas todos abaixo do *top manager* também precisam estar envolvidos, porque as coisas acontecem no dia a dia da operação.

Esse amplo alinhamento é muito difícil de acontecer e nisso reside o risco de a cultura da empresa atrapalhar a transformação digital, principalmente em estruturas que não nascem para pensar de maneira transversal, o que acontece normalmente na velha economia. Contudo, temos de ressaltar:

> Não existe mais essa história de o digital ser uma área.
> O digital é um pilar. O digital transpassa tudo.

Tente explicar para uma criança de dez anos que ela precisa se "desconectar". Para as novas gerações, o conceito de desconexão inexiste. Não há uma "cultura digital" para elas, porque a cultura delas é digital, não há outra. O digital está presente em tudo para elas. Sendo assim, *qual a razão em termos uma área digital como algo à parte?*

Acho, também, fundamental o segundo ponto de seu questionamento, que está relacionado à gestão por performance. A partir do momento em que conseguimos medir tudo, inclusive o fracasso, não temos outro jeito de operar. É muito chato operar sem ser orientado para a performance.

Temos de buscar ao máximo essa orientação por performance e fazer com que isso esteja inserido dentro da cultura organizacional das empresas da maneira mais processual possível. "Do que estamos falando?", "De quanto a gente está falando?", "Como presto contas do que aconteceu?", "Qual é a próxima coisa que precisamos fazer para melhorarmos?" As respostas para esses questionamentos, entre outros, têm de estar inseridas no trabalho.

Temos sempre de ser muito bons em alguma coisa que ainda não temos certeza do que é. As organizações precisam estar mais preparadas para deixar essa situação acontecer. É um equilíbrio muito delicado.

5   Quais foram as lideranças inspiradoras em sua carreira e como foi seu relacionamento com seus mentores?

Eu sempre tive um relacionamento muito bom com quem me liderava. Em especial com German Quiroga, um profissional com visão avançada, com quem trabalhei por anos e que gerava muita confiança. Com ele, tive uma relação absolutamente enriquecedora, inspiradora e de muita autonomia. Para mim, foi perfeita.

Depois dele, convivi com líderes de características distintas, mais orientados à performance. Em um determinado momento de minha carreira, esse convívio me transformou em um líder muito focado nos resultados de performance. Esse comportamento me proporcionou um grande aprendizado e foi muito útil à minha carreira.

Assim, tive os dois modelos de liderança e ambos foram importantes para me forjar. Mas, confesso, já errei a mão tanto para um lado quanto para o outro. Muitas vezes, quis ser 100% o líder inspirador; em outras ocasiões, me dedicava a ser 100% o profissional focado na performance. Atualmente, tenho a pretensão de achar que consigo balancear bem essa condição.

6 **Quais são os fatores que você considera fundamentais para exercer a liderança em seu negócio e na sua posição?**

Uma eu já falei, que é a curiosidade. Em meus 20 anos de atuação no e-commerce, a curiosidade me atualizou nas operações de alta performance. Quando falamos de negócios digitais, temos de considerar as rápidas mudanças desse segmento. Nos últimos 3 anos, o e-commerce se transformou totalmente. É importante perceber esse período de tempo, porque a cada 3 anos grandes mudanças acontecem na maneira como se opera esse negócio e é preciso ser curioso para se manter atualizado com tantas modificações.

Hoje, temos negócios totalmente baseados em influenciadores digitais. Há três anos, essa palavra nem sequer existia. Há cinco anos, seria impossível pensar em negócios no Instagram. E o que acontece agora? Por essa rede social surgem negócios relevantes. Por isso, precisamos estar abertos ao novo e sermos curiosos. Para mim, os grandes líderes de nossa indústria têm esse comportamento.

==Os grandes líderes da nossa indústria estão abertos ao novo.==

Outro fator fundamental para exercer a liderança, aliás, absolutamente pragmático, é a capacidade de ouvir. Temos de, principalmente, saber ouvir as gerações mais novas. Precisamos prestar atenção ao que as pessoas de 21 anos estão falando sobre o nosso negócio. Isso é fundamental já há um certo tempo e está se tornando mais importante ainda. Temos mais universos a serem descobertos, há muitos gaps para serem superados e o salto geracional encurta cada vez mais.

Para os líderes, é muito difícil ouvir a molecada de 19, 20 anos que trabalha em seu time. Porém desenvolver essa capacidade é fundamental para liderar. Temos de chegar até eles e perguntar como as relações sociais estão se organizando, para onde o mundo está indo, na visão deles.

Como líder, preste atenção e dê valor as gerações que ainda não têm poder, porque elas entendem alguns aspectos dos nossos negócios que a gente não consegue perceber, porque interagem com o mundo de forma distinta da nossa maneira de agir.

7. Quais são as características que você mais valoriza em seus colaboradores?

Em toda a minha história, eu montei meus times em função do que eu acredito e, de fato, valorizo pragmatismo, agilidade e transparência, como características entre meus colaboradores. Tem ainda a questão da diversidade que é extremamente importante, mas a divido em alguns eixos.

Tem o eixo da diversidade clássica, no estrito sentido da palavra — raça, gênero, orientação sexual, idade. É extremamente rico integrar nas equipes de trabalho pessoas representativas desses grupos, porque isso traz pontos de vista diferentes para a organização.

Outro eixo essencial em termos de diversidade é o que classifico como "de tipo". Nas equipes de trabalho precisamos ter tipos profissionais distintos. Temos de ter alguém absolutamente analítico, por exemplo, trabalhando conjuntamente com alguém completamente criativo. É saudável termos, lado a lado, engenheiros e marqueteiros. Mas, às vezes, essa diversidade de tipo não acontece. Acontece, sim, a diversidade clássica, mas a diversidade de tipos não. Assim, encontramos várias organizações estruturadas apenas em um desses eixo; e, para mim, essa é uma questão a ser resolvida, porque os dois eixos são igualmente importantes.

Quando as empresas conseguem se estruturar de maneira inclusiva, ela cria uma estabilidade riquíssima.

==Então, o que admiro na elaboração do quadro de colaboradores é a união de gente diferente, no sentido mais amplo do significado da palavra diferente. Em minha carreira, sempre que vi essa condição acontecer (e consegui estabelecer essa mistura algumas vezes) o resultado foi muito bonito, foi muito enriquecedor para todo mundo.==

8 **Como conciliar o crescimento exponencial dos negócios digitais com o crescimento da carreira, que muitas vezes não andam juntos e podem gerar frustração?**

Primeiro, é importante destacar que os negócios digitais nem sempre crescem exponencialmente; às vezes eles têm uma jornada de crescimento exponencial, sim, mas nem sempre isso ocorre. Contudo, é importante reconhecer que crescemos, invariavelmente, acima do mercado tradicional. Dito isso, eu tendo a achar que o caminho da conciliação, mencionada em sua pergunta, está na busca pela diversão nas atividades profissionais. Quem está no mercado de trabalho precisa ter o sentimento da diversão. Se ele estiver imbuído desse espírito, todo o resto acontecerá consequentemente.

Nosso mercado tem muito espaço para o crescimento profissional das pessoas. Inclusive, como setor, nunca paramos de crescer. Em nossa trajetória aconteceram algumas barrigadas, mas nunca paramos de crescer, mesmo no ápice da crise de 2014 e 2015, o mercado digital como um todo crescia.

Colaboradores orientados para performance e curiosos evoluirão em suas carreiras. A grande questão é: *Como é que você vive durante esse período de crescimento?* É importante entender a resposta para esse questionamento, porque do contrário você começa a trabalhar "por um fim". Você começa a agir para, em cinco anos, ver algo específico acontecer e depois outra coisa, e mais outra coisa, e assim por diante, mas esse comportamento não funciona. Só a diversão resolve essa questão. É preciso se divertir ao longo do caminho.

==Curta a jornada e não o destino, porque a jornada pode ser muito legal. A jornada de montar negócio, ganhar relevância, desenvolver pessoas e impactar todo o ecossistema.==

De fato, as gerações mais novas demonstram mais ansiedade sobre esse tema. Elas querem crescer rapidamente, mas o crescimento leva um tempo, portanto insisto na questão do se divertir com a jornada cotidiana, enquanto o crescimento não chega, assim a ansiedade diminui. A experiência traz mais consciência para esse assunto.

Todas as suas decisões profissionais lhe trouxeram até onde você está. Então, fique confortável no seu sapato. Senão o sofrimento será constante, porque sempre terá alguma coisa que você poderia ter feito diferente para ter um resultado ainda melhor do que aquele obtido. Olhe para essa questão sempre com doçura, não com rancor.

9 Como você acredita que será o futuro do trabalho e qual será o impacto em seu negócio, no mercado e nas carreiras?

No futuro, a palavra digital vai deixar de ser usada para descrever "negócios digitais", porque toda a forma de fazer negócios definitivamente será digital. Portanto, diremos apenas "negócios", implicitamente todos saberemos que eles são digitais. Essa é a minha futurologia master. Mas, sendo mais específico, acho que algumas profissões vão acabar mais cedo do que a gente espera; por outro lado, as áreas ligadas à criatividade serão ampliadas. Apesar disso, viveremos em um mundo bem mais tecnocrata, no qual a tecnologia vai ditar a nossa vida. Essa possibilidade me preocupa, principalmente ao considerarmos o aspecto da diversidade que mencionei, porque, cada vez mais, nossa vida será conduzida por algoritmos e essa tecnologia é desenvolvida por um tipo específico de pessoa (e não estou, com isso, emitindo um juízo de valor).

Como a visão do mundo será estabelecida pela lente dos algoritmos, me preocupa o fato de eles serem idealizados por gente de comportamento semelhante. Apesar dessa preocupação, sou otimista. A tecnologia vai melhorar muito nossa qualidade de vida.

Em nossa história como humanidade, a tecnologia sempre resolveu nossas maiores encrencas. Assim vivemos ao longo dos séculos e não será diferente no futuro; vamos usar os avanços tecnológicos para lidar com nossas preocupações como a emissão de gazes poluentes da atmosfera, o uso e descarte do plástico etc.

Acredito ainda que a tecnologia será onipresente. Não vamos precisar mais, por exemplo, do suporte do celular, a tecnologia estará em nós. Portanto, o salto qualitativo das gerações será cada vez maior. A diferença da minha geração para a dos meus pais é "x"; a da minha geração para a do meu filho será "3x"; e a do meu filho para a do meu neto vai ser de "8x". Nesse sentido, as organizações vão precisar mexer significativamente na estrutura do trabalho.

Também temos de nos lembrar que, no futuro, um de nossos grandes desafios será como regularemos nossa vida na onipresença da tecnologia. Como regulamos os algoritmos? O governo tem capacidade para versar sobre esse assunto? Apesar da incerteza das respostas a esses questionamentos, volto a insistir: sou otimista quanto ao porvir; e gosto muito de usar em minha vida uma frase brilhante dita no filme Jurassic Park: "A vida encontra meios." Nós vamos encontrar nossos meios.

10 Com o conhecimento que você tem hoje, se pudesse dar um conselho para você no início da carreira, qual seria este conselho?

Meu primeiro conselho seria: "Curta mais a jornada e pare de esperar o fim das coisas. Curta a jornada mais do que você curtiu em alguns momentos." Eu demorei para aprender a fazer isso. E depois, me alertaria: "A vida passa rápido. Se ligue, porque ela passa muito rápido." Diria também para acreditar mais e não ter medo, porque vai dar certo. Apesar de não ter arrependimentos, em alguns momentos, fui meio temeroso com o futuro.

CAPÍTULO 8

Consolidação e Análise das Respostas

" *Ninguém, com toda certeza, é capaz de assumir a liderança em todos os campos. Pois para um homem os deuses concederam os poderes da guerra, a outro a dança, para outro a música e o canto, em um outro, o Todo-poderoso Zeus, colocou uma boa cabeça.*"

– HOMERO
Poeta Grego

> "A competitividade do setor e as rápidas mudanças tecnológicas em curso levam a um processo organizacional de completa transformação digital, exigindo mais dos líderes em seu trabalho de condução organizacional. Sendo assim, evidencia-se a importância da liderança em mediar o desempenho dos negócios."

Neste capítulo, estão ressaltados (como aspectos de relevância das respostas) pontos comuns ao pensamento dos 21 líderes entrevistados. Esta análise dá forma à pesquisa qualitativa exploratória e ajuda a formalizar padrões que possam ser estudados futuramente.

Aspectos de relevância das respostas na pergunta 1
Qual o papel da formação acadêmica em sua trajetória profissional?

Apesar da diferença de perfis dos líderes entrevistados, em geral, as respostas a esta questão tiverem baixa variabilidade.

- **Apoio ao desenvolvimento da carreira**

    A maior parte deles concordou que a formação acadêmica é alicerce para a evolução da carreira. Em geral, os executivos entrevistados acreditam que as competências técnicas e de negócios adquiridas servem para:

    I. Construir raciocínio.

    II. Modelar formas de aprender.

    Além disso, são as competências básicas para entrar e navegar no mercado profissional, sendo que muitos dos entrevistados entendem **a formação acadêmica como diferencial para o início da jornada de trabalho** e **conquista do primeiro emprego**.

- **Criação de networking**

    Alguns dos profissionais mencionaram que a formação acadêmica também abriu portas para a construção de relacionamentos mais diversos, uma vez que o ambiente universitário congrega um amplo leque de pessoas. Essas interações dão aos profissionais uma **visão diversa de mundo**, além da capacidade de lidar com o outro, o diferente.

    Para muitos entrevistados, o ambiente acadêmico foi decisivo à construção de valiosas redes de relacionamento (networking), que perduram ao longo dos anos.

- **A prática vale mais do que o conhecimento acadêmico**

    Por outro lado, também foi quase unanimidade entre os entrevistados que, uma vez inserido no mercado (principalmente no ambiente digital), a formação acadêmica é indiferente à execução do trabalho e ao crescimento na carreira. Para se destacar e evoluir no ambiente digital é preciso ter prática.

    O conhecimento empírico para execução das atividades é mais valorizado do que o de gestão adquirido durante a graduação. Para eles, o conhecimento acadêmico tem pouca relevância no cotidiano, por estar descolado da ordem prática ou pelo conhecimento teórico não abordar questões específicas do digital, uma disciplina muito nova.

- **Especializações e pós-graduação são importantes, sim**

    A busca por conhecimento e competências de gestão em pós-graduações e especializações foi um ponto destacado. Muitos executivos, ao se depararem com problemas complexos de administração e relacionamento com pessoas, voltaram à academia para aprender maneiras de lidar adequadamente com essa situação e, consequentemente, dar o próximo passo na evolução da carreira. Além de destacar a necessidade de constante atualização para estar em dia com as demandas do mercado.

- **A liberdade de experimentar**

    Interessante notar o fato de que dois dos líderes entrevistados não possuíam graduação formal. Ambos ressaltaram essa condição como oportunidade para desenvolver sua liderança com mais liberdade, sem as amarras de uma conceitualização formal.

> **OBSERVE**
>
> Muitos dos fatores técnicos mencionados pelos líderes para executar suas atividades foram construídos de maneira empírica, ou seja, ao longo de suas trajetórias profissionais. Apesar dessa condição, quando as lideranças tiveram de desenvolver suas competências de gestão, precisaram recorrer à academia para aprimorar suas habilidades.

Aspectos de relevância das respostas na pergunta 2
Em que momento da sua carreira você percebeu a oportunidade dos negócios digitais e por que isso fazia sentido para você?

Independentemente da formação acadêmica do profissional, boa parte dos líderes entrevistados teve alguma experiência prévia com tecnologia, fosse programando sites, desenvolvendo softwares, criando blogs ou produzindo conteúdo diverso.

- **Movidos pelo desejo**

    De maneira geral, eles eram entusiastas do ambiente digital antes de trabalharem no segmento. Inclusive, bem antes da exponencial escala de crescimento do setor (acarretando a mudança do comportamento humano, de acesso à informação e eficiência dos modelos de trabalho).

> A vontade que tinham em trabalhar com o que lhes despertava interesse os fez buscar vagas de emprego no setor, mesmo sabendo da incipiência daquela oportunidade, inserida em um ambiente ainda não provado.

- **Motivos da preferência**

    Alguns fatores de negócios foram inerentes à escolha deles pelo mercado digital:

    i. A abundância de dados, facilitando a tomada de decisão

    ii. Processos mais eficientes de compra e venda, cuja engenharia reversa é de suma importância para operacionalização do negócio.

    iii. Custo virtualmente mais baixo do que o investimento físico para o desenvolvimento de um empreendimento bem-sucedido.

- **Expansão à vista**

    O potencial de crescimento do mercado digital fez as pessoas persistirem no segmento. Grande parte dos líderes entrevistados não só vislumbrou esse potencial, como trabalhou para o seu acontecimento.

OBSERVE

Apesar das características comuns evidenciadas, ao analisar as respostas dos entrevistados, é importante separá-los em dois grandes blocos:

I. Os profissionais com formação técnica.

II. Os profissionais com formação de negócios.

Para os profissionais com aptidões para desenvolver as atividades mais técnicas, o trabalho com a internet foi consequente. Eles perceberam mais facilmente as potencialidades desse meio.

Já os profissionais que têm maior tendência para lidar com as questões do negócio em si, se detiveram com mais ênfase à mudança do comportamento humano decorrente das novas tecnologias, assim como foi importante para eles o abundante volume de dados e informações para acompanhamento de indicadores-chave do setor, consequentemente, para a melhora da tomada de decisão.

> Porém, logo cedo, todos os líderes identificaram em suas carreiras as oportunidades econômicas desse segmento. De fato, essa aposta provou-se bem-sucedida. Mas é preciso ressaltar: a atuação deles foi fundamental para o crescimento do mercado. Eles tiveram uma capacidade correta de análise econômica e execução de suas atividades, tornando autorrealizável a intenção que tinham.

Aspectos de relevância das respostas na pergunta 3
Quais foram os principais desafios que você enfrentou durante sua trajetória profissional e como conseguiu superá-los?

Os principais desafios enfrentados podem ser divididos em dois grandes blocos:

I. A falta de referências e conhecimento técnico para executar as atividades.

II. O desafio de lidar com a gestão de pessoas.

- **Quando o conhecimento técnico inexiste**

    A inexistência de fundamentos mostrou que muitos líderes construíram suas respostas para contemplar a execução de suas atividades, de maneira independente. Para isso, eles procuraram o know-how necessário em fontes externas ao setor; adaptaram soluções existentes no mercado tradicional de trabalho para incorporar à dinâmica do setor digital; sobretudo, várias das atividades realizadas foram determinadas por tentativa e erro.

    Muitos líderes destacaram a **capacidade de aprender**, a **resiliência** e a **capacidade de adaptação** como fatores fundamentais para a execução dos trabalhos e a consequente entrega dos resultados.

    Esse desafio, algumas vezes, ocorreu no início da carreira dos líderes e os colocaram em posições de destaque, porque eles tiveram a capacidade de execução, mesmo sem referências e conhecimento adequados.

> **Quem tem capacidade de execução é alçado a cargos de gestão e liderança.**

Possivelmente, tenha sido esse o motivo pelo qual a gestão de pessoas foi o segundo aspecto mais mencionado entre os líderes como fator desafiante. Afinal, como eles entregaram os resultados esperados (em algumas situações até superando as expectativas), foram promovidos; consequentemente, o passo seguinte foi liderar equipes e gerar boas performances.

OBSERVE

Em um primeiro momento no ambiente digital brasileiro, o grande desafio foi superar as deficiências técnicas e de conhecimento do mercado; a gestão de pessoas se revelou o desafio seguinte.

Sou chefe. Agora tenho de gerir pessoas.

As respostas para esse desafio estão associadas tanto à **forma** como eles tiveram de **montar suas equipes** — juntando pessoas com características distintas, motivando-as e cobrando para atingir um objetivo comum — como à **capacidade de comunicar, engajar** e **gerar confiança dos colaboradores** para que a entrega acontecesse.

Aspectos de relevância das respostas na pergunta 4

Como você vê o papel da cultura organizacional para a transformação digital? Cite aspectos positivos e negativos da cultura sobre a performance.

Nesta resposta, claramente, identificou-se uma diferença entre os aspectos de uma **cultura digital mais tradicional** e **hierárquica**, pautada em uma *comunicação unilateral* e *processos verticalizados de decisão*, se opondo a uma **cultura de fomento às iniciativas digitais** baseada no *empoderamento das pessoas, descentralização da tomada de decisão, agilidade para testar novas situações e abertura para discussão de erros*.

A empresa, nesse último cenário descrito, deixa de ser a dona da verdade e os consumidores, bem como seus colaboradores, passam a ter um papel mais relevante dentro dos negócios.

Esses aspectos estão alinhados com a ideia de que a *cultura do negócio* é um agente fundamental para que possa haver performance organizacional no ambiente digital.

O líder é vetor para a construção da cultura digital dentro da organização.

O líder precisa ser mais do que o *dono da informação* e o *tomador final da decisão* para alcançar o resultado almejado. Fundamentalmente, ele tem de:

- Comunicar e se alinhar constantemente aos objetivos da organização.
- Ser autêntico na forma como atua.
- Auxiliar no processo de construção dos ritos e acordos alinhados aos objetivos organizacionais.

OBSERVE

O líder precisa acreditar no que está fazendo. Para isso, ele deve:
I. Agir com transparência, para que seus colaboradores e/ou seu público de interesse dentro da organização sejam compelidos a seguir suas mensagens.
II. Dar poder aos subordinados para fomentar a execução das atividades.
III. Canalizar os processos de informação, para permitir que as decisões de negócios estejam alinhadas ao objetivo da organização.
IV. Ser autêntico e saber o que está fazendo.

Aspectos de relevância das respostas na pergunta 5
Quais foram as lideranças inspiradoras em sua carreira e como foi seu relacionamento com seus mentores?

Os líderes aqui entrevistados não buscaram inspiração e apoio de mentores e gestores dentro da organização onde trabalhavam. Quase todos eles procuraram referências em outros segmentos para a construção de suas carreiras, apoio à resolução de seus conflitos e indecisões sobre como liderar.

Outra forma de mentoria encontrada foi a leitura de textos publicados por grandes lideranças globais (incluindo o relato de renomados profissionais estrangeiros do mercado digital).

- **A importância da família**

    É preciso ressaltar, a família tem forte influência sobre as decisões e construção de carreira de vários dos entrevistados. O ambiente familiar, principalmente as mães e os pais, é definitivamente uma inspiração profissional significativa. Eles são mentores de plantão.

- **Liderança sem modelos**

    Dado a recente existência do mercado digital, esse setor tem pouquíssimas referências em termos de liderança. Por isso, é difícil encontrar modelos profissionais a se espelhar.

    Apesar do desenvolvimento exponencial do setor digital e da consequente transformação cultural do trabalho em todos os seus aspectos, a maioria das lideranças existentes no mercado de trabalho brasileiro foi formada em empresas tradicionais. Dessa maneira, esses profissionais não são vistos como fonte de inspiração e mentoria para quem já está inserido no ambiente digital.

    ==Os líderes não procuram em seus mentores respostas prontas para seus questionamentos. Eles querem mentoria para desenvolver seu raciocínio e encontrar a solução de seus questionamentos de forma autônoma.==

Nesse sentido, de acordo com as entrevistas, os aconselhamentos solicitados abordam as seguintes temáticas:

- Como aguentar a pressão cotidiana das atividades.
- Como desenvolver o foco e a resiliência.
- Quais são possíveis fontes de inspiração.

- Qual é a importância do engajamento.
- Como envolver as pessoas nas equipes de trabalho.

Nota-se que todos esses são temas relacionados às questões de inteligência emocional.

> **OBSERVE**
> É interessante notar que mesmo os líderes considerados ruins desempenharam um importante papel na formação das lideranças aqui entrevistadas. Alguns, inclusive, mencionaram o fato de que os aspectos negativos desses líderes os motivaram a não ser como eles. Assim, evidencia-se: **é sempre possível extrair algo relevante para a formação do líder, em qualquer circunstância, independentemente de quem seja seu interlocutor.**

Aspectos de relevância das respostas na pergunta 6
Quais são os fatores que você considera fundamentais para exercer a liderança em seu negócio e na sua posição?

A **capacidade de comunicação** e **alinhamento com o time** foram os fatos considerados fundamentais pela maior parte dos líderes, nesta resposta.

- **O líder é exemplo**

    A habilidade de alinhar objetivos reforça a hipótese de que esse é um dos principais requisitos para o líder conduzir seus times à obtenção de bons resultados. Quase todos os entrevistados elencaram as seguintes características como fundamentais para essa conquista:

    ⟫▶ Competência para inspirar as pessoas em suas atividades.

    ⟫▶ Identificação do profissional correto nos processos seletivos de contratação.

    ⟫▶ Necessidade de acompanhamento da carreira.

    ⟫▶ Cobrar os resultados de forma adequada.

- ⟫▶ Saber dividir o reconhecimento das conquistas obtidas.

  ==Para tudo isso acontecer, **o líder precisa ser visto como exemplo**. Ou seja, sua prática profissional tem de estar em acordo com o seu discurso. Esse aspecto denota a importância da convergência das capacidades *psicológicas*, *sociológicas* e *econômicas* que precisam ser entendidas e trabalhadas pelo líder para o bom exercício de sua função.==

- **O outro importa (e muito)**

  A capacidade de compreensão do outro foi mais um fator considerado vital à fluência da comunicação. O líder deve adaptar o conteúdo e a forma de sua mensagem para alcançar seus resultados pretendidos de acordo com o seu interlocutor, independentemente de quem ele seja.

  ==O líder precisa ouvir antes de falar.==

- **Confiar e se adaptar**

  Ainda no espectro de características emocionais para garantir a alta performance da liderança, foram destacados os **fatores da confiança** e a importância da **adaptação às mudanças**. Os fatores de confiança estão associados a questões de execução e inspiração dos colaboradores.

  ==Líderes sem autoconfiança não são bem-sucedidos ao tentar convencer as pessoas a seguirem por sua direção.==

  Já a capacidade de adaptação mencionada mostra que os percursos pelos quais o líder deve passar muitas vezes são tortuosos, e é necessário flexibilidade e resistência para alcançar os resultados.

- **É preciso entender o negócio**

    Grande parte dos líderes acredita que a visão estratégica, a capacidade de entendimento do negócio e suas competências racionais são fundamentais para alcançar o resultado esperado. Essa crença contradiz a hipótese de que, para os gestores, as competências técnicas só importam em um primeiro momento e **pode reforçar a tese de que as competências técnicas também devem evoluir ao longo do desenvolvimento da carreira.**

    Esses aspectos podem estar alinhados com a *descentralização* e a *horizontalização* cada vez maiores das organizações, fazendo com que o líder se mantenha constantemente atualizado para ser o exemplo na execução das atividades.

OBSERVE

Valores fundamentais como *ética, caráter* e *transparência* também foram mencionados como essenciais para o exercício da liderança. Essa menção reforça a integração das características culturais do negócio somadas aos *aspectos psicológicos*, e pode ser identificada tanto no exercício da liderança pelo exemplo como na capacidade de inspirar.

Dificilmente liderados seguem um líder cujos valores éticos estão desalinhados com os seus e com os da organização para a qual trabalham.

Aspectos de relevância das respostas na pergunta 7
Quais são as características que você mais valoriza em seus colaboradores?

De longe, a resposta mais frequente para essa pergunta foi: *comprometimento* e *sentimento de dono*, ou *dor de dono*, como alguns preferem falar.

> **Colaboradores que tenham alta capacidade analítica, ou até *soft skills* adequadas, mas que são descomprometidos com o resultado da organização, não são bem vistos pelos líderes entrevistados.**

Colaboradores que não são comprometidos tendem a dar mais trabalho e a consumir mais tempo dos gestores, além de permanecerem por menos tempo no emprego.

Por outro lado, atividades delegadas a *colaboradores comprometidos*, ou por quem tem *paixão de dono,* tendem a ser executadas com mais eficiência e de forma alinhada aos objetivos da organização. Em ambos os casos, o líder atinge seus resultados mais rapidamente, entregando os melhores rendimentos à organização, tendo, consequentemente, mais chances de evolução na carreira de forma mais breve.

- ## O fator determinação

    A complexidade dos negócios digitais, somada à alta competitividade dos negócios por si, exige dos colaboradores disciplina e brio para executar as atividades e entregar resultados. **É preciso ser determinado**. E esta é uma questão relevante quando se pensa na inserção das novas gerações no mercado de trabalho. Muitas vezes, eles são considerados pouco comprometidos e desistem facilmente dos seus objetivos.

OBSERVE

As capacidades analítica e de aprendizado foram mencionadas por alguns como competências técnicas desejadas. Mas, de fato, o que chama atenção nesta questão foi a pouca menção à criatividade e à agilidade como características desejadas.

Aparentemente, o comprometimento e a disciplina em abraçar a missão e a cultura da empresa, para a execução das atividades, é bem mais significativo do que a demonstração de maneiras criativas ou caminhos alternativos para a resolução de problemas.

Se pensarmos que as novas gerações são, sim, mais ansiosas (e a pressão por resultados nas organizações é cada vez maior), o fato de a agilidade não aparecer como característica relevante mostra que a resiliência na execução e a qualidade do que deve ser entregue estão acima da velocidade para realização das atividades.

> **Aspectos de relevância das respostas na pergunta 8**
>
> Como conciliar o crescimento exponencial dos negócios digitais com o crescimento da carreira, que muitas vezes não andam juntos e podem gerar frustração?

Sobre a questão central desta pergunta, o crescimento exponencial dos negócios digitais versus o crescimento da carreira, é importante ressaltar: **o mercado digital oferece mais oportunidades de crescimento do que os mercados tradicionais para quem é mais novo**. Um dos motivos dessa condição é o fato de os jovens estarem mais bem preparados para lidar com o surgimento das tecnologias, além de terem as características pertinentes para oferecer bons desempenhos nesse ambiente.

Porém tanto as exigências necessárias para a liderança (foco deste ensaio) quanto o natural afunilamento da carreira no nível das lideranças fazem com que nem todos consigam alcançar o crescimento, muito menos crescimento na velocidade desejada.

Isso posto, os líderes mencionaram, fundamentalmente, três grandes aspectos neste assunto.

- **Consistência.** Muitas vezes, os profissionais querem pular etapas por enxergarem que estão tendo uma entrega consistente na posição em que atuam — e veem seus resultados alavancar os negócios —, porém se esquecem da necessidade de construção de uma história, de um legado relevante na resolução de complexos problemas e na entrega de resultados em diversas situações diferentes, para efetivamente galgar o próximo passo na carreira.
- **Experiência.** Não basta ter consistência, também é preciso ter experiência, algo que só é possível de ser adquirido com o tempo.
- **Paciência e controle de ansiedade.** Se, por um lado, a nova geração precisa controlar melhor seus impulsos para aproveitar a jornada profissional e angariar consistência para cres-

cer na carreira, por outro lado, há um descompasso entre a necessidade de transformação digital do mercado e a busca de talentos para executar essa transformação — a oferta de profissionais para esse fim é menor do que a demanda existente, pressionando os salários e as promoções de carreira. Na prática, profissionais despreparados para os cargos de liderança são promovidos em decorrência dessa situação.

- **Mudança estrutural**

    As organizações passam por uma mudança estrutural, com redução dos ciclos de trabalho e o direcionamento para tarefas e atividades cada vez mais especializadas, com maior variabilidade e complexidade.

    > Se, por um lado, a maior variabilidade gera mais oportunidades, ciclos mais curtos de trabalho geram imprevisibilidade, potencializando a ansiedade.

    OBSERVE

    Para tirar o melhor proveito do conhecimento dos jovens talentos é fundamental o alinhamento de expectativa. Neste sentido, dois aspectos são importantíssimos para o exercício da liderança:
    I. Saber gerir pessoas.
    II. Desenvolver habilidades de comunicação e a capacidade de ouvir o outro.
    É papel do líder assegurar que seus colaboradores tenham uma trajetória profissional adequada para que eles obtenham consistência para se tornarem os líderes do futuro.

    > O protagonismo no desenvolvimento profissional deve ser sempre do colaborador. A responsabilidade por sua carreira não pode ser transferida para o seu líder ou organização.

> **Aspectos de relevância das respostas na pergunta 9**
> Como você acredita que será o futuro do trabalho e qual será o impacto em seu negócio, no mercado e nas carreiras?

Nos próximos anos a sociedade (e as organizações) passarão por significativas transformações que vão alterar definitivamente as características de nossa forma de trabalho. Esse é o pensamento generalizado dos entrevistados.

> Os conhecimentos exigidos devem ser cada vez mais específicos; e as organizações serão mais fluidas e líquidas.

Sendo assim, o trabalho acontecerá, cada vez mais, por projetos, com colaboradores freelancers. Este modelo vai gerar:

- Maior imprevisibilidade.
- Maior precariedade das relações trabalhistas.
- Ciclos mais curtos de trabalho.
- Trabalho mais especializado, contraponto com a necessidade de crescimento de carreira e alinhamento de expectativas de crescimento dos colaboradores.

> **OBSERVE**
> As novas tecnologias e a inteligência artificial devem levar a um aumento da eficiência e eliminação de atividades operacionais, mas ainda não há um entendimento quanto às características futuras dos colaboradores. Temos a necessidade do desenvolvimento das *competências técnicas analíticas*, com a necessidade de programação e as capacidades analíticas e estratégicas; bem como será preciso desenvolver as *competências humanas e emocionais*, como criatividade, relacionamento interpessoal, trabalho em equipe, capacidade de lidar e liderar pessoas com perfis diferentes em modelo de trabalho remoto.

> Apesar de os líderes acreditarem que no futuro precisarão cada vez mais de pessoas criativas, no momento, eles valorizam muito mais as pessoas comprometidas.

Aspectos de relevância das respostas na pergunta 10
Com o conhecimento que você tem hoje, se pudesse dar um conselho para você no início da carreira, qual seria este conselho?

Na análise de autoconhecimento, a maior parte dos líderes não se aconselharia em questões relacionadas aos desafios de liderança, como gestão de pessoas, desenvolvimento do foco e da determinação. Possivelmente, esse comportamento associa-se ao fato de eles acreditarem que esses elementos, de qualquer maneira, acontecerão caso haja **paciência** para esperá-los ocorrer e **capacidade de aprendizagem**, dois dos fatores mais mencionados como conselhos para o início da carreira.

- **Aproveitar o caminho**

    Para muitos, é fundamental a necessidade de curtir mais a jornada do trabalho cotidianamente e não focar apenas o objetivo final da profissão. Este, aliás, é um importante contrassenso expresso pelos entrevistados na construção de suas carreiras. Denota-se, ainda, o fato de que as competências dos conselhos que seriam dados, efetivamente, não serviriam à execução do trabalho futuro em suas vidas.

OBSERVE
A reflexão oferecida, como conselho, foi para a correção dos erros de percurso, não para dar sequência à evolução da carreira deles.

CAPÍTULO 9

Considerações Finais

Os líderes precisam de competência técnica além das emocionais

Até hoje, os estudos acadêmicos e de mercado sempre ressaltaram a importância da criação e desenvolvimento das características emocionais e relacionais das lideranças. É impossível liderar sem habilidades de comunicação e entendimento do outro. Essa condição é inquestionável e há muito identificada pela literatura nas áreas de administração e marketing, assim como foi reforçada nas respostas das 21 lideranças aqui entrevistadas. Mas, do ponto de vista conceitual, essa não é a principal contribuição deste trabalho. O valor efetivo deste ensaio está no fato de que **os líderes também precisam evoluir suas competências técnicas para o exercício de suas funções nas organizações.**

No século XXI, para as lideranças levarem suas corporações à performance de alto rendimento, elas vão precisar ser especializadas em suas funções. Em um contexto de empresas horizontalizadas, os líderes têm de ter o completo domínio (conceitual e técnico) sobre suas atividades e demonstrá-lo frequentemente aos seus times para não ficarem desacreditados. A todo o momento, essa nova geração de profissionais demanda a comprovação do saber técnico, e, caso o líder se mantenha estagnado, ele rapidamente será desconsiderado por seus colaboradores e/ou ultrapassado pela velocidade das constantes mudanças.

Essa especialização impõe um sério desafio. Formalmente, quem é focado em uma área pode facilmente tornar-se inapto à diversidade dos saberes, atitude contraproducente perante a multiplicidade da vida e a atual e crescente quantidade de informação e meios para obtê-la. Sendo assim, vemos surgir uma difícil equação: os líderes têm de se especializar, mas devem se manter abertos a uma ampla visão dos acontecimentos no ambiente dos negócios e nas transformações socioeconômicas, de forma geral.

Estruturas organizacionais de trabalho complexas, como as existentes nos negócios digitais, exigem um acentuado trabalho em rede. Sozinho, isolando-se, não se relacionando, ninguém consegue resolver as demandas desse setor. Por isso, organizações digitais requerem pessoas hábeis em se comunicar e formar redes de relacionamento, e essa condição não vai se alterar pela necessidade dos líderes em se especializar. Pelo contrário, ela vai se agravar, porque se tornará mais iminente.

Particularmente, sou otimista e acredito que essa equação será resolvida em um profundo e intenso processo de autorregulação. Porém como esse fenômeno acontecerá é uma pergunta carente de respostas precisas. Ainda não temos elementos suficientes para indicar como essa autorregulação ocorrerá. Serão necessários estudos prescritivos específicos para identificarmos seu acontecimento. Essa condição, por si, é uma das características do cenário de incerteza inerente à transformação digital. Contudo, nesta fase de transição estrutural em que nos encontramos, conseguimos apontar objetivamente as necessidades conceituais urgentes de serem trabalhadas, e isso já é um avanço.

FATORES NECESSÁRIOS PARA O LÍDER PERFORMAR EM SUA FUNÇÃO

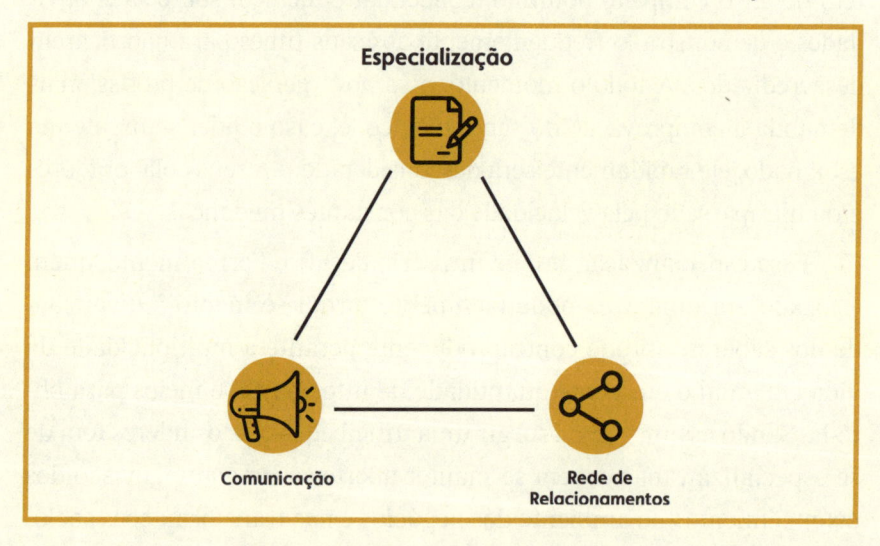

```
         Especialização
              △
             / \
            /   \
           /     \
    Comunicação — Rede de
                  Relacionamentos
```

A partir do aprimoramento dessa tríade de fatores, estabeleceremos culturas organizacionais alinhadas às demandas contemporâneas do mercado de trabalho. Como resultado, nosso desenvolvimento socioeconômico será mais abrangente. Os líderes nesse cenário são essenciais para essas modificações por vir.

Entenda de forma interativa como os principais líderes digitais do Brasil levam seus negócios a resultados superiores, atingindo seus objetivos e engajando seus times. Confira neste link algumas entrevistas gravadas pelo autor em um bate-papo informativo que aborda os principais temas discutidos no livro.

+ ASSISTA AGORA ENTREVISTAS EXCLUSIVAS COM ALGUNS DOS GRANDES NOMES DA LIDERANÇA DIGITAL BRASILEIRA

Este livro foi impresso nas oficinas gráficas da Editora Vozes Ltda.,
Rua Frei Luís, 100 – Petrópolis, RJ.